김대원이 본 격동의 한국정치
'외교구락부'에서 '아사마 산장'까지

- 37년 국회 출입기자의 기록 -

김대원이 본 격동의 한국정치
'외교구락부'에서 '아사마 산장'까지
37년 국회 출입기자의 기록

초판 1쇄 발행 2025년 6월 20일

지은이 김대원
펴낸이 안재휘
펴낸곳 상상마당
출판등록 제2018-000068호

교정 한장희
디자인 정윤솔
편집 정윤솔
검수 주경민, 이현
마케팅 김윤길

전화 010-9260-1880
이메일 ahahwi@naver.com

ISBN 979-11-965489-7-1(03070)
값 20,000원

• 이 책의 판권은 지은이에게 있습니다.
• 이 책 내용의 전부 또는 일부를 재사용하려면 반드시 지은이의 서면 동의를 받아야 합니다.
• 잘못된 책은 구입하신 곳에서 바꾸어 드립니다.

김대원이 본 격동의 한국정치
'외교구락부'에서 '아사마 산장'까지

- 37년 국회 출입기자의 기록 -

김대원 칼럼집

봉화산의
부엉이 대한민국, '12·3
내란'을 진압하다 동학혁명
베트 130주년
21대 남 파병, 러시아
대통령선거
"할 말 못 할 바엔 정치 안 하
는게 낫다" '마리 앙투아
네트'와 카노사의
굴욕' '백년의 고독'과 전남도
청 분수대 **봉화산의**
'테러리스트 **부엉이**
김구'와 중추원 참의
대한민국, '12·3 내란'을 진압하다
21대 대통령선거 동학혁명 130주년 베트
남 파병, 러시아 파병 '마리 앙투아네트'와 카노 "할 말 못 할 바엔
사의 굴욕' '테러리스트 김구'와 정치 안 하는게 낫다"
'백년의 고독'과 중추원 참의 봉화산의
전남도청 분수대 부엉이

대한
민국,
'12·3
내란'을
진압하다
21대 대
통령선거 동학

상상마당

추천사

기자의 눈에 비친
한국 현대사 관전기

- 이정권 / DH그룹·(주)드림미디어 회장

글을 쓴다는 건 엄정하고 막중한 소명이라는 걸 잘 압니다.
특히 대중을 상대로 공감을 끌어내야 하는 칼럼이라면 더더욱 그럴 겁니다.
깊이 있는 사고는 기본이요, 설득력 있게 전달할 필력이 더해져야만 가능하기 때문입니다.
광주드림에서 제호를 바꾼 드림투데이 김대원 서울본부장은 이 같은 글쓰기를 업으로 37년 기자의 길을 걸어왔으니 가히 베테랑이라고 하겠습니다.
이번에 그 결실을 책으로 묶어 『김대원이 본 격동의 한국 정치』를 펴낸 것을 축하합니다. "'외교구락부'에서 '아사마 산장'까지"라는 부제를 보니 '37년 국회 출입 기자의 기록'이라는 무게감이 오롯이 전달됩니다.

그가 쓴 수많은 기록 중 고르고 고른 칼럼 90여 편이 한 권의 책에 담겼습니다. 초년병 시절 날것 그대로의 문체가 원숙미를 더해 김대원 기자기(記)를 완성했습니다.

한 세대를 아우른 선배 기자의 식견 모음집입니다. 아울러 기자의 눈에 비친 한국 현대사 관전기로도 손색없어 보입니다.

김 본부장은 1988년 기자직에 입문했습니다. 13대부터 20대 국회까지 30년 동안 당을 출입한 기자는 평민당 창당 이래 김 본부장이 유일하다고 합니다.

민주당 출입 기자로서 이력이 한 세대이니, '김 기자 자체가 걸어 다니는 민주당사(史)'라는 어떤 이의 말이 전혀 억지스럽지 않아 보입니다.

이 같은 정치 기자의 필력은 15년 동안 쓴 '여의도 칼럼'에 녹아있습니다. 드림투데이에 합류해선 '여의도 포커스'라는 이름으로 같은 분야 칼럼을 지속하고 있습니다.

특히 지난해 그리고 올해로 이어지는 대한민국 격동기, 여의도를 중심으로 한 정치적 현상을 드러내고 이면을 파헤친 칼럼을 주기적으로 게재해 독자들에게 깊이 있는 읽을거리를 제공해 왔습니다.

"김 기자의 칼럼이 보여준 예리한 시각과 명쾌한 논리는 그만의 독창적 '아우라'를 형성하며 다른 지역 정치인들에게 호남의 정서와 흐름을 이해하는 일종의 '창'(窓) 같은 역할을 했다고 본다"는 한 정치인의 평가에 동의하지 않을 수 없습니다.

그의 칼럼 분야는 정치에만 한정되지 않았습니다. 역사에 대한 관심이 지대하고 학습을 게을리하지 않았기 때문일 겁니다. 특히 동학 연구 1세대인 고 최현식 선생과 교류한 인연으로 동학농민운동을 탐구해 온 바, 그 분야에서의 사려 깊은 글쓰기도 인상적입니다. 최근 북한의 우크라이나 파병을 계기로 1960년대 북한의 베트남 파병을 끄집어내 연계시킨 글쓰기는 다년간의 경험과 학습이 겸비된 김 본부장의 필력이므로 가능했다 하겠습니다.

김 본부장은 저와 같은 전북 부안군 출신이어서 더 각별한 애정을 느낍니다. 연세대 언론홍보대학원을 졸업하고 대학교에서 강의한 연구자로서 자세도 본받을 만합니다.

현재도 현업에서 글쓰기를 계속하고 있으므로 김 본부장의 이번 책이 마무리는 아닐 겁니다. 앞으로도 제2의, 제3의 저술 활동을 기대합니다.

37년 현장을 지켜온 기록자, 김대원 본부장의 기자 정신에 경의를 표합니다.

그 역작들을 한데 모은 이 책이 김 본부장의 이력서에 그치지 않고, 나아갈 바 미래 삶의 나침반이 될 것이라 확신합니다.

그 길을 응원합니다.

추천사

광주·전남 정치사의 백과사전

- **김원욱** / 언론인

한국 정치에 대해 궁금하다면 드림투데이 김대원 선임기자에게 물어보면 된다. 머뭇거림이 없다. 답이 제일 빠르고 정확하다. 거의 모르는 것이 없다.

김 선임기자와 나는 같은 회사에 있었다. 그는 내가 무등일보 편집국장이던 1988년 입사, 광주매일신문 사장에서 은퇴한 2009년까지 21년 동안 함께 근무했다. 편집국에서 함께 신문을 제작, 그의 능력을 잘 안다. 그는 입사한 이래 대부분 정치부 기자로 활동했다.

그는 기자 초임 때부터 취재를 철저히 했다. 항상 현장에서 묻고, 보고, 듣고 자세하게 확인했다. 왜? 왜? 왜? 현상을 세밀하게 분석했다. 그 결과 그가 취재하고 쓴 기사는 항상 정확했다.

1990년 영광·함평 보궐선거 때다. 김대중 당시 평민당 총재는 지역감정을 해소한다는 명분으로 이 선거에 영남대 이수인 교수를 전략 공천, 전국적 관심을 불러일으켰다. 그런데 이 교수는 그 지역을 처음 밟아보는 후보였다. 오죽하면 상대인 민자당 조기상 후보가 "영광에서 오줌 한번 싸봤느냐"고 힐난했겠는가.

본정통 다방에 종일 자리 잡고 있는 분들의 여론은 대부분 조기상이었다. '아무리 김대중 선생이라도 이건 아니다'라는 항변이다. 여론이 들끓자 급기야 김 총재가 지역을 훑고 다녔다. 당시 지역지와 중앙지에서 현장에 파견한 기자만 1백여 명이었다. 그들은 대부분 읍내와 각 면의 다방을 돌며 취재했다.

그러나 논두렁 밭두렁을 샅샅이 돌던 김 기자는 전국 처음으로 이 후보의 압승을 단독 보도했고 과연 결과도 마찬가지였다. 현장 확인, 왜? 왜? 왜?의 결과였다.

기자를 관찰하는 눈은 밖에서 보는 것과 편집국 안에서 평가하는 기준이 다르다. 기자는 취재도 잘하고 기사도 잘 써야 한다. 취재는 잘하지만 기사 작성 능력이 모자라는 기자가 있다.

이와 함께 기자는 문제의식이 있어야 하고, 치밀해야 하고, 끈질겨야 하고, 때로는 용기도 있어야 한다. 그리고 부지런해야 한다.

기자에게는 또 휴머니티가 있어야 한다. 휴머니티는 기자가 갖춰야 할 가장 큰 덕목이다. 또 기자정신이 투철해야 한다. 기자정신은 그 기자의 가치관이다. 사명감, 정의감과 연결되는 기자의 자세이기도 하다. 기자에게 기자정신이 없다면 그 기자는 기자가 아니라 단순한 직업인일 뿐이다.

김 선임기자는 한마디로 기자정신이 투철한 기자였다. 휴머니티도 풍부하고 기자정신의 바탕을 시민과 서민 보호에 두었다. 취재 잘하고 기사 잘 쓰고 기획 능력도 뛰어난 매우 유능한 기자다. 그는 항상 현장에 있었고, 직접 확인했고 왜? 왜? 왜? 치밀하게 분석했고 판단했다. 그러한 기자 생활을 37년간 묵묵히 밀고 왔다.

1988년 정치부 기자로 시작해 지금도 정치부 기자를 하고 있다. 국회, 정당, 청와대를 오가며 우리나라 정치 현상을 취재했다. 그러한 기자는 전국적으로 몇 사람 되지 않는다. 우리나라 정치, 특히 광주·전남 정치사의 백과사전이다.

그는 37년 동안 정치 현상을 취재하면서 대한민국과 광주·전남 발전에 많은 노력을 한 기자다. 그의 노고에 감사의 말을 전한다. 김대원 선임기자님, 그동안 '폭싹 속았수다'(수고 많이 하셨습니다).

이 책을 보시는 모든 분에게 주님의 평화와 은총이 가득 내리시길 기도드립니다.

추천사

우리 정치 나아갈 길에
소중한 이정표 되길

- **강기정** / 광주광역시장

역사는 그것을 기록하는 이의 통찰이 없다면 쉽게 왜곡되고 잊힙니다. 정치는 더욱 그렇습니다. 그런 의미에서 1988년부터 여의도를 누비며 권력의 속성과 정치의 본질을 꿰뚫어 본 드림투데이 김대원 선임기자의 치열한 기록이 세상에 나온 것은 참으로 의미가 있습니다.

'걸어 다니는 당사(黨史)'라 불리며 민주당의 역사를 꿰찬 저자의 시선은 예리하면서도 따뜻합니다. 그의 글은 단순한 비평을 넘어, 역사적 맥락 속에서 호남의 미래를 끊임없이 고민하고 한국 정치의 좌표를 바로 세우려는 진정성 있는 성찰로 가득 차 있습니다.

지난겨울, 12.3 계엄으로 다시 과거와 마주한 우리는 주저 없이 거리로 나섰습니다. 5.18과 6월항쟁, 촛불혁명, 그리고 수많은 광장의 경험으로 민주주의는 결코 당연하지 않다는 사실을 배웠기 때문입니다. 장갑차를 맨몸으로 막고 극우로부터 '민주광장'과 금남로를 지켜내며, 마침내 가장 위헌적인 내란 세력을 가장 민주적인 방법으로 몰아냈습니다.

하지만 오늘의 혼란이 어디서 비롯되었는지를 성찰하지 않는다면 우리는 같은 실수를 반복할 수밖에 없습니다. 저자의 말대로 반인륜, 반민주적 사안에 공소시효란 없습니다. 이제 다시는 같은 일이 반복되지 않도록 '대통령 계엄선포 사전동의제'와 '부당한 명령을 거부할 권리' 등의 법제화 및 〈5·18정신 헌법전문 수록〉을 통해 5·18이 남긴 숙제를 마무리할 때입니다.

호남과 여의도를 오가며 명쾌한 논리로 정가를 흔든 중진 기자이자 문재인 대통령 후보의 미디어 특보이기도 했던 저자의 통찰을 담은 이 책이 우리 정치에 대한 깊은 고민을 불러일으키고, 나아가야 할 길을 모색하는 데 소중한 이정표가 되길 바랍니다.

추천사

세상을 향한 발함(發喊)

- **김영록** / 전라남도 지사

　격변하는 시대, 소용돌이치는 사회, 출렁이는 정치 흐름 속에서 우리는 진실을 찾아 헤매고 있습니다. 수많은 정보가 범람하는 이 시대에, 맑은 눈으로 세상을 바라보는 일은 더욱 어려워졌습니다. TV와 신문은 물론 유튜브와 SNS에서 쏟아지는 정보의 홍수 속에서 참과 거짓을 구분하기란 쉽지 않은 일입니다. 바로 이러한 때에 나온 김대원 선임기자의 역저는, 깊은 지혜와 통찰력이 가득한 소중한 나침반을 우리에게 선사합니다.

　이 책은 단순한 정치적 사건이나 사회현상을 나열한 책이 아닙니다. 저자는 오랜 세월 현장에서 갈고 닦은 혜안으로 표면적 현상 너머의 본질을 꿰뚫어 보며, 복잡한 현실을 명료하게 풀어내고 있습니다. 날카로운 시선과 통찰력으로 정치의 본질을 드러내고, 다가올 미래를 예견하는 지혜 또한 담겨있습니다. 특히 호남의 정서와 사상을 섬세하게 담아내어, 독자들에게 새로운 시각과 깊은 이해의 장을 열어줍니다.

저자는 민주당의 전신인 평민당 창당 이래 유일하게 30년 이상을 국회와 정당을 드나든 기자였습니다. 그래서 '걸어 다니는 당사(黨史)'라는 별명을 얻었습니다. 그가 쓴 숱한 칼럼과 지금도 드림투데이에 연재 중인 '김대원의 여의도 포커스'는 이 별명이 결코 허투루 붙여진 것이 아님을 보여줍니다. 그의 글 속에는 오랜 세월 정치 현장에서 축적한 깊은 통찰과 지혜가 녹아있습니다.

제가 국회의원이었던 시절, 국회 출입기자였던 저자와의 첫 만남이 아직도 생생합니다. 그는 분주한 상황에서도 철학자처럼 깊은 사색에 잠기곤 했습니다. 그리고 이렇게 쌓인 통찰력이 나중에 문재인 대통령 후보의 미디어특보와 국가보훈부 대변인으로 활동하는 데도 큰 밑거름이 되었다고 생각합니다.

특히 그는 우리 역사를 바로잡는 일에 노력해 왔습니다. 기자로서, 또 국가보훈부 대변인으로서 대전현충원의 전두환이 쓴 현판을 철거하고 서울현충원의 5.18 계엄군 묘비를 '전사'에서 '순직'으로 고치는 일에도 큰 역할을 했습니다. 이런 일들은 그가 가진 준엄하고도 올바른 역사관을 잘 보여주는 사례라 할 수 있습니다.

 이 책이 변화와 혼돈의 시대를 사는 독자 여러분께 정치의 본질에 새롭게 눈뜨고, 우리 삶과 공동체의 미래를 좌우하는 정치를 더욱 깊이 이해할 수 있는 빛나는 나침반이 되어 주길 바랍니다. 오늘을 사는 우리에게 통찰의 등불이자, 혼란스러운 시대를 헤쳐나갈 지혜의 원천이 될 것입니다.

추천사

사실의 구슬을 꿰는 기자

- **민병욱** / 전 한국언론진흥재단 이사장

　글벗(文友) 김대원 선임기자와의 본격적인 인연은 2017년 시작됐다. 박근혜 씨가 대통령직에서 파면돼 치른 제19대 대선에서 어느 한 후보의 미디어 특보로 함께 활동했다.
　그의 첫인상은, 조금 앳되고 말주변도 없어 보이는 '순둥이'였다. 그러나 기자 경력만 30년, 광주 전남에서 '알아주는 글쟁이'였다는 주변 얘기를 듣고 놀랐던 기억이 난다. 자기소개 때는 멋쩍게 이름만 대고 말더니 이튿날 일부러 찾아와 칼럼 복사본 한 편을 건네며 "이게 접니다"라고 말해 또 한차례 놀랐다. 글 한 편에 제 모든 걸 건 듯한 특이한 자부심이 느껴졌다.

　대선 캠프의 특보 활동은 보고서 제출이 다라고 해도 지나치지 않다. 각각 다른 언론사 출신의 20여 특보들이 매일 동향, 분석, 전망 보고와 정책건의서를 낸다. 이를 발췌 취합해 후보에게 보내는데 거기서 김 선임기자의 능력은 단연 발군이었다. 글에 군더더기나 버릴 부분이 전혀 없었다.

  그의 보고서는 수많은 사람을 만나 들은 정보와 의견을 정리해 핵심만 살렸다. 놀라운 건 만나는 사람들이 매일 다르다는 거였다. 하루에도 십수 명, 온갖 분야 다양한 사람들의 이야기를 듣고 그 속에서 알맹이를 추려냈다. 비슷비슷한 사람들에게서 대충 같은 정보만 들어오거나, 그도 귀찮은지 아예 제 머릿속 이야기를 꾸며 보고서를 쓰던 일부 특보들과는 확연히 구분되는 특장점이었다.

  현장을 찾아 샅샅이 뒤지고 사람 얘기를 최대한 많이 들으라는 단순명료한 '취재 기자 수칙'을 그는 철칙으로 지키는 듯하다. 이번에 낸 칼럼집 『김대원이 본 격동의 한국정치』에서도 그 점이 분명히 드러난다. 현장의 묘사부터 그에 얽힌 사람들 이야기, 그들의 숨소리와 말소리가 눈에 보이고 귀에 들리는 듯 생생하다.

  그가 찾는 현장은 물론 한국 현대 정치의 주요 순간들이다. 거기에 얽힌 수많은 사실의 구슬들을 찾고 보고 듣고 꿰는 작업을 그는 참으로 부지런히 해왔다. 특히 지역적으로 호남에 얽힌 피어린 슬픔과 한, 울음에 주목하며 그것이 어떻게 우리 정치의 자양분과 뼈대로 작용해 왔는지를 설득력 있게 펼쳐 보인다.

동학혁명부터 서울의 봄과 광주 민주항쟁, 12.3 친위 쿠데타에 이르기까지 그가 응시하는 역사의 현장은 사실 큰 덮개에 가려져 있다. 사람들은 얼추 그 모양을 보지만 역사가 이루어진 순간순간 어떤 굴곡과 요철이 있었는지 다 알지는 못한다. 풀뿌리 민초들이 겪은 피해는 더더욱 그렇다. 김 선임기자는 바로 그 덮개를 열어 가려지고 묻힌 얘기를 찾아내 우리에게 조곤조곤 들려준다.

그런 면에서 김 선임기자가 발굴해 들려주고 싶은 건 처음부터 끝까지 민주주의 얘기라 할 수 있다. 현대 한국에서 일어난 민주주의 수난과 회복의 이야기가 수많은 이들의 증언을 통해 올곧이 담겨있다. 말 그대로 국민이 주인이어야 할 민주주의가 어떻게 권력자들에게 유린되는지, 민중은 또 어떻게 맞고 찔리고 피 흘리며 항거했는지를 그는 세밀히 관찰해 기록으로 남겼다.

이 책에 실린 동학혁명과 광주항쟁 이야기를 읽다 보면 슬픔을 넘은 분노와 절망에 몸서리치곤 한다. 김대원 선임기자는 그러나 짓밟히는 민중 이야기를 전하면서도, 그들은 언제나 오뚜기처럼 다시 일어선다는 믿음을 숨기려 하지 않는다. 정년을 넘기고도 언론 일선에 복귀해 열정적으로 쓰는 그의 칼럼이 계속 기다려지는 이유다.

추천사

천생 기자 김대원의 특별한 사서(史書)

- **안재휘** / 전 한국기자협회 회장

 춘추관이 갑자기 술렁거렸다. 누군가 내부 소통 공간 인터넷 게시판에 항의 성명을 올렸다고 했다. 김대원 기자였다. 내용을 보니 기가 막혔다. 풀 기자 일원으로 대통령 취재를 하면서 동료 당번 기자들은 다들 하나같이 열심히 받아쓰기에 여념이 없었다. 그런데, 김대원은 취재 수첩을 들고 대통령과 참모들의 일거수일투족을 살피고 메모를 하는 방식으로 취재를 했고, 춘추관 쪽에서 그런 취재 행태를 문제 삼아 불만을 표시했다는 것이다.

 사실 그런 취재현장은 오늘날 '기자'가 단순한 메신저로 전락한 언론계의 부끄러운 자화상이다. 기자 김대원은 참지 않았다. 풀 기자를 대통령의 말씀을 받아서 손가락이나 놀리는 타이피스트 정도로 인식하는 공무원들의 그릇된 개념을 비판했다. 녹음 기술이 발달하다 못해, 음성을 문자로 전환해 주는 성능 좋은 앱까지 나온 마당에 고개 처박고 취재원의 말씀을 노트북에 받아적기나 하는 일을 기자의 으뜸 사명이라고 할 수는 없는 노릇이다. 그날 춘추관에서의 소동이 어떻게 결말이 났는지는 기억이 가물가물하다. 기자는 취재가 생명이다. 취재는 취재원을 관찰해 그 생각과 발언의 배경을 읽어내는 일이 우선이다.

흔히들 기자직의 가치를 사관(史官)에 빗대어 일컫는다. 평생을 기자로 살다 보니 그 말이 갈수록 더 진실로 다가온다. 각자의 가치관이 달라서 기자들이 각자 정반대 논조의 글을 쓰더라도 그것은 모순이 아니다. 세상에는 분명히 다양한 관점들이 존재하고 그런 차이를 인정하고 존중하는 것이 언론자유의 기본이기 때문이다. 각기 다른 시각, 반대되는 논리들까지 함께 어우러져야 국가사회를 참다운 민주주의로 진화시키고 진정한 역사를 기록으로 남기게 된다.

김대원 기자의 이번 칼럼집은 아주 특별한 역사책이다. 한 시절 엄존했던 사실(史實)과 함께 당대를 살았던 사람들의 사상과 주장까지 정밀하게 들여다볼 수 있다. 이번 출판을 계기로 천생 기자 김대원의 역할이 더 풍성하게 펼쳐지기를 기대해 마지않는다. 오랜 동료 기자 김대원의 생애 첫 칼럼집 출판을 진심으로 축하한다.

책을 펴내며

1980년 '서울의 봄' 당시 저는 서울역 앞에 있었습니다. 계엄 철폐와 전두환 퇴진을 외치며 대학생 10만여 명이 운집했으나 학생운동 지도부의 '회군' 결정으로 해산합니다. 그리고 3일 후 전두환이 보낸 계엄군이 광주에 진입했습니다.

1983년 '강제징집'을 당해 강원도 원통의 철책선으로 끌려갔습니다. 신성한 국방의 의무를 정치적으로 악용한 5공 정권에 의해서였죠. 강집 동료 중 더러는 의문사하고 더러는 제대 후 정신적으로 피폐해지면서 본인은 물론 가정까지 무너지는 걸 지켜봤습니다.

1987년엔 김대중, 김영삼 두 야당 지도자가 분열하면서 12·12, 5·18의 주모자 노태우가 대통령이 되는 통한의 역사가 반복되더군요.

2002년 가족들과 남산 둘레길을 걷다 15년 전 양김 단일화가 무산된 '외교구락부' 건물과 조우했습니다. 가슴 깊은 곳에서부터 뭔가가 울컥 치밀어 올랐습니다. 그날 바로 회사에 칼럼을 하나 쓰겠다고 요청했습니다. 노무현-정몽준 단일화가 난항을 겪던 시점이었습니다.

제 이름을 단 기명 칼럼은 그렇게 시작됐습니다. 그리고 지난 20여 년 '광주매일신문'과 '아시아경제'(광남일보), '무등일보', '드림투데이'로 이어지며 꾸준히 뭔가를 써 왔습니다. 돌아보니 노무현-이명박-박근혜-문재인-윤석열 정부를 관통해 왔네요.

저는 1988년 무등일보에 창간 멤버로 입사, 서울지사에서 김대중 총재의 평화민주당과 김영삼 총재의 통일민주당을 출입하며 기자의 길을 걷기 시작했습니다.

틈만 나면 동교동 김대중 총재 자택에서 조찬을 함께 하며 일과를 시작했습니다. 이낙연, 고도원 등 기라성 같은 고참들 틈에 섞여 눈칫밥을 먹었죠. '조찬 브리핑'이라고도 불렸는데, 당시의 독특한 취재 문화였습니다. 그 자리에 지역지, 그것도 초짜 기자는 저 한 사람이었습니다.

1991년 광주매일신문으로 옮긴 직후, '정사 5.18' 취재팀에 끼어 1년간 광주항쟁 참여자와 피해자 유족들을 찾아다녔습니다. 어느 순간 망월동 영령들과 '접신' 비슷한 경험도 했습니다.

정통성 없는 권력이 과연 어디까지 잔혹할 수 있는지, 차별이나 혐오가 극단으로 치달으면 어떤 지옥도가 펼쳐지는지 생생하게 확인할 수 있었습니다.

이처럼 '정사 5.18' 시리즈는 제 기자 생활의 기준과 목표를 정하게 된 충격적 계기였습니다. 뼛속 깊이 새겨진 저만의 '서해맹산'(誓海盟山)이었습니다. 이 책에 실린 글들도 결국 이 범주를 크게 벗어나진 않았을 겁니다.

이 책은 시의성을 고려, 최근 2년 동안 '드림투데이'에 게재된 내용을 중심으로 편집됐습니다. 사실 칼럼을 책으로 묶는 것이 흔한 사례는 아닙니다. 그래도 '민주당 최장수 출입 기자의 시각을 한번 정리해 보는 게 어떻겠느냐'는 주변의 권유가 있어 작은 용기를 내 보았습니다.

지난 20여 년간 '졸고'를 세상에 내놓을 때마다 번번이 민망했으나, 나름 한국 현대사에 자그마한 돌 하나라도 얹는다는 자세로 임했습니다. 그 과정에서 맥락을 잘못 파악한 대목이 있다면 전적으로 제 책임이며 혹시 제 글로 인해 상처를 받으신 분들이 계신다면 이 지면을 빌려 진심으로 용서를 구합니다.

취재 보도가 원활히 이뤄지도록 지원을 아끼지 않으신 드림투데이 이정권 회장님과 드림투데이 가족들께 감사의 말씀을 전합니다. 멋진 편집을 해주신 출판사 선생님들, 수고 많으셨습니다.

초년 기자 시절, 제게 기자정신을 심어주신 분들은 김원욱, 위정철, 고 조일근 선배님이었습니다. 그 가르침 오래 간직하겠습니다.

끝으로 기자 생활에 전념할 수 있도록 든든하게 가정을 지켜준 가족들에게도 고맙다는 말을 전합니다.

— 2025년 6월 20일 관악산 기슭에서

저자 김대원

목차

추천사   4
책을 펴내며   22

봉화산의 부엉이

87년 남산 외교구락부	34
봉화산의 부엉이	37
'26년'을 본 후배님들께…	41
'12·12'와 장태완 장군의 눈물	44
한강, 노벨문학상… '소년이 온다'	48
민주당 30년 출입… '걸어 다니는 黨史'	54

대한민국, '12·3 내란'을 진압하다

① 윤석열과 45년 만의 '서울의 밤'	58
② '위험한' 군 통수권자, 불안한 대한민국	64
③ 尹이 당긴 '자살폭탄' 스위치	70
④ 내란 피의자 윤석열과 '미시마 유키오'	76
⑤ 윤석열의 '농성전'과 보수와의 '악연'(惡緣)	82
⑥ 윤석열과 '페루 정변' 그리고 '아사마 산장'	88

⑦ 윤석열의 '적반하장'과 '백골단'의 부활　　　94

⑧ 돌아온 트럼프와 '윤석열 재림교' 신도들　　　100

⑨ 윤 대통령은 국민이 그렇게 우스워 보이는가?　　　106

⑩ 김장하 선생과 문형배 권한대행　　　108

21대 대통령선거

① 국민의힘과 '반이재명 파시즘'　　　116

② 이재명의 '권력의지' 그 종착점은?　　　122

③ 국힘 경선과 '업둥이 한덕수' 차출론　　　128

④ '보수 빅텐트'와 한덕수 대행　　　134

⑤ 김문수의 '진지선'(陣地戰)　　　140

⑥ 반환점 지난 선거전, 남은 관전포인트　　　146

⑦ '동호는 투표장에 나오지 못할 겁니다'(영상칼럼)　　　152

⑧ '4기 민주당 정권'과 이재명 대통령의 과제　　　158

동학혁명 130주년

① 농민군 후손들　　　166

② 전봉준 직계가족　　　170

③ 나주사람 정석진　　　175

④ 서훈(敍勳) 기점　　　　　　　　　　　180

⑤ 47년 비원(悲願)　　　　　　　　　　184

베트남 파병, 러시아 파병
— '병역면제 정권'의 외교-안보 폭주 후과(後果)

① 베트남전쟁　　　　　　　　　　　　190

② 호찌민과 '임정'　　　　　　　　　　194

③ 청빈했던 '박호'　　　　　　　　　　198

④ 이승만　　　　　　　　　　　　　　202

⑤ 박정희　　　　　　　　　　　　　　206

⑥ 북한 조종사　　　　　　　　　　　　210

⑦ 김일성　　　　　　　　　　　　　　214

⑧ 1968년 한반도　　　　　　　　　　218

⑨ '가치 외교'　　　　　　　　　　　　223

"할 말 못 할 바엔 정치 안 하는 게 낫다"

이개호 의원의 눈물　　　　　　　　　　230

"할 말 못 할 바엔 정치 안 하는 게 낫다"　233

'직을 건다'는 실세 장관들　　　　　　　236

13대 국회와 '박석무 사단'… 그리고 서삼석	239
쿼바디스… 민주당!	242
이용섭과 '제3지대 혁신신당'	245
역전의 명수, 군산상!	249
민주당 '재집권전략보고서'	252
'남도학숙' 30년	255
김대중·김영삼의 단식… 이재명의 단식	258
호남의 보수정치	261
'이재명 체포동의안' 독해법	264
'이재명의 민주당'은 어디로	268
국정감사에 대한 몇 가지 '단상'	272
강서구청장 보궐선거 감상법	275
'민주평통' 사무처장의 SNS '유감(遺憾)'	279
국민의힘 '인요한 혁신위'의 경우	282
간담회서 슬쩍 흘린 '메가서울론'	286

'마리 앙투아네트'와 '카노사의 굴욕'

'이준석 신당'과 보수(保守)의 재구성	292
내년 총선도 '위성·참칭 정당' 난립하나	296
'들불야학'의 상록수 박기순, 그리고 김민기	299
이낙연과 민주당	302

'이낙연 신당' 감상법 306

'73년생 강남 우파' 한동훈 310

민주당 분열에 대한 '소회'(所懷) 313

'정치 테러'는 어떻게 발생하는가 317

김웅과 이낙연-이준석 그리고 이상민 321

국회의원 50명 줄이자는 한동훈 325

'마리 앙투아네트'와 '카노사의 굴욕' 328

전남도청 이전과 최창조 교수 331

민주당의 뜬금없는 '대선 패배 책임론' 335

1988년 '5·18 청문회', 그 후 36년… 339

민주당 '공천 파동' 배경과 전망 343

'5·18 北 개입설' 주장한 총선 후보 347

'백년의 고독'과 전남도청 분수대

'백년의 고독'과 전남도청 분수대 352

'윤-한 갈등'과 한동훈의 미래 356

'조국혁신당' 돌풍에 대한 단상 360

모윤숙과 김수임 그리고 '낙랑클럽' 364

보수의 패배와 '벌거벗은 임금님' 367

지지율 23% 찍은 날 이재명과 통화한 尹 372

시대의 '척탄병', 홍세화 선생을 기리며… 375

민형배 의원의 경우	379
김대중과 '평민연' 그리고 우원식	383
'반민특위 해체'… 75년 만의 사과 요구	386
신정훈 행안위원장의 1985년 기억	391
'호남정치 복원'과 '정치 9단' 박지원	396
문청(文靑) 우상호와 '막다른 골목'	401
민주당 초선, 권향엽·전진숙의 경우	405
여운형이 '절명'(絶命) 순간 남긴 말	410

'테러리스트 김구'와 중추원 참의

'팔길이 원칙'과 공영방송 BBC	416
유인태와 이재명 그리고 김민석	420
'김경수 현상', 그 이면(裏面)	424
호남과 민주당 그리고 '노스탤지어'	429
'테러리스트 김구'와 중추원 참의	434
오세훈과 박형준 그리고 강기정	439
김충조와 '법창야화' 그리고 '여순사건' 上	443
김충조와 '법창야화' 그리고 '여순사건' 下	447
영광 재보궐선거, 1990년과 2024년 上	451
영광 재보궐선거, 1990년과 2024년 中	455
영광 재보궐선거, 1990년과 2024년 下	459

봉화산의 부엉이

| 87년 남산 외교구락부

서울 남산에 가면 '외교구락부'라는 곳이 있다. 식민지 시대 국일관 아서원 명월관 등이 친일파와 당대 고관대작들의 비공식 활동무대였다면 외교구락부 역시 80년대까지는 정객들에게 또 하나의 정치 공간이었다.

1925년 4월 17일 제1차 조선공산당이 극비리에 결성된 장소가 당시 장안 최고 청요리집 아서원이었으며 자유당 2인자였던 이기붕이 해방 전 국일관에서 4년 정도 지배인을 지냈다는 등 정치인과 고급 사교장의 인연은 예나 지금이나 변함이 없는 것 같다. 민족 대표가 모여 3.1 독립선언문을 낭독한 태화관 역시 명월관의 지점이었으며 그 터는 원래 매국노 이완용의 별장 자리였으니 묘한 아이러니다.

지난달 말 가족들과 함께 남산 걷기대회에 참석했다가 지금은 야외예식장으로 더 유명한 외교구락부 쪽을 물끄러미 바라보았다. 15년 전 이맘때인 87년 10월 22일. 샹들리에 조명과 은은한 음악을 배경으로 건배하던 김대중·김영삼 두 정치지도자의 회동 결과에 민주 정부 수립을 열망하는 70%가량의 국민들이 눈과 귀를 집중시키고 있었다.

 # 그러나 이날 담판 이후 두 정치인은 다시는 외교구락부에 함께 나타나지 않았으며 두 달 뒤 분열된 양김에 표를 던졌던 국민들은 엄청난 허탈감을 오랫동안 이겨 내야 했다. 이후 역사가 어떤 궤적을 그렸는지는 생각만 해도 씁쓰름할 뿐이다. 당시 양김은 12월 들어 패배의 냄새를 맡고 있었다. 선거를 앞두고 미국에서 귀국한 언론인 정동채가 동교동을 방문, "선생님 이대로 가면 노태우 후보가 당선됩니다. 지금이라도 단일화 협상을 해야 하지 않습니까"라고 말했다. 답변은 "투-레이트(너무 늦었어)"였다.

 역사는 한번 기회를 놓치면 비슷한 모습으로 다시 시험을 한다던가. 물론 87년과 지금은 다르다. 후보들의 면면과 정치 지형이 변했고 국민들의 시각도 많이 바뀌었다. 특히 노무현과 정몽준은 너무 다르다고 말하는 사람들이 적지 않다. 문제는 각종 여론조사에서 정몽준·노무현 지지자의 상당수가 서로 수평이동을 하고 있다는 데 있다.

 이회창 후보를 지지하는 세력과 노·정 두 사람을 지지하는 세력 사이에는 일정한 전선이 존재하는데 말이다. 이른바 '정풍'이 가라앉으면서 이탈층이 일부 이회창, 노무현 후보에게 갈

뿐 그보다 많은 수가 부동층으로 남아 있는 것도 같은 맥락으로 볼 수 있다. 올봄 '노풍'을 일으킨 바로 그 계층이다.

즉 단일화하면 표를 몰아주겠다는 것이 이들 '반한나라당 성향'의 여론이라고 봐야 하지 않을까. 한나라당을 반대하는 유권자 가운데 노무현·정몽준 두 사람 주위에 있는 일부 정치인들을 제외하고 '이회창 대통령도 상관없으니 내가 지지하는 후보는 절대 물러서면 안 된다'고 생각하는 사람이 얼마나 되는지도 궁금하다.

전문가들은 지금 발표되는 여론조사에는 두 가지 허수가 숨어 있다고 말한다. 이회창 후보의 지지율은 응답자의 투표율을 고려할 때 실제 좀 더 높아지며 후보단일화가 이뤄졌을 경우에도 부동표의 쏠림현상으로 현재 조사보다 단일후보 지지율이 높아진다는 것.

현재로선 두 사람이 연대했을 경우에만 이회창 후보와의 일합이 가능하다. 그렇지 않을 경우 한나라당을 반대하는 유권자들은 두 후보 주위의 특정인들을 위해 결과가 뻔한 선거에 다시 동원될 처지다. 15년 전 그때처럼.

2002. 11. 27.

봉화산의 부엉이
― 의지할 데 없는 민초들 '노무현 *神話*' 만들 것

지금도 영월 일원에선 하얀 말을 타고 화사한 용포에 검은 익선관을 쓴 단종의 모습을 볼 수 있다. 숙부인 수양대군에게 왕위를 빼앗기고 억울한 죽임을 당한 지 무려 5백여 년이 지났는데도 말이다. 슬프도록 곱게 그려진 용안은 그가 우리 땅 곳곳에서 민간신앙의 대상으로 끈질기게 이어지는 이유를 조용히 들려준다.

4백여 년 전 이순신은 왜적뿐 아니라 선조 임금의 집요한 의심이라는 두 전선에서 동시에 싸워야 했다. 그의 몸에 박힌 적탄은 시시각각 조여드는 임금의 음험한 질투와 그에 덧붙여진 죽음의 그림자에서 벗어날 수 있는 거의 유일한 탈출구였다. 마지막 전장에서 자살에 가까운 죽음을 택함으로써 이순신은 조선 백성들의 안위와 자신의 이름을 동시에 구할 수 있었다.

백여 년 전 전봉준은 법정에서 사형을 선고받곤 담담한 유언을 시로 남긴다.

"때를 만나선 천하도 내 뜻 같더니, 운 다하니 영웅도 스스로 어쩔 수 없구나, 백성을 사랑하고 정의를 위한 길이 무슨 허물

이랴, 나라 위한 일편단심 그 누가 알리…." 그는 아직도 젖먹이들의 자장가, '새야 새야 파랑새야'로 우리 곁을 맴돈다.

여권에선 좌파, 야권에선 민주 세력 분열과 궤멸 책임자, 검찰과 논객들로부턴 생계형 범죄자로 몰리던 '바보 노무현'이 문득 산 자들의 시야에서 사라졌다. 이라크에 파병하고 '한미FTA'를 추진하는 좌파라니, 맑스가 경악할 일이다. 고인이 지난 88년 7월 첫 국회 대정부질문에서 "제가 생각하는 이상적인 사회는… 적어도 살기가 힘이 들어서, 아니면 분하고 서러워서 스스로 목숨을 끊는 그런 일은 좀 없는 세상이라고 생각합니다"라고 토로한 것도 그의 유언에 나오는 '운명'의 복선이었을까.

정치적 경호실장 유시민은 정권, 검권, 언권에 고인이 서거 당했다고 울먹였다. 네티즌들 사이에선 '포괄적 살인'이라는 말도 나돈다. 그러나 노무현 죽이기는 그들 말고도 다수의 협조자와 방관자들이 있기에 가능했다. 그가 밉고 불편하고 싫었던 사람들이 저주의 굿판을 벌이고 이를 유포시켰을 때, 일반 국민들 다수도 그 증오를 자기 것으로 받아들였다.

'나도 공모한 것 아닌가'라는 죄책감은 역사상 최대 규모인 5백만의 조문 행렬로 나타났다. 그리고 지켜 주지 못해 미안하다는 울부짖음 속에서 그들은 스스로를 용서하고 구원받았다. 지난 일주일여 그의 주검 앞에 서럽게 쏟아 낸 통곡과 연호, 눈물의 장송곡은 그들의 잘못을 '사'(赦)하기에 충분하지 않은가.

 노무현 죽이기의 협조, 방관자들은 이렇게 눈물로 '정화'(淨化)되고 있는데, 주범들의 고백과 회개는 아직 들리지 않는다. 오히려 그들은 '누구도 원망하지 마라'는 고인의 유언을 감히 입에 올리며 화해라는 가당찮은 단어부터 들먹인다.

 # 고인의 죽음을 소신공양, 혹은 '순교'라고 말하는 사람들이 있다. 경위야 어찌됐든 자신 때문에 초라해진 진보 진영을 위해, 그에게 희망을 걸었다. 냉소하고 좌절하는 국민을 위해, 나아가 위기에 치한 민주주의를 위해 살시성인했다는 것이다. 만약 국민들의 눈물이 그간 외면당하고 무시됐던 노무현의 가치와 꿈의 회복으로 이어진다면 그건 맞는 말일 게다.

 부엉이는 눈과 귀가 특히 발달된 맹금류다. 둥그렇고 큰 눈은 사람보다 수십 배 어두운 곳에서도 대낮처럼 움직인다. 소리 없이 날도록 진화된 깃털을 이용, 표적에 살며시 접근한다. 이제 적막해진 봉화산엔 가끔 부엉이가 나타날지 모른다. 세상은 그럴 때마다 천심, 혹은 민심이라고 수군거리고 어떤 이들은 역시 역사가 무섭다고 고개를 주억거릴 것이다.

사마중달에게 제갈공명은 뛰어넘을 수 없는 벽이었다. 마지막으로 공명을 이길 수 있었던 '오장원 전투', 죽은 사람에게 패배한 중달은 공명을 앞지를 기회를 영원히 잃어버린다. 시절이 어두워지면 이 땅 민초들은 그들의 좌절된 염원을 참언과 '비결'(祕訣)에 얹어 다시 새 세상을 꿈꿔 왔다. 마땅히 의지할 곳 없는 사람들에게 '노무현'이라는 신화가 조용히 뿌리내리고 있다.

2009. 06. 01.

▎'26년'을 본 후배님들께…

배우 한혜진이 청계천에서 개조한 저격용 장총 방아쇠에 손가락을 거는 순간, 후배님들은 무슨 생각들을 하셨습니까. 저는 오늘 1971년 대통령선거 얘기부터 시작하려 합니다. 당시 신민당 김대중 후보는 서울 장충단 공원에 운집한 1백만 인파 앞에서 이렇게 호소합니다. "이번에 정권 교체를 하지 못하고 박정희 씨가 승리하면 앞으로는 선거도 없는 영구집권의 총통 시대가 온다는 확고한 증거를 나는 갖고 있습니다."

일주일 후 공화당 박정희 후보도 같은 장소에서 비슷한 규모의 청중을 모아 놓고 눈물까지 보이며 약속합니다. "분명히 말하거니와 여러분에게 '대통령으로 한 번 더 뽑아주십시오' 하는 것은 이번이 마지막이라는 것을 확실하게 밝혀둡니다." 그리곤 박 대통령은 유신헌법을 공포하면서 그 약속을 지킵니다.

그가 양성한 군내 사조직인 '하나회' 핵심 전두환 당시 보안 사령관은 79년 박 대통령이 피살되자 12·12와 5·18을 거쳐 권력을 장악합니다. 71년 대선 결과가 80년 광주의 비극이 잉태된 씨앗이었던 셈이지요.

\# 망월동 영령을 추모하는 범국민적 운동은 박종철, 이한열 열사를 비롯한 무수히 많은 분들의 희생을 딛고 결국 87년 6월항쟁을 가져옵니다. 그때 우리 국민이 얻은 가장 큰 전리품이 바로 대통령 직선제입니다. 김능환 중앙선거관리위원장이 18일 대국민 담화를 통해 "국민 여러분께서 투표를 하지 않으신다면 대통령 직선제는 아무런 의미도 가질 수 없다"며 투표 참여를 호소한 것도 같은 맥락으로 이해하고 싶습니다.

무려 17년 동안 우리 국민은 내 손으로 대통령을 뽑지 못했던 것이지요. 그 기간 국회의원 선거는 어땠는지 아십니까. 저는 85년 2·12 총선을 눈 내리는 전방에서 맞았습니다. 강제징집을 당해 '야당표'로 분류된 저는 차상급 지휘관이 보는 앞에서 기표를 해야 했습니다.

"투표함이 상부로 올라가면 우리 부대에서 야당표가 얼마나 되는지 다 나오게 돼 있다. 나도 진급해야 되지 않겠느냐." 저는 죄송하다는 말과 함께 '항명투표'를 했으나 그 용지가 제대로 개표장까지 도착했는지는 지금도 의문입니다.

\# 어느새 486, 아니 586 '꼰대'가 되어 버린 못난 선배가 늘 어놓는 얘기의 핵심은 오늘 우리가 행사하는 투표용지 한 장, 한 장엔 이렇게 수많은 사람들의 피와 눈물과 땀이 배어 있다

는 사실입니다. 대통령을 우리 손으로 다시 뽑게 된 것도, 누구 눈치 안 보고 자유롭게 자신의 의사를 표시하게 된 것도 그리 오래되지 않았다는 것입니다.

마침 오늘은 80년 전 일본 이시카와의 현 가나자와 육군형무소에서 윤봉길 의사가 순국하신 바로 그날입니다. 국권을 뺏겨 투표할 대상도, 자유도 없는 상태에서 윤 의사가 선택한 최후의 수단이 바로 '도시락 폭탄' 아니었겠습니까. 윤 의사가 상하이 홍커우공원에 모인 일본 제국주의자들을 폭사시키면서 우리 민족의 독립 의지를 세계에 알리고 독립운동의 새로운 전기를 마련한 나이도 후배님들과 같은 '20-30세대'인 25세였습니다.

다행히 우리에게 투표할 후보도 있고, 선택의 자유도 주어져 있습니다. 마음에 맞는 후보가 있다면 있는 대로, 없다면 차선 혹은 차악의 선택이라도 하셔서 꼭 투표장에 나가시길 당부드립니다.

한혜진이 울면서 방아쇠를 당기던 바로 그 순간, 영화의 클로징 크레딧은 올라갑니다. 그리고 '각하'는 건강에 특별한 이상이 없는 한, 오늘 자신에게 주어진 신성한 한 표를 반드시 행사하실 것입니다. 그러나 망월동 영령들은 투표 마감까지 아무리 기다려도 아무도 투표장에 나오진 못할 것 같습니다.

2012. 12. 19.

| '12·12'와 장태완 장군의 눈물

1990년대 중반, 필자는 잠실에 있는 장태완 장군의 집을 방문한 적이 있다. 막 재향군인회장에 취임한 그를 인터뷰하기 위해서였다. 장 장군 내외는 "광주에서 언론인이 왔다"며 살갑게 맞아 주었다.

1979년 12월 13일 새벽 장태완은 자신의 부하들에게 체포돼 보안사 서빙고 분실로 압송된다. 그 몇 시간 후 전두환은 쿠데타 성공을 자축하는 신군부 패거리들의 회식에서 '방랑시인 김삿갓'을 불러제꼈다. 보안사 특수수사대의 가혹한 조사를 받은 두 달 동안 장 장군의 체중은 10kg 넘게 빠졌고 수사관이 불러주는 전역 지원서를 쓴 다음 풀려날 수 있었다.

관악구 봉천동의 24평짜리 좁은 집에는 보안사 요원들이 반 년이나 상주했고 석방 두 달 만에 그는 부친상을 치러야 했다. 아들이 반란군에게 체포된 후 "예로부터 역모자들의 손에서 충신이 살아남을 수 없는 게 우리 역사"라며 막걸리 외엔 어떤 것도 입에 대지 않다 세상을 뜬 것이다.

2년 후 이번엔 참척의 슬픔이 그를 덮쳐 왔다. 가택연금 당시 보안대원 2명이 입시 준비를 하는 자신의 방을 차지한 와중에도 서울대에 합격했던 아들이 사라진 것이다. "방학 중이라 아들 친구들 집으로 전화를 해 봤으나 아무 소식도 찾을 수 없이 한 달이 지났습니다. 2월 초, 아내가 전화를 받더니 비명을 지르며 쓰러졌어요. 아들이 할아버지 묘소 근처에서 변사체로 발견됐다는 전화였습니다."

자신의 승용차에 아들의 시신을 안고 귀경하던 장 장군은 혀로 아들의 눈과 코 귀와 입에 박혀 있던 얼음덩어리를 녹여 주었다. 아들이 추워 보여 그랬다는 것이다. 이 대목을 설명하던 장 장군은 갑자기 흐느끼기 시작했고 곁에 있던 부인도 오열했다. 짧지 않은 기자 생활을 하며 여러 인터뷰를 해 봤지만, 그 순간 '인터뷰이'와의 객관적 거리를 유지하기란 참으로 어렵고 고통스러웠다.

군사 반란을 막지 못했다는 자책감과 분노에 시달리던 그는 수면제 등 10여 가지 약을 달고 살다 2010년 7월 세상을 떠났다. 2년 후 부인도 딸에게 '부디 너만은 오래 행복하게 살라'는 유서를 남기고 거주하던 아파트에서 몸을 던져 스스로 삶을 마감했다.

장 장군만이 아니다. 12·12 당시 부하들의 총을 맞고 체포된 정병주 특전사령관도 1989년 의정부 야산에서 숨진 채 발견됐다. 불과 이틀 전 장태완과 만나 "저놈들 망하는 꼴 보기 전엔 절대 죽지 말자"고 다짐했던 터라 의문사 의혹이 제기됐다. 특전사령관 비서실장이던 김오랑 소령. 그는 정병주 장군을 불법 체포하려 총기를 난사하는 3공수여단 병력에 권총을 들고 저항하다 6발의 총탄을 맞고 전사한다. 당시 나이 35세.

이 사건의 충격으로 김 소령의 모친은 세상을 떠났고 그의 부인도 충격을 받아 실명했으며 맹인들을 위한 자원봉사를 하다 1993년 실족사한다. 국방부 벙커에선 병장 정선엽이 상부의 명령 없이 총을 내어줄 수 없다고 저항하다 반란군 총탄에 스러졌다.

영화, '서울의 봄'이 화제다. 관객들은 SNS에서 자신의 분노지수를 보여 주는 '심박수 챌린지'를 벌이기도 한다. 불의한 자들이 승리하는 결론 때문일 것이다. 그러나 장태완 장군 등의 희생이 결코 덧없는 것은 아니다. 그들 참군인들 덕에 참모총장 연행에 대한 대통령 재가가 '12. 13. 05:10 a.m.', 즉 사후 재가로 기록됐고 결국 그 주모자들을 법의 심판대에 세울 수 있었기 때문이다.

또 전두환 집단이 12·12, 5·18을 거쳐 집권까지 달려간 이유도 영화에서 잘 그려진 군 수뇌부의 비겁함만도 아니었다. 그보다 더 많은 수의 정치인과 언론인 그리고 학자들의 훼절과 곡학아세가 있었다. 절대 잊으면 안 되는 뼈아픈 역사다.

2023. 12. 04.

한강, 노벨문학상… '소년이 온다'

1980년 5월 15일 오후. 필자는 서울 남대문에 그어진 전투경찰과의 대치선에서 깨진 보도블록을 던지고 있었다. 서울지역 10만 대학생들이 '계엄 철폐'와 '전두환 퇴진' 등의 구호를 외치며 서울역에 집결한 상황이었다. 그날 밤, '서울역 회군'이 있었고 48시간 후 비상계엄 확대 조치가 내려진다. 7공수를 선두로 11, 3공수 여단과 육군 20사단이 탱크와 장갑차 헬기, 그리고 80만 발의 실탄을 들고 차례차례 광주에 발을 들였다. 하필 당시 광주엔 80만 시민이 살고 있었다.

10여 년 후, 동료 기자들과 '문학과 역사 기행'이라는 동아리를 만들었다. 남도땅을 소재로 쓴 소설을 읽고 현장 답사를 다녔으며 여건이 허락되면 저자를 초청했다. 이청준의 '당신들의 천국'과 조정래의 '태백산맥', 그리고 송기숙의 '녹두장군'을 읽고 소록도와 벌교 일원, 고부를 찾았던 기억이 난다. 당시 필자가 소속된 매체에 작가 한승원이 소설을 쓰고 있었다. 연재가 마무리된 후 한 작가와 우리는 그의 문학적 시원(始原)인 장흥 회진 포구로 갔다. 장흥은 이청준·송기숙 등을 배출한 문학의 고을이다.

"무슨 '신열'인가에 들떠 밤새 바닷가를 쏘다니곤 했습니다." 그는 젊은 시절을 회고했고, '자신을 닮아' 막 문학을 시작한 딸이 있다고도 했다. 한국 문학은 어떤 형태로건 5·18을 우회하긴 어려울 텐데 혹시 광주에 살았던 따님이 그 사건을 경험했느냐고 묻자 "항쟁 직전 서울로 이사 갔으니 보진 못했고, 대신 내가 서가에 꽂아 둔 사진첩은 본 것 같다"고 귀띔했다. 작가 한강은 열세 살 때 그 사진들을 보고 "거기 있는지도 미처 모르고 있었던 내 안의 연한 부분이 소리 없이 깨어졌다"고 표현했다.

중앙대 교수 신진욱은 "한강 작가에 대한 일각의 불편함은 단지 그가 독재정권의 폭력을 비췄다는 정치적 이유 때문만이 아닐 것"이라고 짚었다. "더 근본적인 건 이승만에서 시작된 '국난 극복의 신화' 대신, 그 역사가 강요한 인간의 비참과 그 속에서 빛난 숭고한 인간성에 대한 공감이 지금 한국과 세계를 이어주는 통로가 됐다는 데 있다." 강자에 동일시하고 힘의 논리를 숭상하는 문화는, 이 같은 수준의 도덕적 보편성에 범접할 수 없다는 얘기다.

사실 일부 우파의 반응은 낯선 일이 아니다. 1994년 일본 작가 오에 겐자부로가 수상자로 선정되자 일본 우익들도 그의 '비판적 전후 인식'을 비난하며 노벨문학상을 폄훼한 바 있다. '신자유주의자'임을 자처해 온 레마코리아 대표 이승훈은 "'집단의 폭력 앞에 무력한 개인'이라는 한강의 관점은 오히려 우파, 그리고 자유주의적 세계관에 가깝다"고 분석한 후 "그러한 개인을 포용하는 것이 바로 '한강의 문학 세계'"라고 피력한다.

마지막 새벽. 전남도청 계단에 총 맞고 쓰러져 있는 앳된 얼굴의 두 고등학생. 그 주검 옆엔 반쯤 베어 먹다 만 단팥빵이 덩그러니 남아 있다. 계엄군의 진압 직후 '아시아 월스트리트저널' 노먼 소프 기자가 촬영한 안종필과 문재학 군의 최후다. 한강이 '소년이 온다'에서 주인공으로 그린 '동호'의 실제 인물이 광주상고 1학년이던 문재학이다.

어머니 김길자 씨는 한강의 노벨상 수상 소식을 들은 후 아들 영정을 안고 "재학아, 이제 네가 못 이룬 것 다 이뤄졌으니 걱정하지 말고 친구들이랑 즐겁게 지내거라"라고 당부했다. 엄마는 아들이 주인공으로 그려진 그 소설을 차마 다 읽지 못했다. 한강은 2014년 '소년이 온다' 출간 당시 "소설을 쓰는 동안 거의 매일 울었다. 세 줄 쓰고 한 시간을 울기도 했다"고 말했었다.

필자는 90년대 초반, 시인인 김준태 문화부장과 정용화 김선출 안찬수 이영규 등의 선후배로 구성된 '正史 5·18' 특별취재반 일원으로 1년간 광주항쟁 유족들과 부상자 구속자 등을 찾아다녔다. 그들로부터 날것 그대로의 증언을 듣는 일. 그것은 영혼이 흔들리는 고통이었다. 5·18을 활자로 된 논문이나 역사로 읽는 것과는 달랐다. 한동안 그때 스러져 간 어린 친구들 생각에 우울했고, 그들의 넋을 위로하곤 했다. 세월이 흐른 지금도 가끔 그 아이들이 떠오르면 마음이 아리다.

"그날 오빠와 물장난을 하고 있었는데 아버지가 시끄럽다고 해 집 밖에 나갔다 변을 당했어요. 만약 싸우지 않았다면 오빠가 밖으로 안 나갔을지도 모르죠. 나는 지금도 그날 그 느낌입니다." 전재수 군의 누이가 울면서 전한 얘기다. 5월 24일 11공수를 태운 54대의 군 트럭은 도심 재진입 작전을 위해 광주 비행장으로 향했다. 외곽 지역은 시내와 달리 조용했으나 그들은 이동하면서 모내기 하던 농부 등 움직이는 물체를 모두 쐈다.

남구 효덕초등학교 인근에서 놀다 '군인 아저씨'라며 반갑게 손을 흔들던 전재수와 친구들도 갑자기 총탄이 날아오자 흩어져 달아났다. 그때 며칠 전 생일 선물로 받았던 재수의 검정 고무신이 벗겨졌다. 뒤돌아 고무신을 줍는 순간, 총탄이 쏟아져 자그마한 몸뚱이를 반쯤 갈랐다. 오후 1시 50분의 일이고 당시 재수는 11살이었다. 충격을 받은 재수 엄마는 4년 후 세상을 뜬다.

11공수는 이어 광주 효천역 앞에서 보병학교 교도대 병력과 마주쳤다. 서로 시민군으로 오인, 90mm 무반동총까지 동원한 총격전을 벌이다 공수부대원 등 10명이 사망하고 36명이 중상을 입었다. 흥분한 군인들은 주변 민가를 향해 총을 난사하기 시작했다. 진월동 원제 저수지에서 멱을 감던 12살 방광범 군도 그때 총을 맞았고 좌측 머리 절반이 없어졌다. 광범이 아버지는 소식을 듣자마자 기절했고 자식을 땅에 묻은 얼마 후 정신 분열이 왔다.

춘태여상 금희는 '피가 부족해 시민들이 죽어 가고 있다'는 호소에 기독병원에서 헌혈 후 지원동으로 이동하다 하복부에 총을 맞고 사망했다. 계엄군이 박 양 등이 타고 있던 헌혈차에까지 무차별 사격을 가했던 것이다. 기독병원 의료진은 조금 전 헌혈한 여고생이 시신으로 돌아오자 말을 잃었다.

문학평론가 이영준은 중앙일보 기고에서 "한강의 작품은 무엇보다 이 땅에서 억압받고 고통받는 사람들의 눈물과 비명이 묻어 있다"며 "그런 측면에서 이번 노벨문학상 수상은 광주와 제주 사람들도 함께 받은 것"이라고 말했다. 그래서 오늘만은 좀 밝은 목소리로 아이들을 불러 보고 싶다. 재수야 광범아, 그리고 종필아, 재학아, 금희야….

"이제 당신이 나를 이끌고 가기를 바랍니다. 당신이 나를 밝은 쪽으로, 빛이 비치는 쪽으로, 꽃이 핀 쪽으로 끌고 가기를 바랍니다." '소년이 온다'의 마지막 문장이다. 이제 우리가 그 아이들의 손을 꼬옥 잡고 밝은 쪽으로, 빛이 비치는 쪽으로, 그리고 꽃이 핀 쪽으로 한 걸음 더 이끌어야 한다.

P.S. : 5·18 사망자 가운데 19세 이하는 59명이다.

2024. 10. 28.

▎민주당 30년 출입… '걸어 다니는 黨史'
― 문재인 미디어특보 김대원 전 본지 서울취재본부장

　민주당을 30년째 출입한 기자가 문재인 대통령선거 경선후보 미디어특보로 활동 중이어서 여의도 정가의 화제다. 주인공은 김대원 전 무등일보 서울취재본부장(56). 김 특보는 지난 1988년, 민주당의 전신인 평화민주당(총재 김대중)과 통일민주당(총재 김영삼)을 출입하기 시작했다. 평민당은 동여의도에 위치한 여의도백화점 6층, 민주당은 공덕동 로터리에 각각 당사를 두고 있었다.

　당시 장영달 평화민주당 부대변인과 김재천 통일민주당 부대변인이 김 특보의 출입 등록을 받았다. 장영달 전 국회 운영위원장은 문재인 경선 후보 캠프인 '더문캠' 상임공동위원장으로 영입되면서 김 특보와 재회했다. 민주당 관계자는 "13대 국회부터 20대 국회까지 30년 당 출입은 평민당 창당 이래 김 특보가 유일하다"며 "그래서 김 특보의 별명도 '걸어 다니는 당사(黨史)'"라고 귀띔했다.

　장영달 상임위원장은 "김 특보의 '여의도칼럼'은 정가의 주목을 받는 글이었다"며 "칼럼이 보여 준 예리한 시각과 명쾌한 논리는 김 특보만의 독창적 '아우라'를 형성하며 타 지역 정치인들에게도 호남의 정서와 흐름을 이해하는 일종의 '창'(窓) 같은 역할을 했다고 본다"고 평했다. '김대원의 여의도칼럼'은 2002년 노무현-정몽준 단일화 협상을 분석한 '87년 남산 외교구락부'를 시작으로 광주매일 광남일보 무등일보 지면을 통해 15년간 이어져 왔다.

평민당을 함께 출입했던 이낙연 전남지사(당시 동아일보)는 "언론인에서 국회의원, 지사로 입장이 바뀌며 김 특보를 30년간 지켜봤다"며 "김 특보는 '3당 합당' 이후 정치 경제 사회적으로 고립된 호남을 화두로 지역민과 출향 호남인의 상호작용을 분석 대변한 냉철한 경계인이자, 호남의 미래를 끊임없이 고민해 온 훌륭한 농지"라고 밝혔다. 긴여송 광주일보 사장도 김 특보가 평민당 출입을 시작할 당시 이미 기자실을 지켜오던 광주일보 중견 기자였으며 이후 30년 인연을 이어 오고 있다.

김 특보는 "본사로 발령이 난 14대 국회 4년 동안도 광주-전남 시도당을 출입했으니, 햇수로 30년째 당을 취재한 것은 맞다"며 "그러나 오래 출입한 것이 자랑이 될 수는 없으며 언론인으로서 제대로 역할을 했는지 아쉬운 점이 많다"고 밝혔다. 그는 "반기문 전 유엔 사무총장 입국 전 수구세력의 정권 재창출 가능성이 제기될 즈음 고심 끝에 회사에 사의를 표명했다"며

"가장 확실하고 제대로 된 정권 교체 카드인 문 후보를 돕는 게 지난 10년 적폐 청산의 정도라고 생각했기 때문"이라고 강조했다.

동학 연구 1세대인 고 최현식 선생과 교류한 인연으로 동학농민운동을 탐구해 온 김 특보는 "문 후보는 전봉준 김구 김대중 노무현으로 이어진 한반도 진보 개혁 세력의 대표주자 계보를 동시대 유권자들로부터 부여받았다고 본다"고 덧붙였다. 부안 출생인 김 특보는 연세대 언론홍보대학원을 졸업했으며 중견지역언론인 모임인 '세종포럼' 창립을 주도 초대 총무(대표)로 활동하며 지역언론 발전과 지역 균형, 자치분권에 큰 관심을 기울여 왔다. (서울=김현수 기자/무등일보)

2017. 03. 31.

대한민국,
'12·3 내란'을 진압하다

① 윤석열과 45년 만의 '서울의 밤'
— '전두환에 무기 선고 했다'던 尹, 그 뒤를 따른 대가는?

1979년 이후 45년 만의 비상계엄령이 선포된 3일 밤. 전 세계는 최정예 제1공수특전여단 등 280여 명의 병력이 헬기와 차량을 이용, 국회의사당에 투입되는 초현실적 광경을 지켜봤다. 정정이 극도로 불안한 중남미나 아프리카 일부 국가에서나 가끔 볼 수 있는 장면이 곧 'G10'에 포함된다는 대한민국에서 벌어진 것이다.

서울 강서구에 주둔 중인 1공수여단은 1979년 12·12 때도 반란군으로 참여, 국방부와 육군본부를 무력 점령했던 부대다. 당시 여단장은 하나회 핵심 인물인 박희도 준장으로 김영삼의 문민정부가 들어선 후 감옥에 다녀왔다. 수도방위사령부의 제35특수임무대대 소속 대원들도 계엄 사무에 동원된 것으로 알려졌다. 서울 관악구에 있는 특임대는 서울에서 테러 상황이 발생하면 출동, 대테러 작전을 수행하는 부대다.

국회 본청 진입 당시 이들 계엄군은 SCAR-L 돌격소총과 특수전 사양으로 현대화된 K1 기관단총, 'GPNVG-18' 4안(眼) 야간투시경, 방탄모와 마스크, 방탄조끼 등으로 완전무장한 상태였다. 계엄군은 국회 유리창을 깨고 본청에 진입했고, 집기로 바리케이드를 친 채 소화기를 뿌린 여야 보좌진들과도 충돌했다. 이 과정에서 안귀령 더불어민주당 대변인이 계엄군 총구를 손으로 잡고선 "부끄럽지도 않냐"라고 소리치는 모습이 포착됐다. 이에 계엄군은 안 대변인에게 총구를 겨누는 듯한 상황도 벌어졌다.

SNS엔 "머리가 희끗한 아주머니 한 분이 울부짖으며 특전사 요원을 손으로 밀치는데, 그는 꼼짝 못 하고 그저 '다치세요, 다치세요'라며 밀리기만 하던데 그 부모가 보면 얼마나 가슴이 아팠겠느냐"는 글도 올라왔다.

사실 야권에선 지난여름부터 '계엄설'이 흘러나왔다. 특히 더불어민주당 김민석 최고위원은 지난 8월 윤석열 정부에게 "계엄령 빌드업 불장난을 포기하라"고 촉구했고, 이에 정부 여당은 "무책임한 선동"이라고 일축한 바 있다. 결과적으로 김 최고의 '예언'은 해가 바뀌기 전 현실이 됐고, 당시 "계엄이 선포되면 어느 군인이 따르겠느냐"고 호언한 김용현 국방장관은 윤 대통령에게 이번 비상계엄을 건의한 장본인이 됐다.

김 최고는 지난 9월엔 "계엄을 빙자한 친위 쿠데타를 막겠다"며 자칭 '서울의봄 4법'으로 지칭한 계엄 방지법도 발의했다. 이 법안은 대통령이 계엄을 선언하기 전후, 국회 동의 절차를 거쳐야 하는 이중 장치 마련이 핵심이다. 민주당 8월 전당대회 도중 최고위원 후보였던 한미연합사 부사령관 출신 민주당 김병주 의원도 당시 김용현 대통령 경호처장을 국방장관 후보로 지명한 데 대해 "탄핵과 계엄 대비용"이라고 주장했다.

그는 첫 최고위에서도 "이러다 탄핵 정국에 접어들면, 박근혜 전 대통령처럼 무너지지 않고 군을 동원, 계엄령을 선포하는 것은 아닌지 많은 국민이 걱정하고 있다"고 지적했다. 민주당 이재명 대표 역시 9월 1일 국민의힘 한동훈 대표와의 회담에서 "최근 계엄 이야기가 자꾸 나온다"며 계엄령 선포설을 언급한 바 있다. 그는 "종전에 만들어졌던 계엄안을 보면 국회의 계엄 해제 요구를 막기 위해, 계엄 선포와 동시에 국회의원에 대한 체포·구금 계획을 꾸몄다는 이야기도 있다"고 강조했었다.

이번 비상계엄에 대해선 군·경의 '충암고 핫라인'이 배후에 있는 것 아니냐는 분석이 제기된다. 우선 계엄 선포는 윤 대통령의 충암고 1년 선배인 김용현 국방장관이 건의했다. 야권에선 김 장관이 대통령 경호처장 시절 회동했던 군 인사 3인방도 이번 계엄 실행에 핵심 역할을 한 것으로 보고 있다. 김 장관은 경호처장이었던 지난해 3월 여인형 국군 방첩사령관, 이진우 수도방위 사령관, 곽종근 육군 특수전사령관과 경호처장

공관에서 회동했다. 김 장관은 '대통령 경호 목적'이라고 설명했으나 야당은 "출입 기록을 남기지 않으며 차량을 갈아타는 꼼수를 이용했다"며 계엄 준비를 위한 극비 회동이라고 주장했었다.

실제 곽종근 사령관이 지휘하는 특전사와 이진우 사령관이 지휘하는 수방사 제35특수임무대대가 이번에 국회에 투입된 것으로 전해진다. 방첩사는 2017년 '계엄 대비 문건'을 작성한 조직이다. 역시 충암고 출신인 여인형 사령관이 지휘 중이다. 또 국회 출입을 통제하는 과정에서 서울경찰청의 적극적인 협조가 있었는데, 황세영 101경비단장과 대북 특수정보를 다루는 박종선 777 사령관도 충암고 출신이다.

국회가 두 시간 반 만에 계엄 해제를 결의한 몇 시간 후 정진석 대통령실 비서실장 등 수석 비서관급 이상 참모들이 일괄 사의를 표명했다. 대부분의 대통령실 참모들은 계엄 선포를 사전에 몰랐던 것으로 전해졌다. 국방부 고위 관계자 및 극소수 참모들과의 논의 끝에 윤 대통령이 전격 결정했고, 오후 5시쯤 극비리에 담화 관련 준비가 시작된 것으로 알려졌다. 1980년 비상계엄이 전국으로 확대될 때도 국회 앞에는 탱크를 앞세운 계엄군이 국회의원의 의사당 진입을 원천 봉쇄했다. 김대중은 전날 밤 연행됐고 김영삼은 가택연금 됐었다.

이번엔 한동훈, 이재명 여야 대표와 190명의 의원들이 본회의장에 모습을 드러냈다. 특히 담까지 넘으며 국회에 진입한 이 대표는 비상계엄 선포 직후 개인 유튜브 생방송을 통해 "저도 지금 국회를 향해 가고 있다. 국민 여러분은 국회로 와 달라"고 호소했다. 44년 만에 민주주의를 향한 국민들의 역량이 그만큼 단단해진 것으로 이는 상당 부분 5·18 때 스러져 간 망월동 영령들의 희생 덕분이다.

서울대 법대를 다니던 윤 대통령은 광주항쟁 직전인 1980년 5월 12일, 교정에서 열린 12·12 군사반란 모의재판에서 전두환에게 무기징역을 선고한 바 있다. 그리곤 대선후보 시절 당시의 일화를 자랑하듯 내세웠다. "나는 그때 재판장으로, (반란) 수괴로 기소된 당시 대한민국 최고의 실권자였던 전두환을 결석으로 (처리)해 가지고 무기징역 선고했다."

그는 이어 "5월 18일 0시를 기해 비상계엄이 전국적으로 확대가 됐고 학교에 가보니 장갑차와 총 든 군인들이 지키고 있더라"며 "학교에 들어가지 못하고 (외가가 있던) 강릉으로 피신해 있으라고 해서 가 있었다"고 회고했다. "내가 집을 떠나고 난 후 우리 집에도 (계엄군이) 왔었다"는 설명까지 덧붙였다.

전두환의 비상계엄 확대 조치 이후 44년 만에 이번엔 윤 대통령이 비상계엄을 선포했다. 대혼란과 충격에 빠진 국민들은 1980년 광주의 악몽을 떠올렸고 세계는 경악했다. 국회와 헌법재판소 그리고 민심의 법정은 윤 대통령의 이번 계엄 선포에 과연 어떤 선고를 내릴 것인가.

2024. 12. 05.

② '위험한' 군 통수권자, 불안한 대한민국
―"다섯 살짜리 애가 권총 들고 있는 격"

'국회와 지방의회, 정당의 활동과 정치적 결사, 집회, 시위 등 일체의 정치활동을 금한다.' 지난 3일 23시부로 발표된 이른바 '계엄사령부'의 소위 '포고문 1호' 내용이다. '내란죄'와 곧바로 연결되는 대목이다. 아무리 계엄을 극소수 측근들과만 논의했다 해도 이해할 수 없는 포고문이다. 법률 전문가가 아니라도 전두환, 노태우가 '처단'된 사건인 12·12 군사 반란 및 5·17 내란을 경험했거나 단 한 번이라도 관심을 가져 본 사람이라면 충분히 '이상하다'고 느낄 수 있는 내용이다.

"사령관이 '(상부로부터) 의결을 앞둔 국회의원들을 끄집어내라는 전화를 받았다'고 말했다. (국회에) 진입한 우리 대대장으로부터 '대치하는 것은 국회의원과 보좌관들'이라는 말을 들었던 시점이었다. 우리가 정치적 중립성을 잃을 수 있을 것 같아 제가 부대를 뒤로 물렸다." 육군 특전사 제1공수여단장 이상현 준장의 얘기다. 지난 3일 밤 국회에 진입한 부대였다.

윤석열 대통령과 그의 고교 선배인 김용현 전 국방부장관은 무슨 생각으로 초헌법적이고 불법적인 내용을 버젓이 포고문에 넣었을까. 특전사 준장도 금방 알아차린 것을. 비장한 표정으로 계엄을 선포한 대통령이 포고문 1호가 내란죄와 맞닿아 있음을 알았어도, 몰랐어도 보통 심각한 문제가 아니다.

계엄은 대통령이 행사할 수 있는 가장 막강한 권한이다. 일단 선포하면 '영장제도, 언론·출판·집회·결사의 자유, 정부나 법원의 권한에 관하여 특별한 조치'를 할 수 있다. 그래서 객관적 요건을 두고 있는 것이다. '전시·사변 또는 이에 준하는 국가 비상사태에 있어서 병력으로써 군사상의 필요에 응하거나 공공의 안녕질서를 유지할 필요가 있을 때'(헌법 제77조 1항).

심지어 전시라도 마음대로 비상계엄을 선포할 수 있는 것이 아니다. 계엄법상 요건은 헌법보다 더 엄격하다. '전시·사변 또는 이에 준하는 국가 비상사태 시 적과 교전 상태에 있거나 사회질서가 극도로 교란되어 행정 및 사법 기능의 수행이 현저히 곤란한 경우'라고 돼 있다. 법제처가 2010년 발간한 '헌법 주석서' 제3권은 이렇게 풀이한다. '행정만 현저히 수행이 곤란한 경우 비상계엄을 선포하지 못하고… 전시라 해도 행정 및 사법 기능이 정상적으로 수행되는 이상 당연히 비상계엄 요건을 충족하는 것은 아니다.'

지금이 전시·사변 상황인가? 윤 대통령은 비상계엄 선포문에서 '22건의 정부 관료 탄핵 소추'와 '국회의 정부 예산 삭감' 등을 계엄 이유로 들었다. 그냥 어이가 없다. 윤 대통령이 언급한 '북한 공산 세력의 위협'이나 '체제 전복을 노리는 반국가 세력의 준동'이 예견된다 해도 계엄이 정당화되진 않는다. 가능성만을 토대로 한 '예방적 계엄'은 허용되지 않는다는 게 학계의 통설이다.

그래도 대통령이 일단 계엄을 선포하면 즉시 법적 효력이 발생한다. 그래서 우리 헌법은 '비상사태 여부'에 관한 판단을 국회가 재차 내리도록 규정하고 있다. 이 때문에 계엄 선포 후 국회의원의 불체포특권은 평소보다 더 확장된다. 평상시 국회의원의 불체포특권은 '회기 중' '국회의 동의'가 없는 경우에만 보장(헌법 제44조)되나 계엄 시행 중 국회의원은 현행범이 아니라면 체포 또는 구금되지 않는다(계엄법 제13조).

이렇게 중요한 국회 기능을 헌법 수호 책무를 지는 대통령이 계엄군을 동원, 방해하려 한 것이다. 나아가 진위는 앞으로 수사로 밝혀질 내용이나 국회의장과 여야 대표 등을 체포해 과천에 있는 방첩사로 연행하려 했다는 증언까지 나온 상태다.

윤 대통령의 고교 후배인 이상민 행안장관은 국회에 나와 "비상계엄 선포는 국가원수의 고도의 통치행위"라며 "내란죄

등의 표현에 신중을 기해 달라"고 반박했다. 그의 말대로 계엄은 헌법 절차인 국회 판단을 배제해도 되는가? 그럴 수 없다. 헌법은 초헌법적 결단을 통한 문제 해결을 허용하지 않는다. 비상사태에서 국가공동체가 허용하는 예외적 조치의 한계가 바로 헌법과 법률의 계엄 관련 조항들이다.

　계엄 관련 모든 조치는 헌법 제77조에 '나와 있는 대로' 이뤄져야 한다. 이를 벗어나면 모두 효력이 없고 헌정 문란, 즉 내란으로 '처단'된다. 검찰과 경찰이 내란죄 수사를 시작한 이유다. 국민적 저항과 국제사회 압력으로 궁지에 몰린 윤 대통령은 4일 오후 대통령실을 찾은 한덕수 총리와 한동훈 국민의힘 대표에게 '계엄 선포는 민주당에 경고만 하려던 것'이라고 밝힌 것으로 알려졌다.

　이상민 장관도 국회에 나와 "국회를 제대로 봉쇄했다면 '계엄 해제' 의결이 가능했겠느냐"는 취지의 발언을 했다가 야당 의원들의 항의로 취소했다. 정말 경고만 하려 했을까? 군사 전문가인 김종대 전 의원은 '(북한 지도부) 참수 부대'인 707 특수임무단이 국회 장악에 실패한 가장 큰 이유로 '공군 및 수방사와의 소통 문제'를 들었다.

　"(헬기) 항로가 인천에서 출발해 한강을 따라 북상합니다. 그러면 용산 'P73 비행금지구역'을 경유하게 돼 있고 수방사의 사전 허가를 받아야 됩니다. (항로) 관리는 또 공군작전사령부에서 하고요. 이런 절차가 하나도 안 돼 있으니 시간이 자꾸 지체되고 그래서 국회에 도착했을 땐 이미 의원과 보좌관들이 본청에 입장한 상태였죠." 결국 윤 대통령이 극소수 몇 명하고만 음모를 꾸미다 실패했다는 얘기다.

정리해 보자. 윤 대통령은 군대를 '못' 가서 M16 한 방 제대로 쏴 본 적 없을 정도로 군의 작동 원리를 전혀 모른다. 8일 검찰 특수본에 긴급 체포된 김용현 전 국방장관도 이미 군문을 떠난 지 7년이나 지나 군과의 고리가 현저히 약화된 데다 과대망상증 환자일 가능성까지 있다. 두 사람 모두 지난 총선 패배가 일부 극우 유튜버가 주장하듯 선거 부정 때문이라고 믿을 정도로 기이한 현실 인식을 갖고 있는 것 같다.

게다가 지금은 대통령이나 장관이 헌법이나 법률에 위반되는 지시를 해도 합참부터 일선 연대장 대대장까지 일사불란하게 움직였던 80년 '서울의 봄' 시절도 아니다. 결국 이번 계엄은 그들만의 판타지 세계에서 '이재명 한동훈부터 김명수 전 대법관과 전공의들까지 아무튼 평소 기분 나빴던 ○들은 모두 다 잡아 처넣고 대한민국을 정상화시키는' 내란을 꿈꾸다 실패한 사건일 가능성이 대단히 높다.

\# '대통령 탄핵'의 최대 변수였던 한동훈 대표가 윤 대통령의 7일 담화를 고리로 '표결 불성립'을 이끌었다. 그가 내세운 명분은 윤 대통령의 '사실상' 직무 배제와 '질서 있는' 임기 단축이다. 그러나 대통령제 국가에서 직무 배제가 과연 실효성 있느냐는 의문과 함께 그 자체가 반헌법적이라는 지적이 제기된다.

구치소에 있는 명태균 씨는 지난 10월 한 유튜브 방송에서 "우리 대통령은 다섯 살짜리 애가 권총을 들고 있는 격으로 자기도 죽일 수 있고 부모도 죽일 수 있고 다른 사람도 죽일 수 있다"고 일갈했다. 역시 아무나 대통령 후보 부부를 수시로 만날 수 있는 건 아닌가 보다.

7일에는 김 전 국방장관이 북한 오물 풍선 원점을 타격, 계엄 명분을 확보하려 했으나 합참의장이 반대했다는 주장까지 나왔다. 사실이라면 불과 며칠 전 한반도에 '국지전'이 발발할 수 있었다는 얘기다. 이미 국내외에서 '위험하다'는 평가가 내려진 군 통수권자가 여전히 현직에 앉아 있는 상황. 대한민국은 언제까지 불안하고 초조한 시간을 버텨야 하나.

2024. 12. 09.

③ 尹이 당긴 '자살폭탄' 스위치
― 자폭하는 '한국 보수', 위기의 '민주공화국'

이제 살 만큼 살았으니 젊은 사람들 위해서라도 우리가 앞장서자며 계엄군 장갑차 앞에 주저앉던 초로의 여성들. 국회 담장을 넘어가려는 의원을 위해 자신의 등을 내주던 중년 남성. 본회의장을 사수하려 무장 계엄군과 몸싸움을 벌였던 국회 보좌진. 군경의 위치추적을 우려, 휴대폰을 끈 채 황급히 자택을 벗어나 본회의장에 입장한 국회 부의장. '총을 맞을 수도 있겠다'는 공포를 느끼며 계엄군에 맞섰던 국회 여직원. '2차 계엄'이 있을 수 있다며 국회 앞에서 밤을 새운 수백 명의 시민들. 그리고 계엄군 진입에 대비, 편집국 문을 잠그고 긴급 호외를 제작하던 광주 언론인들.

모든 상황은 1980년 5월 18일 광주와 유사했으나 단 하나가 달랐다. 그땐 학생들 머리를 박달나무 몽둥이로 깨트리고 길 가던 여성을 대검으로 찌르다 급기야 비무장 시민을 향해 실탄을 발사한 공수부대가 있었다. 그러나 이번엔 북한 게릴라 아닌 민간인을 마주하고 당황한, MZ세대 대북 특수부대 707 특임단이 나타난 것이다.

1980년 광주항쟁을 역사로 배운 분들을 위해 이번 계엄사태를 당시 상황으로 재구성해 보자. 국회에 도착한 계엄군은 불법 내란에 항의하는 시민과 보좌진을 몽둥이로 때리고 칼로 찌른 후 놀라 도망가는 '용의자'를 끝까지 추적한다. 그리고 마포와 영등포의 민가 안방까지 군홧발째 들어가 젊은 사람은 무조건 두들겨 팬 후 트럭에 싣고 어디론가 떠난다. 당연히 SNS는 없고 언론도 아무 일 없다는 듯 '미스코리아' 대회를 방송한다. 다음 날 광화문과 영등포, 신촌 로터리 등에서 시민들이 계엄 해제를 외치자 일제 사격을 가해 수백 명의 사망자가 발생한다.

  곧이어 헌법재판소가 인정한 '저항권'을 행사하려는 무장 시민군이 등장하고 방송국 등을 불태운다. 그제야 계엄사령부는 '체제 전복을 기도한 불순분자들이 국회 앞에서 폭동을 일으켜 군인 4명 시민 1명의 사망자가 발생했다'고 공식 발표한다. 14일 오후 7시 24분부로 직무가 정지된, 내란 혐의자 윤석열 대통령의 어법에 따르면 '불순분자'가 44년 만에 '종북 반국가 세력'으로 바뀌었을 뿐이다.

  12월 3일 밤부터 4일 새벽까지 국회 안팎에서 엉킨 계엄군과 시민들, 그리고 보좌진. 만약 계엄군을 태운 헬기가 수방사의 제어 없이 윤석열-김용현 그룹이 계획했던 시간에 도착, 본회의장을 장악했다면? 공포탄과 실탄을 휴대한 계엄군과 보좌진 중 단 한 명이라도 자제력을 잃었다면? 자칫 엄청난 수의 사망자와 부상자가 나올 수 있었던 일촉즉발의 순간이었다. 그 악몽 같던 시간을 윤석열은 다음과 같이 정리한다. "민주당의 폭거를 국민들께 알리고 야당에 경고'만' 하려 했다."

계엄을 민방위 훈련 정도로 생각하는 모양이나 계엄은 결코 장난일 수 없다. 잠자리에서 튀어나와 계엄 해제 표결에 참석했던 한 여성 의원은 "꾹 참고 있는 얘기가 있어요. 윤석열이 재판에 악용할까 봐…"라며 입술을 깨문다. 한마디로 '심신미약'이라는 얘기다. 혹시라도 법정에서 인정되면 감경 사유다.

고려대 국문과 교수였던 청록파 시인 조지훈은 1960년 고대 4·18의거 직후 '늬들 마음을 우리가 안다-어느 스승의 뉘우침에서'라는 헌시를 고대 신문에 투고, 제자들의 존경을 받았다. 조 시인 막내아들인 조태열 외교장관은 비상계엄 선포 3시간 전 대통령의 긴급 소집에 용산 집무실로 향했다. 대통령이 불쑥 "비상계엄을 선포하겠다"고 말하자 그 자리에서 계엄을 반대했다.

"외교적 파장뿐 아니라 대한민국이 지난 70여 년간 쌓아 올린 모든 성취를 한꺼번에 무너뜨릴 수 있을 만큼 심각한 사안입니다." 그러나 대통령은 '나의 판단으로 하는 것'이라며 계엄 선포를 위해 일어서자 조 장관은 뒤를 따라가며 재고해 달라고 간청했다. 그날 밤 조 장관은 골드버그 주한 미국대사의 전화를 받지 않았다. "무슨 내용을 가지고 소통할 것인가가 더 중요하다고 생각했고, 그런 상황에서 상대방을 '미스리드'(오도)할 수 있다고 생각해서 미뤘습니다."

당시 초비상이 걸렸을 미 국무부는 골드버그 대사 외에도 각종 공식 비공식 채널을 동원, 윤석열 그룹의 의도와 향후 한국 정세를 파악하고자 했을 것이다. 내란 사태 전후 어떤 언질도 받을 수 없었던 미국은 다음 날 아침부터 "심한 오판을 했다"는 등 경고 메시지를 발신하기 시작했다. 외교적 수사로선 상궤를 벗어난 이례적 수위였다. 윤석열이 그렇게도 강조하던 '한미동맹'의 불협화음이 노골화된 것이다.

윤석열은 또 지난 12일 대국민 담화에선 2년 이상 한국 내 군사시설들을 촬영한 중국인 3명과 지난달 드론으로 국가정보원을 촬영하다 붙잡힌 40대 중국인 사례를 들었다. 이에 마오닝 중국 외교부 대변인은 13일 정례 브리핑에서 불쾌감을 나타냈다. "한국 측 언급에 깊은 놀라움(意外·뜻밖)과 불만을 느끼며 (윤 대통령의 발언은) 중한 관계의 건강하고 안정적인 발전에 이롭지 않다."

마오닝 대변인은 윤 대통령이 거론한 사건들에 대한 결론이 아직 나오지 않았다는 점도 지적했다. 그는 "중국산 태양광 시설들이 전국 삼림을 파괴할 것"이라는 윤 대통령 주장에 대해서도 "중국의 녹색 산업 발전은 세계 시장의 수요와 기술 혁신, 충분한 경쟁의 결과"라고 반박했다. 1953년 한국전쟁 휴전 이후 70여 년 만에 북-러 동맹이 복원된 가운데 그나마 레버리지 역할을 할 수 있는 중국과의 관계도 냉각될 위험에 처한 셈이다. 중국은 미국의 전방위 외교적 포위 공세를 맞아 최근 한국인의 비자 면제를 결정하는 등 한중 관계 개선에 나선 바 있다.

민주공화국의 한 축인 보수는 10년 남짓 기간에 벌써 두 번의 탄핵을 경험 중이다. 2016년 박근혜 전 대통령 하차 이후 간신히 '탄핵의 강'을 건넜다 이번엔 아예 '죽음의 계곡' 초입에 도착한 것이다. 분당, 선거 연패 등 궤멸 상태에 내몰렸다 2022년 문재인 정권 검찰총장을 영입, 극적인 정권 교체를 이뤄 낸 보수 진영. 바로 그 대통령이 자기 진영 한가운데서 '자살폭탄' 스위치를 당겨 버려 다시 벼랑 끝에 선 셈이다.

설상가상 계파싸움 막도 올랐다. 친윤계 등 주류는 야권에 동조, 탄핵 가결에 결정적인 역할을 했다며 친한(동훈)계를 배신자로 낙인찍고 있다. 그러나 친한계는 민심을 외면한 이들이 탄핵을 불러온 진범이라는 입장이어서 최악의 경우 8년 전 분당 사태가 재연될 수 있다. 당 주류가 자유투표 대신 군이 반대 당론을 결정한 배경으로 한동훈 대표 축출 명분을 마련하려 했기 때문이라는 분석도 나온다. 이게 과연 초유의 계엄 사태를 맞은 '집권당'의 모습인가.

　보수가 속히 새 인물과 노선으로 환골탈태, 전열을 정비하지 못하면 대한민국 미래도 어두워진다. 외교 안보와 경제 등 국정 전반에 심각한 경고등이 켜진 가운데 김정은과 친하다는 트럼프 취임도 하루하루 다가오고 있다. 우리 공동체의 위기다.

2024. 12. 16.

④ 내란 피의자 윤석열과 '미시마 유키오'
― 유권자들 더 이상 비참하게 만들면 안 돼

연세대학교 응용통계학과 고 윤기중 명예교수는 한일 수교 직후 일본 문부성 1호 국비 장학생으로 선발돼 1966년부터 1968년까지 도쿄도 구니다치시에 있는 히토쓰바시 대학교에서 공부한다. 소년 윤석열도 이때 일본 생활을 함께했다. 그는 2023년 요미우리 신문과의 인터뷰에서 다음과 같이 회고했다. "우에노에서 철도를 타고 구니다치역에 내려 아버지 아파트까지 갔다. 지금도 히토쓰바시 대학이 있던 거리가 눈에 선하다."

어렸던 윤석열은 잘 몰랐겠지만 그 시절 일본은 '미일안전보장조약' 철폐를 주장하는 이른바 '안보투쟁'이 10여 년 이어진 데다 파리에서 시작된 '68혁명' 물결까지 밀어닥친 질풍노도의 시기였다. 도쿄대 '전공투'는 야스다 강당을 점거, 결사 항전을 벌이다 학생과 기동대 800여 명이 부상당했고 이후 불에 탄 야스다 강당은 23년간이나 폐쇄됐다. 도쿄대 학생들은 전원 유급됐고 이 때문에 그 대학은 69학번이 없다.

1968년 '설국'으로 노벨문학상을 수상한 가와바타 야스나리. 그의 호평을 받고 등단한 미시마 유키오도 도쿄대 법학부 출신의 소설가다. 그는 야스다 강당을 점거한 도쿄대 전공투 대표들과 청중 1,000여 명 앞에서 2시간 반가량 대담을 진행한다. 극우 천황주의자 미시마 유키오가 좌파 학생들과 소위 '맞짱'을 뜬 것이다. 뜻을 같이한 젊은이들과 '다테노카이'(방패회)를 결성한 미시마 유키오는 1970년 11월 25일 회원 4명과 함께 신주쿠 인근 이치가야의 자위대 주둔지에 들어간다. 그리고 동부 방면 총감을 일본도로 위협, 인질로 잡은 뒤 저항하던 자위대원 8명을 부상케 한다.

이어 총감 방 발코니로 나가 몰려든 기자들을 향해 미일 안보조약 개정, 헌법 개정, 자위대의 쿠데타를 촉구하는 일장 연설을 했다. 그래도 자위대원들이 냉담한 반응을 보이자 5분 후 할복자살한다. 소년 윤석열이 생활하던 구니다치에서 불과 30여 km 떨어진 곳이었다.

박정희 대통령도 5·16 쿠데타 전야, 아끼던 포병 부하 박태준에게 "만약 거사가 실패하고 내가 사형당하면 가족들을 보살펴 달라"고 부탁한다. 그리곤 그를 쿠데타 동지 명단에서 지웠다. 박정희 사후, 박태준은 방황하던 박지만 등을 끝까지 챙기는 것으로 약속을 지킨다. 이처럼 나름 '큰 뜻'을 품고 한 국가의 합법적 무력인 군대를 비합법적 방법으로 움직이려 할 때

는 최소한 자신의 목숨 정도는 걸어야 하는 것이다. 국회에 경고만 한다거나, 아니면 말고 식의 군대 이동이란 것은 있을 수 없다.

경우는 다르지만 박지만과 중앙고, 육사 동기인 이재수 전 기무사령관도 세월호 유족을 불법 사찰토록 지시한 혐의로 검찰 수사를 받던 중, 2018년 12월 7일 서울 송파구 지인 건물에서 투신자살했다. 그는 자필 유서를 통해 "세월호 사고 시 기무사와 기무부대원들은 정말 헌신적으로 최선을 다했다. 5년 전에 했던 일을 사찰로 단죄하는 게 안타깝다"라는 말을 남겼다.

내란죄 핵심 피의자인 윤 대통령이야 '부동시'로 군대를 다녀오지 않아 또래의 군에 대한 평균적 인식과 동떨어져 있다고 치자.(물론 몰랐다고 죄가 없어지는 건 아니다) 그러나 이번 불법 계엄에 참여한 고위 장교들은 도대체 그 절체절명 선택의 순간에 왜 그 같은 판단을 한 것인지, 이해하기 어렵다.

윤 대통령은 이번 12.3 계엄이 내란이 아니라는 입장이다. 그럼 속히 재판절차를 거쳐 깨끗이 소명하면 된다. 그러나 이후 언행은 전혀 다르다. 국회 탄핵소추안 표결 직전 "법적, 정치적 책임 문제를 회피하지 않겠다"던 그는 "임기 문제 등 정국 안정 방안을 당에 일임한다"는 담화로 여당의 탄핵 투표 불참

을 유도했다.

2차 탄핵 표결을 앞두곤 "대통령의 비상계엄 선포권 행사는 사법 심사의 대상이 되지 않는 통치 행위"라며 며칠 전 말을 뒤집더니 "탄핵하든 수사하든 당당히 맞설 것"이라고 했다. 그러고선 공조수사본부가 대통령실과 한남동 관저에 보낸 출석요구서도, 헌법재판소가 보낸 탄핵소추 의결서도 아예 수령 자체를 거부하고 있다.

그는 검찰에 있을 때 한번 물면 절대 그냥 놓아 주지 않는 '잔인한' 수사로 유명했다. '인디언 기우제' 지내듯 아무튼 뭔가 나올 때까지, 사돈의 팔촌까지 주변을 100~200명이라도 뒤져 별건으로라도 결국 구속시키는 것으로 명성이 자자했다. 그런 장본인이 이제 자신이 내란 우두머리 혐의로 수사와 탄핵 재판을 받게 되니 겁이 나는가? 하긴 '나는 수사를 하는 사람이지 수사나 재판받을 사람이 아니다'라는 생각으로 반평생을 살았으니 이번 계엄 같은 엄청난 사안도 막무가내 저질렀을 것이다.

최근엔 변호인을 통해 체포의 '체' 자도 꺼내지 않았다고 주장했다. 관련자 증언을 종합하면 '국회에 병력 1,000명쯤 투입, 4명이 의원 한 명씩 들고 나오라'라고 지시했을 가능성이 있다. 물론 '체포'라는 단어는 없다. 이 상황에서도 그런 말장난

이 나오는가? 검찰에서 '조서를 꾸민다'고 하는 말도 괜히 나온 게 아니다.

윤 대통령은 질서 유지 차원에서 소수의 비무장 병력을 국회에 '잠깐' 투입했단다. 707특임단 등 1,500여 명의 병력과 각종 화기, 실탄 1만여 발로 누구로부터 어떤 질서를 유지한다는 건가? 윤 대통령 주장이 맞다면 창문을 깨고 국회 본관에 진입했거나 의원들의 출입을 막은 군경 책임자는 국군 통수권자의 뜻을 어긴 내란죄 주범이 될 가능성이 높다. 최소 사형이나 무기징역이다.

'다 내 책임이니 그들은 용서해 달라'는 자세는 기대 안 한다. 최소한 부하들을 사지에 내몰고 혼자 도망치려 한 비겁한 지도자로 역사에 남으면 안 되는 것 아닌가.

앞으로 윤 대통령은 국민들의 정신건강을 위해서라도 웬만하면 그런 몰상식한 얘기는 하지 말아야 한다. "일본 여자들 사이에 윤 대통령 인기가 짱이라고 한다는 말을 들었다. 아내 지키겠다고 저렇게 군대까지 동원하는 저런 사람이 어디 있느냐고 한다더라."(월간조선 2025년 1월호 홍준표 시장 인터뷰 질문 중)

무모하고 어처구니없는 데다 비겁하기까지 한 지도자 덕에 수치심은 온전히 국민 몫이다. 지난 대선 당시, 평생 처음 민주당 후보를 찍지 않았다는 분들이 적지 않았다. 민주당에 실망한 점도 있었겠으나 윤석열 후보에 기대한 측면도 있어서였을 것이다. 윤 대통령은 그분들을 위해서라도 최소한의 도덕적, 인격적 수준은 유지해 줘야 한다. 주변의 온갖 눈총을 받으면서 유독 '국민의힘 지지 아닌 윤석열 지지'라고 강변했던 그 유권자들을 여기서 더 초라하거나 비참하게 만들면 안 된다. 정치 도의적으로도 그러면 안 된다.

P.S. : 선관위를 향한 윤 대통령 인식에 대해선 '지구 평면설'이나 '아마겟돈 휴거' 수준의 주장이라 언급 자체가 민망하고 귀찮다.

2024. 12. 23.

⑤ 윤석열의 '농성전'과 보수와의 '악연'(惡緣)
— 尹, 2017년 이어 올해도 보수 진영 초토화

계엄령이 발동되면 대통령은 '즉각' 국회에 통보하고 의원들의 판단을 기다려야 한다. 헌법에 그렇게 써 있다. 이런 절차를 지켜야 윤석열 대통령이 외쳐 온 '자유'민주주의가 유지되며 우방들도 민주 진영에 끼워 준다. 민주주의는 '공산 전체주의 척결'만 외친다고 저절로 이뤄지는 게 아니다.

내란죄 핵심 피의자 윤석열은 통보 대신 헬기에 북파 특수부대를 가득 실어 국회로 보냈다. 그리곤 법 절차에 따르기는커녕 한남동 벙커에서 '농성전'을 벌이고 있다. 헌재의 탄핵 기각을 유도한 후 대통령직에 복귀, 내란죄 재판마저 유야무야시킨다는 망상을 하는 것 같다. 아마도 알코올과 극우 유튜브, 그리고 주술 때문일 것이다.

상태가 좀 안 좋은 듯한 윤 대통령이야 논외로 치자. 이해할 수 없는 건 집권당의 언행이다. 여당의 중진들과 그 많은 법조 출신 의원들은 12월 3일 그 긴박했던 시각, 어디서 무얼 하고 있었는지 궁금하다. 그들은 소속 의원들이 초등생처럼 당사로 국회로 이리저리 몰려다니는 상황을 단톡방에서 보고만 있었다. 원내대표 지시가 있건 없건 국회의원 개개인은 모두 독자적 헌법기관이다. 당대표가 본회의장에 모여 달라 했음에도 왜 멀거니 보고만 있었을까.

　야당 지지자들이 국회를 포위, 못 들어갔다는 판사 출신 여성 의원 발언은 웃고 넘어가자. 그 시각 야당 의원들은 국회로 달려온 시민들 도움으로 국회 담을 넘고 있었다. 심지어 본회의장에 '잠입', 국회의원 숫자를 대통령실에 보고한 분까지 있었다니 말문이 막힌다. 대통령이 당대표인가, 원내대표인가. 게다가 한동훈 전 대표 아니었으면 '계엄 찬성 당'으로 낙인찍힐 뻔해 놓곤 오히려 그를 몰아내기까지 했다.

　# 국민의힘은 탄핵안 1차 표결 때 당론반대로 집단 퇴장하더니 가결된 후엔 찬성 의원들에게 부역자라는 주홍 글씨를 새기고 있다. 그리곤 공석인 헌법재판소 재판관 임명에 어깃장을 놓고 있다. 이대로 시간을 끌다 헌재의 탄핵 심판을 무산시켜 이재명 대표 낙마라는 요행수를 기다리는 것으로 보인다.

　그런데 국민의힘이 입만 열면 나열하는 이 대표의 혐의를 듣다 보면 '이재명'은 그야말로 결점투성이인 최약체 후보다. 그럼에도 민주당에서 다른 후보가 나오길 기대하는 눈치이니 알다가도 모를 일이다. 헌재 판결을 시급히 종결시켜 정치 사회적 혼란을 최소화해 달라는 여론에 정면으로 맞서면서 대선 승리를 기대하나?

여야를 떠나 국회의원이라면 윤 대통령의 반헌법적 국회 침탈에 분노가 일어나야 정상이다. "총을 쏴서라도 문을 부수고 들어가 의원들 끌어내라"고 했다는 검찰 수사 결과까지 나오지 않았나. 이러니 '죽어도 이재명만은 안 된다'는 여당이 그의 선거운동을 도와준다는 지적까지 나오는 것 아닐까. '나도 이재명은 비호감이나 탄핵을 반대하는 여당이 그렇게도 싫어한다니 국민의힘 보란 듯 그에게 국정을 맡겨 보고 싶다'거나 '아무렴 내란 공범들만 하겠냐'는 온라인 댓글도 눈에 띈다.

여당 의원들은 '핵심 지지층만 보고 가면 만약 대선은 패배하더라도 3년 후 총선 공천은 무난히 받을 것'이라는 계산을 하는 것 같다. 여야에 산재한, 국가나 당의 미래보다 나만 살고 보자는 전형적 '정치 자영업자' 행태다.

국민의힘이 이 같은 선택을 하는 근저엔 박정희-전두환 군사독재의 슬픈 잔영인 영호남 '지역주의'도 독버섯처럼 얽혀 있다. 만약 영남이 여야가 접전을 벌이는 지역이었다면. 그래서 국민의힘 비주류가 지난 총선에서 '용산'의 자장을 일부라도 벗어났더라면. 그 결과 여당이 영남권 외에도 어느 정도 당선자

를 냈더라면.

 아마도 윤 대통령이 불법 계엄을 자행한 순간, 비주류가 즉각 당권을 접수하고 탄핵에 앞장섰을 것이다. 그리고 천막당사 앞에서 바짝 엎드려 대국민 사과부터 했을 것이다. 그 길만이 당의 유일한 위기 탈출 방안이기 때문이다. 그런데 정상적 정당이라면 벌써 '폐족'이 됐어야 할 세력이 여전히 당을 좌지우지하고, 배신자 운운하며 눈을 부라리는 게 작금의 국민의힘 상황이다.

 그래서 천하의 김대중과 김영삼도 당내 비주류를 30~40%쯤 인정했을 것이다. 그들이 무슨 대단한 아량이 있어서 그랬겠는가. 적어도 양김은 정당의 작동 원리를 이해하는 '민주주의자'였기 때문이다.

 # 윤 대통령은 문재인 정부 당시 이명박-박근혜 정부 인사들을 문자 그대로 '초토화'시켰다. 계엄 직전인 지난달 29일, 홍준표 대구시장이 페북에서 한 얘기를 들어보자. "2017년 10월 우리(보수정당)는 문재인 정권에 의해 무고하게 적폐로 몰려 1,000여 명이 끌려가고 수백 명이 구속됐으며 5명이 강압수사를 받다 스스로 목숨을 끊는 지옥의 밑바다에서 고통받고 있었다."

홍 시장은 "그때 문재인 정권의 사냥개가 돼 우릴 그렇게 못 살게 굴던 그 친구(한동훈 대표)는 그 시절을 자신의 '화양연화'라고 했다"며 맹공했다. 그는 언급을 피했으나 한 대표를 지휘한 장본인은 바로 윤 대통령이었다. 그랬던 그가 이번엔 비상계엄이라는 기상천외한 방법으로 국민의힘을 다시 형해화시키고 있다. 윤 대통령 측 최근 언행은 광화문의 소위 '태극기 부대'를 격동시켜 헌법재판소 탄핵 심판과 검경 내란죄 수사에 유리한 환경을 조성하겠다는 전략으로 읽힌다.

노무현 전 대통령을 존경, 그가 나오는 영화를 보고 몇 시간이나 울었다는 윤 대통령. 이제 국민들은 그가 극우세력과 손잡고 자유민주주의를 지키겠다고 악을 쓰는 모습을 볼 수 있을 것 같다. PD와 주사파 운동권 일부가 걸었던 퇴행적 '흑화'의 그 길을, 1980년 5월 서울법대 모의재판에서 전두환에게 무기징역을 구형한 열혈 청년 윤석열이 뒤따르는 현실은 씁쓸하고 '아스트랄'하다.

그때 전통의 보수정당 국민의힘은 어떤 스탠스를 취할지 궁금하다. 지금처럼 윤 대통령 같은 내란 피의자 옹위 입장을 고수할 경우, 태극기를 든 아스팔트 세력 비슷한 영남권 극우 정당으로 쪼그라들 수도 있다. 나라를 위해서도 심히 걱정스럽다. 문재인 정부에 이어 윤석열 정부까지 두 번이나 보수진영을 궤멸시키려는 윤 대통령. 그와 대한민국 보수세력 간 질긴 악연이 아닐 수 없다.

P.S. : '태극기 부대'를 이끄는 전광훈 목사는 지금도 '2차 계엄'을 촉구하고 있다. 광화문 집회 등에서 "나라가 북한으로 넘어가면 전세방이 어디 있느냐"며 전세방을 빼서라도 윤 대통령을 돕자고 역설한다. 윤 대통령 측 석동현 변호사는 지난 총선에서 전 목사가 주도한 자유통일당 비례대표 2번이었다. 전광훈과 석동현, 그리고 내란죄 핵심 피의자 윤석열. 세 사람의 케미가 잘 맞지 않는가?

2024. 12. 27.

⑥ 윤석열과 '페루 정변' 그리고 '아사마 산장'
— 보수 진영, 반공과 '호남편견' 기대던 시절 오래전 끝나

내란 우두머리 피의자에 대한 공수처의 체포영장 집행이 경호처의 저지에 막혀 무산됐다. 대통령실 경호처 책임자들은 즉각 경찰에 고발됐다. 최근의 한국 상황은 민주주의 선진국에선 볼 수 없는 장면이어서 외신도 연일 주요 뉴스로 취급 중이다. 아시아 최선두 '민주주의 모범국'에서 이런 사태가 벌어졌다는 사실 자체가 믿어지지 않는다는 투다.

최고 지도자에 대한 수사와 탄핵, 축출은 민주주의가 정착되지 않아 쿠데타와 권력형 부패가 잇따르는 중남미와 아프리카 일부 국가에서나 일어나는 사건이다. 미국과 유럽의 외교가에선 아마도 2년 전 발생한 '페루 정변'의 기시감이 들 것이다. 당시의 페루와 지금의 대한민국, 비슷한 점과 다른 점을 톺아보자.

2022년 12월 7일 페루 대통령 페드로 카스티요는 대국민 연설을 통해 "의회를 해산하고 비상정부를 수립, 헌법 개정 전까지 대통령령으로 통치하겠다"고 발표했다. 친위 쿠데타 시도였다. 그 직전, 페루 야권은 대통령과 측근들의 불법적 영향력 행사 의혹과 '도덕적 무능', 경제 정책 실패, 연이은 식량과 에

너지 물가 상승 등의 이유로 탄핵을 추진했다. 페드로 카스티요의 계엄과 의회 해산은 이에 대한 대응이었다.

그러나 그의 시도는 1992년 알베르토 후지모리 전 대통령의 친위 쿠데타와는 달리 실패로 끝났다. 당시 페드로 카스티요의 지지율은 30%대에 불과했고 정무 감각이 서툴러 여당인 '자유 페루'와의 관계도 틀어졌던 상황이었다. 그 결과 다섯 시간 만에 의회에서 탄핵안이 가결돼 카스티요 대통령은 파면됐고 볼루아르테 부통령이 그 뒤를 이음으로써 친위 쿠데타는 실패로 끝났다. 의회의 탄핵 시도에 계엄령을 발동하고 의회를 무력화시키려다 스스로 자폭한 것이다.

카스티요는 탄핵 가결 직후 법원에서 체포영장까지 나오자 가족과 멕시코 대사관으로 도주하다 경찰에 체포됐다. 카스티요는 구금 직후 탄핵 반대 시위를 벌이는 지지자들을 향해 메시지를 냈다. 직접 손으로 쓴 편지에서 자신이 여전히 페루의 대통령이라면서 신임 대통령이 권력을 빼앗았다고 주장했다.

그는 편지에서 자신을 '16개월 전 국민 여러분이 공화국 헌법에 따라 대통령으로 선출한 바로 그 사람'이라고 언급하며 자신은 국민에 의해 정당하게 선출된 대통령임을 부각시켰다. 이어 "저는 굴욕당하고 고립되고 학대받다 '납치'됐지만, 여전히 주권자 국민 여러분의 믿음과 투쟁이라는 옷을 입고 있다"면서 "게다가 우리 선조들의 영광스러운 영혼까지 깃들어 있음을 말씀드린다"고 썼다.

그의 '옥중 메시지'는 지지자들의 시위에 기름을 부었다. 알프레도 로드리게스 바욘 국제공항에선 시위대가 활주로 한복판에 타이어와 돌덩이를 가져다 놓고 타이어와 관제실에 불을 지르며 의회 해산과 볼루아르테 대통령을 성토하는 구호를 외쳤다. 이 과정에서 경찰과 일부 시민이 충돌해 1명이 숨지기도 했다. 볼루아르테 신임 대통령은 시위가 심각한 지역에 대해 비상사태를 선포하고 군 병력을 투입했다. 내란 혐의로 아직도 재판 중인 그는 징역 34년 형을 구형받고 2년 넘게 교도소에서 구금 중이다.

12.3 불법 계엄에서부터 최근까지 이어지는 윤석열 대통령의 난행은 지난 대선에서 그를 지지했던 중도 유권자뿐 아니라 일부 보수층마저 등을 돌리는 지경에 이르렀다. 암군(暗君)에 폭군, 혼군(昏君)이라는 탄식까지 나온다. 한남동 관저에서 세계가 지켜보는 가운데 감행된 5시간 반의 농성전은 한 정치세력의 법적 도덕적 파탄을 상징한다는 점에서 일본 극좌의 궤멸 계기였던 '아사마 산장' 사건을 떠올리게 한다.

1972년 2월 19일부터 28일까지 일본 나가노현에 있던 문제의 산장에서 '세계 혁명'을 꾀하던 극좌파 '연합 적군'의 인질극이 벌어졌다. 사카구치 히로시를 비롯한 회원 5명이 산장 관리인의 아내를 인질로 잡고 10일 동안 틀어박혀 경찰과 대치하다 진압됐던 것. 총기 탈취 사건 등을 일으키고 도주하던 그들이 혹독한 사상 검증 끝에 '총괄'이라는 명목으로 동료들에게 집단 린치를 가해 그중 12명을 살해했다는 사실까지 드러났다. 전 일본은 경악했다.

리더인 모리 츠네오는 '나는 미쳐있었다'는 자기 비판서를 쓰고 1973년 1월 재판 도중 목을 매고 자살했다. 유서에는 '자기 책임 무거움에 절망… 스스로 사형 판결을 내리겠다'고 적었다. 이 사건은 전국에 흩어져 있던 잔존 적군파의 대거 전향과 극좌파의 급속한 쇠퇴를 이끄는 등 전후 일본 문화 및 사상사에 굵직한 획을 그었다.

노벨문학상 작가인 오에 겐자부로의 1985년 연작 소설 '하마에게 먹히다'. 이 소설의 주인공도 아사마 산장 사건 생존자로 설정돼 있으며 이 작품으로 가와바타 야스나리 문학상을 받았다. 무라카미 하루키의 소설 '1Q84'에 나오는 과격 혁명운동 집단 '여명'과 그들이 일으킨 모토스 호수 총격전 역시 이 사건을 모티브로 했다는 지적이다. 아사마 산장 사건은 영화로도 다수 제작되는 등 일본 사회에 끼친 영향은 광범위하고 심대하다.

\# 정국 안정을 위해 신속한 탄핵 판결을 원하는 대다수 여론과 탄핵 반대, 나아가 비상계엄 지지까지 외치는 극우세력 사이에 갈팡질팡하는 여당 상황이 갈수록 심각해지고 있다. 윤 대통령과의 차별화를 둘러싼 당내 갈등도 조만간 폭발할 시한폭탄이다. 국민의힘은 12.3 비상계엄이라는 불의의 충격을 받은 후, 탄핵을 반대하거나 되도록 판결을 지연시키려는 '동체착륙'을 시도하고 있다. 이대로 조금 더 미끄러져 가면 그 끝은 누구나 예측하듯 암울하다.

박정희 이후 맹목적 반공과 '호남편견'을 양대 무기로 한세월 편하게 정치를 해 온 보수세력이 최대의 위기를 맞고 있는 셈이다. 지적 게으름에 대한 역사의 보복일까? 서구의 반유대주의나 미국의 블랙 차별은 종교와 피부색이라는 핑곗거리라도 있다. 보수층 일각의 호남을 향한 딱지 붙이기는 중세적 주술이나 고대 부족주의와 별로 다를 것이 없다. 다행히 6월항쟁과 민주화 이후 교양인의 증가로 그 시대착오적 '중얼거림'은 왜소해졌다.

대한민국 보수가 다시 유권자의 선택을 받기 위해선 우선 그 시큼하고 남루한 옷부터 벗고 현대적 결사체로 탈바꿈해야 한다. 이미 우리 사회 주류도 아니지 않은가. 보수가 바뀌면 긴장한 민주당도 진화할 것이다.

P.S. : 페드로 카스티요 페루 전 대통령과 내란 피의자 윤석열 대통령은 둘 다 정계의 아웃사이더 출신으로 대선에서 1%p 미만 차로 신승했다는 공통점이 있다. 카스티요가 친위 쿠데타를 시도하다 탄핵된 날은 윤 대통령의 1차 탄핵소추 표결이 있던 날로부터 정확히 2년 전이다. 우연치고는 묘하다.

2025. 01. 04.

⑦ 윤석열의 '적반하장'과 '백골단'의 부활
— '한남동 관저' 인간 방패… 역사에 기록될 여당 의원 45명

1950년 5월 치러진 2대 총선은 무소속이 전체 의석의 3분의 2를 차지하는 파란을 일으켰다. 이승만 초대 대통령에 대한 민심의 이반이었다. 기존 간선제로 대통령 재선이 불가능했던 이승만은 직선제 관철을 노린 관제 데모를 일으킨다. 이를 위해 자유당은 정치깡패인 '백골단'과 '땃벌떼' 등을 조직, 시위를 부추겨 놓곤 이승만이 사회 혼란 등을 빌미로 비상계엄을 선포했다.

국회의원 50여 명이 탄 통근버스가 헌병대에 의해 강제 연행된 가운데 1952년 7월 4일 심야 국회에서 직선제 개헌안이 의결된다. 부산 정치파동과 '발췌 개헌'이다. 이승만은 새 헌법으로 대통령에 재선됐으나 한국의 정정 불안을 지켜본 미국은 분노했다. 당시 CIA는 '오페라 작전'이라는 이승만 제거계획까지 세웠었다.

이후 백골단은 1980년대 부활한다. 전두환 군사정권에서 시위대를 막던 사복경찰이 청카바와 청바지를 입고 흰색 하이바(방탄헬멧)를 써 그렇게 불린 것이다. 그들은 시위대에 달려들

어 폭력적으로 검거하던 공포의 대상이었다. 1991년 명지대생 강경대가 백골단의 쇠파이프에 맞아 숨겼고 성균관대생 김귀정도 그들의 토끼몰이 진압으로 사망했다.

민주화와 함께 사라졌던 그 백골단이 2025년 1월 9일 다시 등장했다. 그것도 기자회견까지 하며 버젓이 나타난 것이다. 45년 만에 비상계엄이 발동되더니 이젠 하다 하다 백골단인가. 흰색 헬멧을 쓰고 국회를 찾은 그들은 '대통령에 대한 불법 체포를 저지하는 반공청년단'이라고 소개한 후 "백골단은 예하 조직으로 운영될 것"이라고 밝혔다. 이날 기자회견은 국민의힘 김민전 의원이 연결한 것이다.

박종철과 같이 부산 출신 서울대 84학번인 김 의원은 백골단이 우리 현대사에서 어떤 의미를 갖는 용어인지 몰랐을까? 현역 의원이 백골단이라는 이름을 '자랑스럽게' 내세우는 조직을 국회 회견장에 내세운다? 실소밖에 나오지 않는다. 그 청년들은 '헌정질서를 수호하겠다'고 기염을 토했다. 정상적인 대한민국 국회의원이라면 '당신들은 바로 그 헌정질서를 유린한 내란죄 피의자를 두둔하는 것'이라며 선도해야 옳다.

이 모든 아수라장 한복판에 내란죄 핵심 피의자 윤석열이 있다. 그는 지난 8일 변호인단을 통해 공수처의 체포영장 집행

을 거부하면서, 기소하거나 사전구속영장을 청구하면 응하겠다고 밝혔다. 또 서부지법은 인정할 수 없고 중앙지법 영장을 요구했다. 헌재의 탄핵 심판 후 수사를 받는 것이 원칙이라고도 했다. 한마디로 본인이 법적 절차의 모든 기준을 정하겠다는 희대의 궤변이다.

임박한 2차 체포 시도를 피한 후 헌재의 탄핵 결정을 지연시키려는 의도이자 불구속 상태로 재판받으려는 노림수, 지지층 결집을 위한 시간 끌기로 보인다. 지난 수십 년간 검사 윤석열이 조사한 피의자 중 이런 주장을 내세운 사람이 단 한 명이라도 있었을까. 어떤 피의자가 체포영장과 구속영장을 선택하고, 영장이 불법이냐 아니냐를 따질 수 있나.

체포영장이 부당하다고 판단할 때의 절차도 법에 정해져 있다. 일단 영장이 집행된 후 법원에 적부심을 신청하는 것이다. 적부심이 기각되면 구속, 받아들여지면 석방이다. 이를 자의적으로 판단, 불응하는 것은 대한민국 법체계엔 없다. 구속영장도 피의자를 조사한 뒤 청구하거나 기소하는 게 원칙이다. 공수처의 거듭된 출석요구를 묵살하고 체포도 거부하는 자를 검사 윤석열이라면 어떻게 바라봤을까.

변호인의 이의신청에 법원이 이미 합법이라고 답을 내놨어도 막무가내다. 역시 검사 윤석열이라면 이런 피의자를 어떻게 다뤘을까. 이종찬 광복회장은 "(오랜 지인인) 윤 대통령 아버지께서 돌아가시기 전 마지막으로 '우리 아들이 참 뭐 모르고 자라서 좀 고집이 세고 또 자기주장에 너무 집착하는 성질이 있으니까 혹시 문제가 있으면 꼭 좀 충고를 해 달라'고 신신당부하고 가셨다"라고 밝힌 바 있다. 안쓰럽고 딱한 일이다.

오늘도 그는 한국판 '아사마 산장'인 한남동 관저에서 쇠사슬과 철조망 그리고 극우 유튜브 알고리즘에 갇혀 지냈다. 도대체 자신이 무슨 일을 저질렀는지도 모른 채 불쑥불쑥 솟아오르는 격노를 삼키며. 그래 놓곤 관저를 찾아온 윤상현 의원에게 '사법 시스템의 붕괴'를 우려했다니 '적반하장'은 이럴 때 쓰라고 만든 말일 것이다.

지난 6일엔 윤의 관저 입구로 여당 의원 45명이 모여들어 인간 방패를 만들었다. 그들은 "민주당과 공수처는 지금이라도 위헌적 행태를 즉각 중단하라"고 촉구했다. 그런 주장을 하려면 민주당사나 공수처에 가야지 왜 한남동으로 갔는지 모를 일이다. 헌법 가치와 법치주의 수호를 위해 나선 것이라는데, 정작 계엄을 선포한 지난달 3일 밤, 어디서 무엇을 하고 있었는지 돌아봐야 한다.

'국민의 기본권'이라는 헌법 가치가 질식할 위기였으니 분연히 일어서야 마땅했으나 당시 국민의힘 의원 108명 가운데 계엄 해제 요구안에 찬성표를 던진 의원은 18명에 불과했다. 보수적인 본인 지역구에서 표를 얻기 쉽다거나, 향후 당권을 쥐는 데 유리하다는 계산이 아니었으면 좋겠다. 훗날을 위해 그 이름들을 명토 박아 둔다. 역사는 엄중하고 무서운 것이다.

P.S. 1 : 1388년 고려 우왕은 환관 80여 명을 데리고 이성계 일파를 참살하려다 실패, 결국 자신의 명만 재촉하고 말았다. 우왕도 결국 술이 문제였다 한다.

P.S. 2 : '한남 산장'의 인간 방패 명단이다.

수도권·충청·강원 : 나경원(서울 동작구을) 조은희(서울 서초구갑) 김선교(경기 여주시양평군) 김은혜(경기 성남시분당구을) 윤상현(인천 동구미추홀구을) 강승규(충남 홍성군예산군) 엄태영(충북 제천시단양군) 장동혁(충남 보령시서천군) 유상범(강원 홍천군횡성군영월군평창군) 이철규(강원 동해시태백시삼척시정선군)

TK : 강대식(대구 동구군위군을) 강명구(경북 구미시을) 구자근(경북 구미시갑) 권영진(대구 달서구병) 김석기(경북 경주시) 김승수(대구 북구을) 김정재(경북 포항시북구) 송언석(경북 김천시) 이만희(경북 영천시청도군) 이상휘(경북 포항시남구울릉군) 이인선(대구 수성구을) 임이자(경북 상주시문경시) 임종득(경북 영주시영양군봉화군) 조지연(경북 경산시) 최은석(대구 동구군위군갑)

PK : 강민국(경남 진주시을) 김기현(울산 남구을) 김종양(경남 창원시의창구) 박대출(경남 진주시갑) 박성민(울산 중구) 박성훈(부산 북구을) 서일준(경남 거제시) 서천호(경남 사천시남해군하동군) 이종욱(경남 창원시진해구) 정동만(부산 기장군) 정점식(경남 통영시고성군)

비례대표 : 강선영 김민전 김위상 김장겸 박준태 박충권 이달희 조배숙 최수진

2025. 01. 10.

⑧ 돌아온 트럼프와 '윤석열 재림교' 신도들
— '인지부조화'가 부른 자학… 동화 같은 사대주의 '망탈리테'

2016년 11월 11일. 박근혜 대통령이 트럼프 미 대통령 당선자와 첫 전화 통화를 나눴다. 대선 승리 하루 만에 축하 의사를 전한 것이다. 그러나 한 달 후인 12월 9일, 국회에서 박근혜에 대한 탄핵안이 가결됨으로써 두 사람의 만남은 끝내 성사되지 않았다. 한미 정상회담은 문재인 대통령 당선 한 달 뒤, 트럼프 행정부 출범 다섯 달 뒤인 2017년 6월에야 이뤄졌다.

8년 후인 2024년 11월 7일. 이번엔 윤석열 대통령이 트럼프 당선자와 통화를 했다. 두 사람은 덕담을 나눈 후 조만간 직접 만나기로 약속했다. 그 윤석열마저도 한 달여 후인 12월 14일 국회에서 탄핵안이 가결됐다. 트럼프 2기 출범을 앞두고 한·미 간 공조는 또 상당 기간 공백을 감수해야 한다. 트럼트만 당선되면 한국 대통령이 탄핵되는 묘한 우연이 두 번이나 반복되고 있다.

명태균 씨는 "내가 구속되면 한 달 내 정권 무너진다"고 했다. 그런데 12.3 계엄 발표 불과 몇 시간 전, 윤 대통령 운명에 대한 또 다른 예언이 있었다. 이 예언자는 "윤 대통령 본인은

감히 나를 감옥에 보내냐 얘기할 수 있지만 감옥에 가는 건 확정적"이라고 말했다. "우파 대통령들은요. 죽기 살기로 우리가 만들어 놓으면요. 탄핵이나 당하고, 감방이나 가고 말이야. 나는 윤석열만큼은 안 그럴 줄 알았거든, 근데 이건 감방 확정이야, 내가 볼 땐 이건…."

예언의 주인공은 바로 전광훈 목사다. 작년 12월 3일 오전 10시 7분 생방송(전광훈 TV)에서 '신통력'이 나온 것이다. 계엄 선포 약 10시간 전이었다. 사실 그는 지난 대선 당시에도 엄청난 발언을 했었다. "대통령은 되는데, 그다음에 감방 가는 걸로, 이렇게. 내가 그 옛날부터… 나는 이 기도를 많이 하기 때문에 이 신령한 꿈을 (성경의) 요셉보다 더 잘 꿔요. 다니엘보다 내가 꿈을 더 잘 꿔요."

전 목사는 지난 15일 윤 대통령이 자신의 예언처럼 공수처에 의해 체포되자 '국민 저항권' 발동을 주장하며 "일주일 안에 데리고 나오자"고 호언했다. 선관위를 해체하고 우파 목사와 스님들이 선거를 관리해야 한다고 목소리를 높이기도 했다. 그는 국민의힘 김기현 전 대표 등으로부터 선지자라고 칭송받으며 여권에 적지 않은 영향력을 행사 중이다. 지난 4일 저녁 한남동 집회엔 윤상현·김민전·이철규 등 친윤계 의원 12명이 모습을 드러냈다.

전 목사는 최근 "감옥 가는 게 소원인데, 그러면 광화문 집회 주도할 사람이 없어 못 간다"고 기염을 토했다. 또 "요즘 제게 생명을 던지겠다는 메시지가 수백 통 왔다"며 "그래서 지금은 때가 아니고 언제든지 죽을 기회를 줄 테니, 조금만 기다려서 효과 있는 죽음을…"이라고 말하기도 했다.

\# 윤 대통령의 좌충우돌 항전으로 12.3 내란 사태가 길어지고 있다. 그는 전 국민이 생중계로 목도한 현실마저 부정하고 소위 '대안적 사실'과 황당한 궤변을 내세우는가 하면 "함께 끝까지 싸우겠다"며 지지층을 선동한다. 부정선거 음모론에 빠져 헌법과 법률을 무시한 비상계엄을 선포하고도 억울하게 단죄받는 피해자라는 중증 망상에 빠져 있는 듯하다. 안쓰러운 일이다. 급기야 지지자들은 20일 취임하는 트럼프 당선자까지 자신들의 몽환적 '현실 부정'에 끌어들이는 단계에 이르렀다.

'리짜이밍(이재명)' 배후에 중국공산당이 있고, 트럼프는 중공을 멸망시키기 위해 대통령이 된 사람이라 취임하자마자 한국의 부정선거를 밝혀내 윤 대통령을 구출해 줄 것이란 얘기다. '윤석열 재림교'가 탄생한 것이다. 미-중 패권 경쟁과 트럼프 재집권에 따른 국제질서 변화를 조악하게 연결시킨 것인데, 이런 동화 같은 판타지도 지지층 일부에겐 통한다.

태극기 부대가 성조기와 함께 트럼프 지지 세력의 'Stop the Steal' 구호를 들고 트럼프가 즐겨 쓰는 빨간 모자를 쓰는 이유다. 비상계엄의 위헌성을 '친미 대 친중' 구도로 바꾸려는 간교하고도 어설픈 프레임이다. 트럼프 측 인사로 알려진 매튜 슐랩 미국 보수주의연합 공동의장이 최근 윤 대통령을 만났다는 보도도 망상의 재료다. 이 면담은 트럼프 당선 이후 대미 네트워크 구축 차원에서 미리 잡힌 것인데, 윤석열이 탄핵안이 가결됐음에도 이를 강행한 것이다.

'윤석열 재림교'는 탄핵 이후 '인지부조화'에 빠진 극우세력을 중심으로 세를 넓히고 있다. 그 신도들에겐 '한미일 동맹'과 '반중'이 복음이다. 물론 한미일 동맹은 중요하다. 그러나 독도를 한국 영해로 선언한 슈퍼 반일주의자 이승만의 '평화선'과 카터의 '인권외교'에 반발, 독자적 핵 개발로 치달았던 박정희의 반미 자주국방 노선도 한 번쯤 돌아봤으면 한다.

"일본의 버르장머리를 고쳐 주겠다"는 일갈은 김영삼의 발언이었고 현직 대통령으로 독도에 가장 먼저 상륙한 주인공도 이명박이었다. 미-일의 견제를 뚫고 시진핑과 함께 천안문 광장에 서서 '항일전쟁 및 세계 반 파시스트 전쟁 승전 70주년 행사'에 참석한 대통령은 박근혜였다. 모두 현재의 국민의힘 전신 정당 지도자들이다. 오히려 해방 이후 한일 관계가 상대적으로 좋았던 때는 태극기 부대가 혐오하는 김대중 정부 시절이었다. 평소 즐겨 듣는 유튜브 내용과 좀 다르지 않은가?

순조 1년인 1801년. 충북 제천 토굴에서 서양 군함 수백 척과 수만 명의 군대를 보내 조선 조정을 굴복시켜 달라고 한 '황사영 백서'. 그 편지는 잔혹한 박해에 고립무원 상태에 빠진 한 천주교인의 단말마적 비명이었다. 시대적 한계에 좌절한 전도유망 선비에게선 연민이 느껴진다. 지금은 2025년이다. 멀쩡한 주권국 헌법과 법률에 따라 감옥살이하는 자국 대통령, 그를 꺼내달라고 외국 지도자에게 갈망한다? '윤석열 재림교' 신도들의 자학적 사대주의 '망탈리테'(mentalité 정신 구조나 사고방식)는 훗날 어떻게 기억될까.

P.S. 1 : 요즘 몇몇 극우 유튜버들이 하루에 천만 원씩 벌 정도로 호황이란다. 선동만 하면 코인이 들어오니 괜찮은 직업이다. 심지어 대통령을 격발시켜 계엄까지 일으켰으니 대단한 분들이긴 하다. '부정선거론'에 진심인 태극기 어르신들은 엄동설한 아스팔트에서 '물밥'을 드시고 있다.

P.S. 2 : 극우 집회엔 태극기와 성조기가 등장한다. 그런데 간혹 나타나는 이스라엘기는 뭔가? 주로 기독교인이 흔든다는데 이스라엘 국민 중 기독교인은 불과 2%다. 더구나 그 나라

선조는 빌라도에게 예수를 죽이라고 소리쳤던 분들 아닌가. 한미일 동맹을 강조하는 의미에서라도 이스라엘기 대신 일장기를 드는 게 더 나을 것 같기도 하다.

2025. 01. 17.

⑨ 윤 대통령은 국민이 그렇게 우스워 보이는가?

'10월 유신' 이후 52년 만에 감행된 친위 쿠데타. 우리 공동체가 감당해야 할 후폭풍은 어디까지일까. 그날 밤, 내란 세력이 국회를 장악했다면 1980년 민간인 학살을 다시 마주했을 가능성이 높았다. 그럼에도 일국의 대통령과 당시 국방장관, 변호인들은 헌법재판소에 나와 '계몽령', '의원이 아니라 요원', '전공의 처단 문구는 계도용'이라는 궤변을 웃음까지 섞어 가며 늘어놓고 있다.

윤 대통령 말대로 '집행할 의사가 없었던' 계엄 포고령이라면 '민간인 통행금지'는 굳이 왜 뺐는가? '바이든 날리면'부터 시작해 윤 대통령은 우리 국민이 그렇게 우스워 보이는가? 자신이 평생 몸담았던 검찰 조직에선 그런 얼렁뚱땅이 통했었나? '장소팔-고춘자'는 웃음을 줬으나 이들의 '텀 앤 더머'급 만담은 허탈하기만 하다. 이런 수준의 사람들이 통치한 지난 2년여, 나라가 무너지지 않은 것만 해도 다행이라 해야 하나.

무속인과 극우 유튜버에 포획된 자가 대체 누구를 계도한단 말이며 21세기에 군대를 동원하는 계몽도 있는가? 그에게 우리 국민은 몽둥이 한번 휘두르면 침묵하는 그 정도의 대상이었다니 자괴감이 든다. 일부 '지식인'들의 민주주의 감수성도 씁쓸하다. 탄핵을 반대하거나 심지어 계엄 실패를 아쉬워하는 그들의 논리는 결국 암군(暗君)이자 폭군, 혼군(昏君), 광군(狂君)인 그를 다시 용산으로 모시자는 얘기다.

가관인 건 평소 그들이 소위 자유민주주의를 독점한 듯 외쳐왔다는 것이다. 헌법과 사법 시스템을 정면으로 무시하는 대통령, 그런 파시스트적 인물을 옹호하는 민주주의자도 존재하는가? 그 역설과 저열함에 쓴웃음이 나온다.

어쨌든 42년 전 전두환 정권 보안대에 끌려가 야구 방망이와 군홧발로 짓뭉개지던 필자가(우원식, 이재명, 한동훈 등도 그날 밤 체포됐다면 비슷한 꼴을 당했을 것이다) 이번엔 '개전의 정'이 좀 보였는지 계몽 대상으로 신분이 바뀌었단다. 의왕(義王: 구치소 소재지) 전하의 망극한 성은에 감읍하고 싶다.

2025. 01. 31.

⑩ 김장하 선생과 문형배 권한대행
― '앙불괴어천(仰不愧於天) 부부작어인(俯不作於人)'

몇 년 전 언론에 소개돼 널리 알려진 진주의 김장하 선생은 유학 가문 출신이다. 출생지와 활동 공간이 서부 경남이니 '남명(南冥) 학파'의 유풍(儒風)이 짙다. 조선 중기 영남 우도를 중심으로 영남학파의 거두 조식의 학식과 덕행을 존숭하며 생겨난 남명학파는 특히 실천적 학풍을 강조한다. 타협하지 않는 절개로도 유명하며 이 때문에 문하에서 임진왜란 의병장이 다수 나왔다.

광해군 시기 집권 세력이던 북인이 인조반정으로 소멸되면서 남명학파도 쇠잔해졌으나 그 맥은 서부 경남을 아우르며 현재까지도 이어진다. 김장하 선생이 설립했다 국가에 헌납한 명신고등학교의 교명인 '명신'(明新)도 유학경전인 '대학'의 첫머리에 나오는 명덕(明德)과 신민(新民)에서 따왔다. 선생의 14대 조는 조광조 선생과 도의로 사귄 것으로 알려졌고 일제 강점기인 1919년엔 그의 집안에서 남악서원을 건립, 김유신 장군과 유학자 설총, 최치원을 배향했다 한다.

조부 역시 향교 직분을 맡던 유림이었다. 조부는 집이 가난해 중학 졸업 후 상급학교 진학을 못 한 손자에게 한의학을 권했고 남성당이라는 한약방 상호도 정해 주었다. '남성'(南星)은 남두육성(南斗六星)의 약자로 인간의 수명을 관장한다는 별이다. 환자들의 수명을 연장하는 데 삶의 가치를 둘 것을 강조한 것이다. 선생은 "할아버지 가르침을 따랐을 뿐"이라고 할 정도로 조부의 영향은 절대적이었다.

선생은 30·40대 한약방이 성업을 이룰 때도 당시 서부 경남에서 한학자로 이름 높은 진암 허형 선생(1908~1995)을 찾아 '대학'을 배웠다. 이 인연으로 진암은 제자가 학교를 세울 때 명신이라는 교명과 함께 창립기문을 지어 준 것이다. 진암의 스승은 마지막 선비로 알려진 중재 김황 선생(1896~1978)이다. 중재의 스승은 만국평화회의에 파리장서를 제출한 유림 137인 대표이자 한말 거유인 면우 곽종석 선생(1846~1920). 면우의 스승은 조선 6대 유학자로 이름난 한주 이진상 선생(1818~1886)이다.

기획예산처 장관을 역임한 김병일 도산서원 원장은 "한주는 기거하는 정자에 주자와 퇴계를 본받는다는 의미를 담아 '조운헌도제(祖雲憲陶齋)'라는 현판까지 달고 살아간 큰 학자였다"며 "김장하 선생은 서부 경남 출신이리 남명선생의 영향을 받았겠지만 학맥을 쫓아가면 퇴계와도 만난다"고 짚는다.

\# "똥은 쌓아 두면 구린내가 나지만 흩어 버리면 거름이 되어 꽃도 피우고 열매도 맺습니다. 돈도 이와 같아서 주변에 나누어야 사회에 꽃이 핍니다." 선생은 중학 졸업 후 친구들이 등교할 때 삼천포의 한 한약방에서 점원으로 일하며 낮에는 약을 썰고 밤엔 공부했다. 그리곤 열아홉 살 최연소 나이로 한약업사 자격을 얻는다.

이후 남성당한약방을 50여 년 운영하며 번 돈을 개인을 위해 쓰지 않고 온전히 지역사회를 위해 희사했다. 일평생 수많은 사회운동과 자선사업을 하며 나눔을 실천해 온 것이다. 그의 조건 없는 지원은 사회, 문화, 예술, 언론, 환경, 역사, 여성 등 전방위적이었다. 특히 선생은 20대 젊은 시절부터 가정 형편이 어려운 학생들을 남몰래 도왔다. 지금까지 장학금을 받은 사람이 1천 명을 웃도는 것으로 알려졌는데 어떠한 행사도, 사진도 남기지 않았다.

이처럼 선생의 신조는 '줬으면 그만이지'였다. 선생은 지원한 단체와 개인의 활동에도 절대 개입하지 않았다. 그래서 선생이 평생 어떤 일을 했는지 그 전모를 파악하긴 불가능하다. "내가 배우지 못했던 원인이 가난이었다면 그 억울함을 나의 후배들이 가져서는 안 되겠다고 맘먹었다. 그리고 한약업에 종사하면서 내가 돈을 번다면 그것은 세상의 병든 이들, 곧 누구보다도 불행한 사람들에게서 거둔 이윤이겠기에 나 자신을 위해 쓰여서는 안 되겠다는 생각도 했다."

그러면서도 선생은 평생 자가용 없이 걷거나 자전거를 타고 다녔다. 집도 따로 없이 한약방 건물 3층에서 기거했으며 여행이라곤 2005년 평양을 방문한 것이 전부라고 알려져 있다. 이 역시 6·25 때 전사한 것으로 알려진 친형이 살아 있다는 연락을 받고서였다. 선생이 명신고 이사장으로 있던 때 전국적 이슈였던 전교조 해직 사태가 터졌다. 그때 선생은 당국의 압력을 받고도 단 한 명의 교사를 떠나보내지 않았다. 학교 운영에 단 한 건의 불, 탈법이 없었던 뒷심 때문이었다. 당시 샅샅이 훑던 담당자도 혀를 내둘렀다는 후문이다.

'김장하'라는 이름 석 자는 2019년 지명된 문형배 헌법재판관 후보 인사청문회를 통해 다시 한번 회자됐다. 가난한 농부의 아들인 문 후보는 고등학교 2학년 때 선생을 만나 대학 졸업 때까지 장학금을 받으며 무사히 학업을 이어 갈 수 있었다.

문 재판관은 청문회에서 "사법시험에 합격, 감사 인사를 드리러 간 자리에서 '내게 고마워할 필요는 없다. 나는 이 사회의 것을 너에게 주었으니 갚으려거든 내가 아니라 이 사회에 갚아라'라고 한 선생의 말씀을 한시도 잊은 적이 없다"고 밝혔다.

이어 "법관의 길을 걸어온 27년 동안 헌법의 숭고한 의지가 사회에서 올바로 관철되는 길을 찾는 데 전력을 다했다"며 "선생의 가르침대로 우리 사회에 진 빚을 조금이나마 갚을 수 있는 길이라 여기며 살아왔다"고 담담히 말했다.

선생은 언론 접촉을 극구 사양한다. 선생이 남긴 단 한 편의 인터뷰는 명신고 설립 직후 학생기자와 가진 대담이다. 이 자리에서 일생의 신조로 '맹자'에 담긴 군자삼락 중 2락, '앙불괴어천(仰不愧於天) 부부작어인(俯不作於人)'을 언급했다. "하늘에도 사람에게도 부끄럽지 않도록 몸가짐을 바르게 한다." 김장하로부터 도움을 받은 문 재판관 같은 수많은 사람들은 "제 뒤에 그와 같은 이가 있다는 생각만으로도 함부로 행동할 수 없었다"고 입을 모은다.

그 문형배 재판관이 지금 헌법재판소장 권한대행이라는 중책을 수행 중이다. 역시 '콩 심은 데 콩 나는 법'인가 보다. 극우세력과 여당이 가짜뉴스까지 섞어 그를 집요하게 공격 중이다. 문 대행 '악마화'를 통해 탄핵 심판을 흔들고, 불복 명분을 쌓으려는 의도로 보인다. 살다 살다 헌법기관의 권위를 훼손하는 '보수'정당까지 목격하게 된다.

일부 윤 대통령 지지자들이 문 대행 자택까지 찾아가 소란을 피우는가 하면 국민의힘 의원들도 수차 헌재로 몰려가 '탄핵 심판이 공정하게 진행돼야 한다'고 목소리를 높였다. 적어도 '공정성' 문제라면 여당이 큰 걱정을 할 필요는 없을 것 같다. '팥 심은 데 팥 난다' 하지 않던가. 보수정당의 품위를 좀 지키면서 결과를 기다리면 된다. 판결까지 며칠 남지도 않았다.

2025. 02. 28.

21대 대통령선거

① 국민의힘과 '반이재명 파시즘'
— 보수의 재구성… '박근혜 탄핵' 후 8년째 미완(未完)

1980년대. 민주주의와 인권의 나라로 믿었던 미국이 전두환의 광주 진압 작전을 승인했다는 사실이 알려지자 재야와 학생운동권은 좌절했다. 그들의 눈앞엔 폭력적인 5공 군사정권이 있었고 그 뒤엔 최강국 미국이 있었다. 쓰레기차에 실려 망월동으로 간 소년들의 넋, 그들의 안식처는 어디에도 없었다. 살아남은 자들은 방황했다.

그 틈을 타 1953년 휴전 이후 남한에서 사라진 ML주의 혁명이론이 학생들의 지하서클로 퍼졌다. 80년대 중반엔 평양발 '주체사상'까지 대학가를 파고들었다. 1987년 6월항쟁이 발생하고 몇 년 후 소련과 동구권이 무너졌다. 절차적 민주화가 이뤄지고 현실 사회주의의 실체가 드러나자 운동권 이념 편향은 급속히 와해됐다. 고려대 최장집 교수는 "80년대 대학가의 주체사상은 전두환 군사독재가 낳은 사생아"라고 정리했다.

당시 그들은 '법과 법원은 군사파쇼 및 부르주아 국가의 억압기구'라고 인식했다. 그럼에도 법원에 쳐들어가 쌍욕을 해 대며 특정 판사를 찾아다니거나 기물을 파손하진 않았다. 아니 감히 그런 '생각'조차 하지 않았다. '좌경 용공 세력'으로 불렸던 그들도 그랬다.

법원에 대한 공격은 1월 19일 새벽에 발생한 서부지법 사례가 처음은 아니다. 1958년 7월 '진보당 사건'으로 기소된 조봉암에게 재판부가 징역 5년과 일부 무죄를 선고하자, 반공 시위대 수백 명이 대법원에 난입했다. 이승만 정권에서 토지개혁을 성공시켰던 조봉암은 결국 건국 후 첫 사법살인 희생자가 돼 형장의 이슬로 사라졌다.

1988년 12월엔 전남대와 조선대생 수백 명이 '전두환·이순자 구속'을 외치며 광주지법을 습격했다. 이듬해 6월 국가보안법 위반 혐의로 수배 중이던 이철규 학생이 변사체로 발견되자 조선대생 수백 명이 광주지법 옥상에서 '국가보안법 철폐'를 외쳤다. 그러나 이 두 사례는 서부지법에서 벌어진 집단 난동과 달리 단순 점거에 그쳤다. 기왕에도 판결에 불만을 가진 개인이 판사에게 상해를 가한 적은 더러 있었다. 그러나 이번처럼 다수의 폭도가 법원에 난입, 집기를 때려 부수고 행패를 부린 것은 헌정사 초유의 일이다.

문제는 이 같은 사법부에 대한 테러가 일부 군중의 일탈 차원이 아니라는 데 있다. 국민의힘은 체제 수호 의무가 있는 제도권 정당이다. 그럼에도 "공수처, 선관위, 헌법재판소를 때려 부숴야 한다"고 주장한 서천호 의원에 대해 '개인 발언'이라며 넘어갔다. 대통령 윤석열은 서울 구치소를 나서며 "저의 구속과 관련해 수감돼 있는 분들도 계시다"며 "조속히 석방이 되기를 기도한다"고 말했다. 김용현 전 국방장관도 변호인을 통해 "불법 탄핵 심판을 주도한 문형배·이미선·정계선을 처단하라"고 선동했다. 전광훈 목사는 "헌재가 딴짓을 하면 국민 저항권을 발동해서 한칼에 날려 버릴 것"이라고 외친다.

윤 대통령과 일부 여당 정치인, 그리고 거리의 '자칭' 목사들 발언은 레닌의 극좌 볼셰비즘과 히틀러의 극우 나치즘을 방불케 한다. 탄핵정국 들어 국민의힘은 종종 파시즘과 유사 '혁명 정당'의 모습마저 보인다. 홍장원 전 국정원 1차장도 비슷한 얘기를 했지만 현존 정당 중 이들과 멘탈리티가 가장 유사한 곳은 바로 '조선노동당'이다.

윤 대통령이 석방되면서 여권 내 차기 대권 구도도 흔들리고 있다. 김문수 장관이나 홍준표 시장, 원희룡 전 장관 등은 줄곧 탄핵을 반대해 왔다. 한동훈 전 대표와 오세훈 시장, 안철수 의원, 유승민 전 의원 등은 결이 다르다. 특히 비상계엄 사태가 터진 뒤 탄핵 찬성을 주도한 한 전 대표의 상징성은 크다. 그러나 윤 대통령의 석방은 그 한 전 대표와 오 시장 등마저 강

경 지지층의 눈치를 보게 만들고 있다.

최종적으론 박빙 접전이 될 수 있는 이번 대선 역시 중도층 기류는 승패의 결정적 변수다. 윤 대통령은 그 성정상 탄핵이 인용되면 조만간 광화문에 나타나 마이크를 잡을 수 있다. 여권의 후보 선출과 선거 과정을 주도하려고도 할 것이다. 원로 언론인 조갑제의 말마따나 '나를 밟고 가라'는 게 아니라 '업고 가라'는 격이다. 국민의힘엔 재앙으로 귀결될 가능성이 크다.

돌아보면 대한민국 보수는 박세일 전 여의도연구원장이 2006년 '선진화론'을 주창할 때가 별의 순간, 변신의 최적기였던 것 같다. 산업화 민주화 다음으로 우리 사회가 가야 할 지향점으로 그가 내놓은 담론이 바로 '선진화'였다. 이명박 정부 초기까지만 해도 보수가 우리 정치사의 새 패러다임을 열 것이란 기대가 적지 않았다. 보수는 그러나 '소고기 촛불' 이후 오른쪽으로 급변침하더니 박근혜라는 이미 유효기간이 끝난 '박정희 향수'를 내세웠다 탄핵을 당했다.

그리곤 또다시 전혀 검증 안 된 인물을 영입, 헛발질만 계속하다 2연속 탄핵을 자초 중이다. 보수의 재구성은 여전히 미완의 진행형이며 그 결과는 국민의힘 계열 정당의 끝 모를 내리막과 민주당의 나태와 정체, 이로 인한 국운의 총체적 하락이다.

\# 보수에게 미래는 보이는가? 서울 도심 천덕꾸러기였던 태극기 부대가 대주주 자리를 꿰차려 하고 극우 유튜버들의 코인 팔이 소재였던 부정선거 음모론 서사가 맹위를 떨친다. 현직 대통령은 '국내 정치세력과 국제적 협력에 의한 총체적 부정선거' 운운하고 나섰다. 최근엔 2030 세대의 '차이나 포비아'와 맞물린 실속 없는 혐중 정서까지 부추겨 우리 외교에 큰 부담을 주고 있다.

본인이 그 시스템으로 당선됐고 선거관리 책임이 있음에도 총선 참패가 이해 안 된다며 군대를 동원한 사례가 세계 선거사에 또 있을까? 보수가 계엄과 탄핵, 그리고 부정선거에 대한 입장까지 다중 분열 상태인 것은 그 업보다. 조악한 부정선거론은 윤석열 개인의 일시적 위기 탈출 꼼수일 순 있으나 보수 장기 침체의 씨앗이 될 가능성이 크다. 어차피 부정선거인데 투표는 해서 뭐 하겠는가.

보수가 낮이나 밤이나 '반이재명 파시즘'에만 매달리는 이유는 이처럼 외통수에 몰렸기 때문일 것이다. 그러나 누구를 반대하는 것만으로 유권자들을 설득할 순 없다. 여당이 윤석열의 구심력을 뚫고 '계엄 반대, 탄핵 찬성'의 기본적 민주주의 양식을 가진 대선후보를 내세울 수 있을까? 우리 공동체의 미래를 위해선 어쩌면 두 달여 후 선거 결과보다 이 질문이 더 중요할 수 있다.

 보수정당 국민의힘이 극우에 완전히 포획된 상태로 상시적 집권 가능성을 가진다? 그건 보수에도 대한민국에도 악몽이다. 보수 유권자들의 집단 지성에 가느다란 기대를 걸어 본다.

2025. 03. 14.

② 이재명의 '권력의지' 그 종착점은?
— 공직선거법 항소심 무죄… 조기 대선 시 최대 걸림돌 제거

더불어민주당 이재명 대표의 선거법 위반 항소심이 무죄로 뒤집혔다. 그 모습을 지켜보자니 문득 지난 2016년의 한 장면이 떠오른다. 당시 광주의 한 매체에서 국회를 출입하고 있었는데, 성남시장인가 하는 분이 SNS인 '트위터'에 자신의 생각을 표현하고 있었다. 그는 언론이 인용하든 말든 정국 현안에 대한 코멘트를 꾸준히 올렸다.

사실 기초단체장의 중앙정치 발언에 주목하는 언론은 별로 없다. 굳이 그런 언행을 하는 단체장도 없다. 그럼에도 그는 뭔가를 계속 얘기했다. 내용을 들여다보니 소재와 수위가 독특했다. 그렇게 해야 언론이 가십이라도 다뤄 줄 것이기에 그랬을까. 본사에 성남시장 인터뷰를 해 보자고 제안했다. 그가 광주·전남 출신도 아니고, 특별한 인연도 없지만 왠지 의미 있는 기사가 나올 것 같은 느낌에서였다.

편집국의 허락을 얻은 후 일단 성남시에 연락은 했으나 솔직히 반신반의했다. 일정에 쫓기는 단체장이 전국 단위 언론도, 경인 지역 매체도 아닌 곳에 곁을 내줄 가능성이 높지 않았기

때문이다. 그런데, 그날 오후 바로 연락이 왔다. 한번 해 보자는 것이다. 좀 놀랐다. 간단한 질문 요지를 보내겠다고 하니, 그냥 진행하자는 것이다. 이례적이었다. 1988년 13대 국회 이래 수백 명의 정치인과 인터뷰를 해 왔으나 기자 쪽이 아닌 인터뷰 대상자 스스로 사전 질문지가 필요 없다는 경우는 그때가 처음이자 마지막이었다.

약속한 일시에 맞춰 시청에 도착했다. 시장실 벽은 투명유리였다. 정치 현안과 복지정책, 지방자치, 남북문제 등 이런저런 주제로 두 시간여 인터뷰를 진행했다. 그런데 그의 답변은 막힘이 없었다. 답변에 논리가 정연하고 선명했다. 질문 요지도 없던 인터뷰를 소화하는 그의 임기응변에 깊은 인상을 받았다. 매니아들이 나올 만했다. 그중 5.18 관련 언급은 지금도 기억난다.

"대학 진학 전까지 광주항쟁은 폭도들의 반란으로 알았습니다. 나중에 진실을 접하고 영령들과 광주 시민들에게 얼마나 죄책감을 느꼈는지 모릅니다. 나만 생각하던 이기적 청년 이재명이 다시 태어난 것이죠. 그래서 제 '육체적 어머니'는 안동이고 '정치적 사회적 어머니'는 광주라고 생각합니다."

인터뷰 후 광주 매체 인터뷰에 선뜻 응한 이유를 물었다. "변방 사또 얘기를 누가 들어 줍니까. 그래서 SNS를 좀 하는데… 아무래도 수도권 외엔 잘 전파되지 않더군요. 우리 정치에서 지역, 특히 호남이 얼마나 중요합니까." 그때 알았다. 그의 목표는 확실히 경기지사 너머에 있다는 것을.

해당 인터뷰와 '이재명'이라는 이름 석 자는 지역사회에서 회자됐다. 다른 정치인들에겐 좀체 들을 수 없던 문제의식과 표현 때문이었을 것이다. 덕분에 그 기사는 '조회 수 1위'를 한참 유지했고 다소 뜬금없는 기획을 한 당사자로서 본사에도 면을 세울 수 있었다. '오비이락'이었겠으나 그의 전국적 지지율도 인터뷰 게재 후 얼마 안 가서 적지 않게 올랐다.

이후 시간이 흘렀고 그에게도 많은 일들이 있었다. 넘어질 듯 넘어질 듯하다 살아나는 이재명. 그럴 때마다 표출되는 극단의 호오 감정을 지켜보며 당시 인터뷰에서 보인 그의 꼼꼼함과 집요함이 생각나곤 했다. 그는 2018년 경기도지사 선거 당시 선거법 위반으로 벌금 300만 원을 선고받았으나 대법원까지 가서 뒤집었다. 2023년엔 국회에서 체포동의안이 가결됐는데 법원에서 구속영장이 기각됐다. 지난해 위증교사 사건도 무죄 선고를 받았다.

삶의 궤적은 다르지만 간난신고(艱難辛苦), 우여곡절을 겪으면서 유권자들로부터 격정적 지지와 극단적 혐오를 동시에 받는 모습은 김대중, 노무현 전 대통령을 방불케 한다. 박정희 정권의 중앙정보부에 의해 일본에서 납치돼 현해탄에 수장되기 직전, 미국의 개입으로 목숨을 구한 김대중의 일화다.

'크리스찬 아카데미'를 만들어 유신독재에 저항했던 고 강원용 목사는 사지에서 돌아온 김대중의 전화를 받는다. 좀 찾아뵙겠다는 것이다. "아 이 사람이 드디어 정치를 그만두려는 것이구나. 하기야 어느 누가 저 꼴을 당하고도 정치를 계속하고 싶을까." 그러나 김대중은 천만뜻밖의 말을 꺼낸다. "목사님, 저는 반드시 이 정권을 끝장내겠다는 결심을 굳혔습니다. 좀 도와주십시오." 말문이 막힌 강 목사는 그의 얼굴을 한참이나 바라봤다. 뭐 이런 사람이 다 있느냐는 표정으로.

보통의 정치인 같으면 벌써 포기할 법한데 김대중만큼은 아니지만 어쨌든 이재명도 정말 끈질기게 버텨왔다. 그의 이 같은 무서울 정도의 집념은 어떤 유권자들에겐 자기 동일시와 열광을, 또 다른 유권자들에겐 경멸과 두려움을 불러일으킨다. 기어이 21대 대선의 상수(常數)가 된 이재명의 정치 인생 종착지는 과연 어디쯤일까.

헌법재판소에서 탄핵이 인용되면 바로 대선 정국이다. 조

기 대선이 치러질 경우, 이 대표에 대한 여러 재판 중 이번 선거법 사건은 대선 전 대법원판결 가능성이 있던 유일한 건이었다. 혹시 파기 환송되더라도 다시 확정판결까진 상당한 시간이 걸린다. 사실상 이 대표를 옥죄던 최대 걸림돌이 제거된 것이다.

야 성향 평론가들은 "애초에 낙선자의 선거법 위반 혐의를 이처럼 집요하게 수사하고 기소한 것 자체가 정치 보복이라고 볼 수밖에 없다"고 목소리를 높였다. 이재명 피선거권 박탈을 기대하며 대통령 탄핵 선고가 최대한 늦춰지길 바랐던 여권은 낙심 당황하고 있다. 어찌 보면 유권자들의 지지를 얻기 위한 노력보다 '이재명 악마화'와 '정치의 사법화', 그리고 아스팔트 태극기 부대에 기댄 업보라고도 할 수 있다.

한 보수 매체 칼럼은 "탄핵 반대층이 전면적인 헌재 불복 운동에 들어가고 여기에 윤 대통령이 가세하는 일이 벌어진다면 국민의힘은 대선후보 경선조차 정상적으로 치르지 못할 수 있고, 치른다 해도 지지율 상승의 컨벤션 효과는 힘들어질 것"이라고 진단한다. 그래서 극우 태극기 부대와 그에 부화뇌동하는 적지 않은 여당 의원들이 헌법재판소의 기각 혹은 각하로 윤석열 대통령이 귀환하기만을 학수고대하는 것일까.

'버거 보살' 노상원의 수첩에 적혀 있던, 이재명과 한동훈에 이어 차범근까지 제거 대상으로 거론된 비상계엄. 아무리 이재명이 밉더라도 그 비상계엄의 최초 발안자이자 최고 책임자인 '뒤끝 작렬' 윤 대통령의 복귀를 원한다는 것인가? 진심으로? 그것이 '이재명 집권'을 막을 수 있는, 80여 년 전 나치의 표현을 빌면 소위 '최종 해결책'이라고 여기는 듯한데 우리 사회도 참 다양한 이들이 공존하는 것 같다.

2025. 03. 28.

③ 국힘 경선과 '업둥이 한덕수' 차출론
— 탄핵 찬반 노선 투쟁에 '尹 변수' '한동훈 대망론' 얽힌 고차 방정식

윤석열 대통령 파면으로 여당 지위를 잃고 원내 2당으로 주저앉은 국민의힘에 불과 50여 일 앞으로 다가온 조기 대선은 받고 싶지 않았던 카드였다. 각종 여론조사에서 '이재명 대세론'이 여전하고 탄핵 찬반을 둘러싼 당 안팎 책임 공방도 진행 중이다. 친윤계 일각과 강성 지지층 사이에선 "탄핵 찬성파는 대선 경선에 나와선 안 된다"는 주장을 펴고 있다. 주로 한동훈 전 대표를 겨냥한 발언이다.

전통적 지지층 이탈을 막을 수 있는 묘수도 마땅치 않다. '대통령이 파면되기까지 당은 뭐 했느냐'는 원망과 허탈감이 상당하다. 이 같은 분위기를 방치하면 대선 때 투표율 저하로 이어질 수 있다. 탄핵을 둘러싼 낙동강 벨트와 한강 벨트의 입장이 분열된 상황에서 두 그룹을 아우르는 정치력이 당 안팎에 있는지도 의문이다. 지지층 사이에서 뜨겁게 진행 중인 '김문수냐 한동훈이냐' 논쟁은 그 외피다.

국민의힘의 이 같은 고민은 자초한 측면이 크다. 비상계

엄 직후 갈피를 못 잡던 지지층은 친윤 그룹이 한동훈 전 대표를 축출하고 윤 전 대통령이 태극기 세력과 제휴하면서 급격히 '계엄 불가피-탄핵 반대'로 선회했다. 갈수록 관성이 붙으면서 무려 4개월 동안이나 진행된 지지층 '아스팔트화(化)'는 상당수 보수 유권층을 윤 전 대통령 자장 속으로 밀어 넣었다. 이제 와 '윤심'과 거리를 두기엔 너무 멀리 온 셈이다.

박근혜 전 대통령 탄핵 때와 다른 점이 이 대목이다. 당시엔 '반기문 대안론'이 나오면서 여권 상당수가 박 전 대통령과 일찍 선 긋기에 나선 바 있다. 경선 후 이준석 개혁신당 의원과의 단일화 여부도 주목된다. 2022년 20대 대선에선 유세 막판 국민의힘 윤석열 후보와 국민의당 안철수 후보가 극적 단일화을 선언한 바 있다.

이준석 의원은 대선 예비후보 등록 직후 "국민의힘에서 나를 모욕적 주장을 통해 내쫓았기 때문에 반성이나 사과의 기미가 없는 상황 속에서 단일화 논의는 무의미하다"고 선을 그었다. 사과하면 단일화 논의를 시작할 수 있다는 의미다.

'한동훈 대망론'을 말하는 사람이 적지 않다. 주로 중도적 지지층으로 당이 처음부터 '계엄 반대, 탄핵 찬성' 스탠스를 취했어야 한다고 주장한다. 늦었지만 지금이라도 한동훈을 내세

우고 이준석 등 정치권의 '반명 세력'을 모두 모아 일전을 벌인다면 충분히 승산이 있다는 것이다. 이를 위해선 지난 대선과 총선 전후 민주당을 이탈한 정치세력까지 모두 끌어안아야 한다는 입장이다.

탄핵 찬반으로 보수의 손발이 묶여 있는 상황에서 거침없는 좌우 클릭으로 외연을 확장해 온 이재명 전 대표처럼 국민의힘도 그에 맞는 대응을 해 나가야 한다는 주문이다. 문제는 윤 전 대통령과 강경 지지층을 어떻게 설득하고 제어하느냐는 질문으로 다시 돌아온다.

영향력 있는 보수 이데올로그들도 국민의힘이 '이재명 포비아'만으론 절대 승리하지 못한다고 강조한다. 지금 필요한 것은 '민주당 헛발질'에 대한 반사이익도, '이재명 집권'에 대한 공포심 조장도 아닌 독자적인 비전이 있어야 한다는 것이다. 이념논쟁이나 계몽령 따위의 시대착오적 선동으론 선거 승리는커녕 스스로의 존립도 어렵다는 얘기다. 지난 보궐선거 결과가 바로 민심에 비친 국민의힘 현주소라는 자성이다.

이 같은 입장에선 윤 전 대통령 석방이 재앙에 가깝다. 자칫 2022년 대선에 이어 사실상 윤석열-이재명 재대결이 될 수 있기 때문이다. '늘 여러분 곁을 지키겠다'던 윤 전 대통령 최근 메시지는 그가 이번 대선 국면에서 어떻게 움직일지를 예견케 한다. 조갑제 전 월간조선 편집장은 "한국 보수(지지층)는 지금 음모론에 속는 사람과 안 속는 사람으로 분열돼 있다"며 "이걸 어떻게 하나의 연합 전선으로 모을 수 있느냐 하는 게 경선 과정에서 결정될 것"이라고 진단했다.

물론 '윤심 후보'의 본선 경쟁력에 대한 의구심이 확산되면 경선 과정에서 윤 전 대통령 영향력이 급락할 가능성도 배제할 순 없다. 불과 얼마 전 '짜르' 김종인을 비대위원장으로 위촉하고 30대 이준석 당대표를 옹립한 국민의힘 당원들 아닌가.

여야를 막론하고 현역 의원들의 관심사 중 하나는 다음 선거에서 공천을 받을 수 있느냐의 여부다. '희망도 별로 없어 보이는 대선을 치른다고 공연히 헤게모니를 뺏기느니 차라리 말랑말랑한 후보를 내세우자'는 당 일각의 정서는 국민의힘 대선 레이스의 숨은, 그러나 치명적 변수다.

한덕수 영입 주장도 비슷한 맥락이다. '업둥이 윤석열'로 희대의 실패를 겪는 와중에 또다시 당 밖 후보를 찾으려는 시도는 당권과 기득권을 유지하려는 가공할 욕망, 그 민낯이다. 한덕수 대행이 국민의힘 경선에 참여하려면 이달 15일, 무소속 출마의 경우 5월 4일까지 사퇴하면 된다. 그가 무소속으로 출마, 국민의힘 후보와 '반명 단일화'를 하는 시나리오도 여권 일각에서 논의되는 것으로 알려졌다.

한 대행을 차출하려는 측에선 그의 화려한 공직 경험과 호남 출신임을 주목하는 눈치다. 그러나 한 대행이 전주에서 태어나 전주 북중을 졸업한 것은 사실이나 지역 연고성은 매우 미미하다. 전북 출신 언론인 모임인 '전언회'에 회자되는 일화가 몇 개 있다.

1995년 초대 민선 전북지사인 유종근(뉴욕주립대 경제학 박사, 럿거스대 교수)은 중앙부처 전북 출신을 찾던 중 상공부 국장 한덕수를 발견한다. 즉시 한 국장을 방문, "전북경제가 많이 어려우니 도와 달라"고 부탁했으나 "나는 전북 출신 아니니 앞으로 절대 나를 찾아오지 마시오"라는 답을 들어야만 했다. 1996년 12월 한 대행은 특허청장에 임명됐다. YS 정권 말기였고 호남 출신 장차관이 아주 적던 때였다. 전북 출신 기자들이 그의 출신지를 '전북'으로 썼다. 그러자 그는 해당 언론사에 일일이 연락, 자신의 본적이 '서울'이라고 강조했다.

김대중 정부가 출범한 1998년 3월. 그는 초대 통상교섭본부장으로 발탁된다. 언론사는 1년 전의 경험이 있어 그의 본적을 '서울'로 썼다. 그러자 이번엔 한 본부장이 각 언론사에 팩스를 보냈다. '전주가 고향이며, 초등학교 일부도 전주에서 다닌 전북 출신'이라는 요지였다. 물론 그의 이 같은 처신에 대해선 호남차별이 극심했던 1997년 이전의 공직 풍토를 고려해야 한다는 '내재적 접근법'도 존재한다.

이런 모든 논의에 앞선 국민의힘의 진짜 문제는 민주주의를 유린하다 파면된 '1호 당원'을 그대로 안고 가는 작금의 상황이다. 국민에게 총부리를 겨눈 '내란 수괴'를 제명하지 않는 정당. 그 당 후보가 대선 토론회에서 '국민을 권력 쟁취의 도구로만 여기는 태도 아니냐'는 질문에 어떤 답을 내놓을지 궁금하다.

2025. 04. 11.

④ '보수 빅텐트'와 한덕수 대행
— '이재명 대세론' 직면한 국힘의 마지막 '동아줄'?

선거는 대체로 구도와 인물, 정책 등 세 가지 요소가 씨줄 날줄로 얽혀 진행되며 이 중 가장 중요한 요소는 역시 구도다. 국민의힘 경선은 민주당에 비해 상대적으로 다양한 이슈가 생산되고 있는데 특히 '보수 빅텐트' 여부는 다른 변수들보다 주목도가 높다.

본격 경선 레이스가 시작되면서 민주당 이재명 후보의 지지율은 지리한 박스권을 벗어나는 추세인 데 비해 오히려 국민의힘 후보들의 지지율 합이 박스권에 갇혀버렸다. '반이재명 빅텐트' 구상은 6·3 조기 대선이 40일도 남지 않은 상황에서 구 여권이 기댈 수 있는 마지막이자 유일한 동아줄인 셈이다.

우리 정치사의 단일화 성공 사례는 1997년 DJP연합과 2002년 노무현-정몽준 단일화를 들 수 있다. DJP연합은 김대중과 김종필, 두 지역 맹주가 손잡고 이회창을 꺾으며 헌정사 첫 정권 교체를 이뤄낸 경우다. 노무현-정몽준 단일화 역시 진보와 중도 진영의 연합을 통해 강고했던 '이회창 대세론'을 무너뜨린 바 있다.

단일화 성패의 관건은 무엇보다 정치적 기반이다. DJ와 JP처럼 텃밭이 탄탄하거나, 노무현·정몽준처럼 세대·이슈를 기반으로 한 뚜렷한 지지층 확보가 관건이다. 2022년 대선에서도 이준석 국민의힘 대표가 '이대남'을 중심으로 지지 기반을 구축했던 것이 대선 승리의 한 요인이었다.

그러나 이번 선거에선 한덕수 권한대행 포함 보수 진영 주자들 지지율이 다들 고만고만한 수준이라 '빅텐트' 아닌 '스몰텐트'라는 평가가 나온다. 우상호 전 민주당 원내대표는 "유승민·이준석 모두 국민의힘 출신"이라며 "자기네끼리 나갔다 들어왔다 하는 건 빅텐트가 아니라 '헤쳐 모여'"라고 지적한다.

결국 유야무야됐으나 2017년 박근혜 전 대통령 탄핵 뒤에도 '반 문재인 연대'가 거론된 바 있다. 당시 대안으로 거론됐던 반기문 전 유엔 사무총장은 '대선 출마' 가능성이 불거지자마자 20%대 높은 지지율을 얻었으나 현재 국민의힘 밖의 대안으로 꼽히는 한 대행 지지율은 그에 한참 못 미친다.

국내 정치와 거리가 있던 반 전 총장은 신선하기라도 했으나 아마도 한 대행은 윤석열 정부의 '올드보이'로 비치기 때문일 것이다.

한 대행은 윤석열 전 대통령의 '40년 지기'이자 내란 공모 혐의를 받는 이완규 법제처장 등을 헌법재판관 후보자로 뜬금없이 지명했다가 헌재 판결로 제동이 걸렸다.

그의 이번 비상식적 조치에 대해선 "이상한 헌재 해석을 끌어내, 국민이 선출한 대통령을 탄핵이 아닌 방식으로 물러나게 하려는 쿠데타"(정성호 민주당 의원)라는 분석이 나온다. 그래서 이번 '알박기'가 한덕수를 후계자로 내세워도 될지 판단하기 위해 윤석열이 낸 시험문제 아니냐는 추론도 있다. 윤의 망상과 한의 노욕이 합작한 작품이었다는 얘기다.

아무튼 이번 위헌적 지명을 계기로 국힘 내 친윤계는 일제히 '한덕수 차출론'을 띄웠다. 김문수로 쏠렸던 극단 세력 지지세도 일부 한 대행 쪽으로 이동했다. 이후 국힘 후보와 무소속 한덕수의 '빅텐트' 단일화에 대한 보수 일각의 기대는 갈수록 커지고 있다.

물론 비윤계의 비판은 신랄하다. 김근식 국민의힘 송파병 당협위원장은 "윤석열을 비호하고 탄핵을 반대한 친윤 세력이 '반명'하자고 모이라고 하면 누가 호응하겠나"라며 "이준석이 오겠나, 이낙연이 오겠나"라고 되물었다. 그는 "아마 계엄에 반대했던 한덕수도 친윤이 주도하는 깃발엔 주저할 것"이라고 짚었다.

이어 "한 대행 차출은 2002년 노무현, 정몽준 단일화와 본질적으로 다르다"고 주장했다. 당시 양자 단일화는 지지층이 겹치지 않았고 각각 민주당 지지층과 중도층이 순기능적으로 시너지를 내 삽시간에 이회창 지지율을 추월했으나 한 대행 지지율은 김문수와 홍준표 후보 지지율이 빠져 옮겨간 것뿐이라는 지적이다.

결국 '한덕수 카드'는 친윤 호가호위로 탄핵까지 자초한 사람들이 대선 승리는 포기하고 선거 이후 본인들의 기득권 유지를 위해 '반윤찬탄'(반윤석열 탄핵 찬성) 후보를 찍어내리는 꼼수라는 것이다. 중도 확장력을 주목받던 오세훈 서울시장과 유승민 전 의원이 경선 대열에서 이탈한 것도 그 후과로 볼 수 있다.

이렇듯 '보수 빅텐트'라는 국민의힘 대선 공학엔 빈틈이 많다. 빅텐트 대상으로 거론된 유승민 전 의원이나 이준석 개혁신당 의원 등은 일찌감치 '내란 옹호 정당'과 손잡는 일은 없을 거라고 선을 그었다. 여기에 한 대행마저 오랜 관료 생활로 굳어진 보신주의를 결국은 뛰어넘지 못할 것이라는 전망이 적지 않다.

"이게 정말 건곤일척의 그런 어떤 권력의지와 승부욕을 가지고 나와도 될까 말까인데, 50년 관료를 했어요. 그동안에 한 번도 그런 면모를 보인 적이 없는 사람이…. 주변에서 바람을 잔뜩 넣은 건 맞는데 결국엔 못 할 겁니다."(박원석 전 정의당 의원)

"평생 길들여진 삶을 살아온 거지요. 누가 만들어준 길. 또 꽃가마 태우고 꽃길만 걸어왔던 분인데요. 대선판이라고 하는 것은 투우의 장이거든요. 거기에서 살아남을 수 있을까요."(박성준 민주당 의원)

한 대행이 호기롭게 무소속 출마를 선언한다 해도 반기문 전 총장처럼 세력과 자금 면에서 곤란을 겪다 중도 포기할 수도 있다는 관측이다.

그렇다면 한 대행은 왜 어색하고 기이한 침묵을 이어가는 걸까? '출마할 계획이라면 당장 대행을 사퇴하고, 그렇지 않으면 불출마를 선언하라'는 민주당 등의 압박을 받으면서까지.

"헌법 무시하고, 목에 힘주고, 대통령 행세하고, 월권과 알박기 인사하고, 국회 피해 선거운동 다니고, 관세 협상에 국익 팔아 자기 장사하고, 트럼프 통화로 언론플레이 하고. 한마디로 신종 '난가병'(이번 대통령은 난가?)인 노욕의 대통령병 중증이

다."(김민석 민주당 최고위원)

"한 대행은 윤석열 주변 사람들이 차선책으로 보험용 기획 출마를 시켜 놓은 겁니다. 결국은 '당권은 절대 한동훈한테 주지 않겠다'라는 큰 그림이 있지 않고선 이런 무리수를 두지 않죠…. 이 카드로 민주당을 이기겠다 그런 생각은 아니고."(서용주 맥 정치사회연구소장)

한 대행 자신도 계속 출마 카드를 쥐고 있는 게 민주당 견제에 유리하고 국민의힘에 대해서도 말발이 먹힌다고 계산할 수 있다. 무소속 출마 후 요행히 범보수 단일후보가 되면 만에 하나 민주당 정부가 들어서더라도 내란 방조 혐의 등에 대한 수사를 피할 수 있다는 계산도 했을 것이고.

역시 이런저런 정권을 오가며 고위직을 역임한 노회한 내공이 돋보인다. '정치도의'는커녕 '상도의'를 현란하게 넘나들고 있다는 느낌은 덤이다.

2025. 04. 25.

⑤ 김문수의 '진지전'(陣地戰)
— '윤석열 내란' 끊지 못해 아수라장 된 국힘의 '정치 쿠데타'

국민의힘 대선후보 선출 막장극이 전대미문의 파국으로 치닫다 평당원들에 의해 가까스로 종료됐다. 윤석열 전 대통령은 이준석 대표가 없는 날 슬그머니 당사에 들러 입당하더니 한덕수 전 총리는 모두가 잠든 주말 새벽을 기해 전격적으로 입당 원서를 내밀고는 24시간도 안 돼 불명예 퇴장을 하게 됐다.

한밤의 '정치 쿠데타'로 후보 지위를 뺏겼던 김문수는 중앙선관위 등록 마감 하루 전, 극적으로 복귀했다. 그러나 친윤 지도부가 이끌던 당은 이미 사분오열 만신창이 상태로 이를 수습할 책임이 그의 어깨에 주어졌다. 한동훈, 홍준표 제거까지 순조롭게 진행되던 주류의 시나리오가 이처럼 아수라장으로 급변한 이유는 무엇일까.

무엇보다 한 전 총리는 정치를 너무 쉽게 봤다. 유학 생활 몇 년보다 단 한 달이라도 그 나라에서 장사를 해 본 사람이 현지인 속내를 훨씬 잘 안다. 당연한 일이다. 외국인들이, 돈 쓰는 유학생과 비즈니스 경쟁자를 똑같이 대해 줄 이유는 없다.

행정과 정치는 별도의 영역이다. 한 전 총리가 그간 어깨너머로 구경한 정치도 실전과는 아예 차원이 다르다. 그의 정치 입문기는 김문수 후보 말마따나 세계 정치사에 전무한 일이었다. 아마도 후무(後無)할 가능성도 높다.

왕초보이다 보니 정치적 감이 떨어지는 것은 필연이다. 5.18 묘역 앞에서 외친 '저도 호남사람'이라는 발언은 그중에서도 수준 이하의 백미(白眉)였다. 광주 시민들이 언제 타 지역에서 왔다는 이유로 참배를 막은 적이 있나? 한 후보의 발언은 '이완용도 조선사람'이라는 말과 크게 다르지 않다.

아마도 한 전 총리는 관료 생활 50여 년 동안 업무나 출장 과정에서 국민 세금 외엔 웬만해선 사비를 사용하진 않았을 것이다. 문제는 정치의 세계가 꼭 그렇게 돌아가진 않는다는 것이다. 고건 전 총리나 반기문 전 총장이 대권 후보로 며칠 돌아다니다 포기한 배경에도 비용 문제가 있었다.

무소속 후보로는 단 하루도 활동하지 않겠다는 한 전 총리의 '비장한' 선언도 같은 이유일 것이다. 내 돈은 한 푼 안 쓰고 불과 얼마 전까지 집권당이었던 대한민국 제2당의 대통령 후보를 차지하겠다는 공짜심리와 한탕 심리. 도대체 이런 철두철미 알뜰한 분을 누가 이 지경까지 끌고 왔는지 궁금하다.

\# 상당수 국힘 의원들은 '김-한 단일화'가 이뤄져도 이재명 대세론을 흔들기엔 역부족이라는 사실을 인정한다. 그런데 왜 그들은 굳이 한 전 총리에게 후보 자리를 내주려 필사적이었던 것일까.

정치권에선 무엇보다 '차기 당권'을 그 이유로 꼽는다. 만약 한동훈이나 홍준표 같은 캐릭터가 대선 이후 고분고분 물러나지 않고 전직 대통령 후보 지위를 이용, '당직 알박기'라도 시도할 경우 내년 지방선거와 이후 총선까지 당권을 쥐고 가려는 그들의 계획이 흐트러진다.

공천이 곧 당선인 강남과 영남, 즉 '양남 지역' 중심의 국힘 의원들은 현 체제가 흔들리는 것 자체를 본능적으로 꺼린다.

김근식 국민의힘 서울 송파병 당협위원장도 같은 지적을 했다. "친윤 세력은 나라가 거덜 나든 이재명이 당선되든 본인들의 기득권만 지키면 되는 것이다. 그래서 말 안 듣는 후보들 대신 '어리버리'한 김문수를 세워 당 밖에 말 잘 듣는 한덕수로 정리하려고 했던 것이다."

홍준표 전 대구시장의 '폭로'도 같은 맥락이다. "용산과 당 지도부는 김문수가 만만하니 한덕수의 장애가 되는 홍준표는 떨어뜨리자는 공작을 꾸몄다." 그 '어리버리' 김문수가 막판에 반기를 들었으니 친윤 주류가 느꼈을 충격이 어느 정도였을지 짐작이 간다.

\# 윤석열 권영세 권성동 한덕수…. 이들의 공통점은 무엇일까. 맞다. 젊은 시절 고시에 합격, 고위 관료와 법조 엘리트로 생활하다 정치판에 불려 온 사람들이다.

본인들이 도서관에서 법전이나 행정학 책을 뒤적일 때 독재 정권에 저항하다 감옥으로 끌려가던 학우들의 고뇌와 결단이 얼마나 이해됐을까? 심지어 강의실을 떠나 노동자와 농민들 곁으로 갔던 친구들의 행보는 필경 어이없는 눈으로 바라봤을 가능성이 크다.

공적인 목적을 위해 자신을 희생해 본 경험이 없는 그들에게 민주화 운동을 하거나 시민운동을 했던 사람들은 '데모만 하던 무능한 X들'일 수 있다.

그래서 김문수의 최근 언행은 전혀 예상할 수 없었을 것이다. 관료 사회의 '상명하복'이 몸에 밴 입장에선 더 그러지 않았을까. 그들은 '서노련'(서울지역노동운동연합) 지도위원이었던 김문수와 운동권 출신 측근인 차명진, 박계동 등을 심하게 '띄

엄띄엄' 봤던 것이다.

김문수는 부당함과 모욕감을 느끼면 박정희든 전두환이든 윤석열이든 자신의 한쪽 팔을 내주고 상대방 급소를 향해 돌진하는 '운동권 곤조(근성)'가 있다. 권영세나 권성동, 한덕수 등 가급적 본인 손해를 보지 않으려는 그룹에겐 이해 불가능한, 도저(到底)한 영역이라 할 수 있다.

혹독한 고문에도 끝내 동지 심상정의 소재를 불지 않던 김문수와 뺨 두어 대만 맞아도 기가 죽어버릴 이른바 '책상물림'들. 이들의 정서 차이가 이번 이전투구 단일화 파동의 가장 큰 원인이라 할 수 있다. 아, 수사기관 고문이 근절된 배경에도 운동권들의 숱한 희생이 깔려 있다.

윤 전 대통령 파면으로 치러지는 이번 대선은 국민의힘에겐 절대적으로 불리한 운동장이다. 전가의 보도였던 '반이재명'만으론 한계가 있는 선거이기도 하다.

구 여권으로선 '국민의힘을 심판하자'는 기본 구도를 반드시 다른 프레임으로 바꿔야만 했다. 그래서 생각해 낸 이슈가 개헌과 차기 대통령 임기 단축이고 이를 위해 반이재명 세력이 모두 가세한 단일화 토너먼트가 절실했던 것이었다.

그러나 감동은 사라졌고 빅텐트는 찢어졌다. 선대위 참여 대신 차기 전대를 겨냥하거나 당 지도부에 독설을 퍼붓고 아예 출국하는 모습만 눈에 띈다. 당 밖의 새미래 이낙연 상임고문은 선거 불참을 선언했고 개혁신당 이준석 후보는 차제에 보수의 대표성을 노린다.

한 국민의힘 의원은 1970년대 신민당의 '각목 전당대회'를 거론하며 "각목만 안 들었지, 당권 찬탈전은 그때랑 같다"고 자탄한다. 누구 탓할 것 없다. 겨우내 탄핵 반대를 외치며 아스팔트 극우세력에 기대 근근이 연명해 온 국민의힘의 업보다.

P.S. : 온라인 댓글 하나. "윤산군(尹山君)의 세자 책봉을 놓고 공조판서 김문수와 영의정 한덕수의 당파싸움이 접입가경에 이르렀으니 김가네는 세자 책봉을 윤허하는 교지를 내리라고 상소를 올렸고 한가네는 폐세자를 주청하는 상소를 올렸다. 하지만 이를 결정해야 할 윤산군은 폐주가 돼 한강나루에서 강아지와 산보나 하고 있었다. - 윤산군 일기 중"

2025. 05. 11.

⑥ 반환점 지난 선거전, 남은 관전포인트
— '정권 교체'와 '내란 종식'이 '이재명 포비아'와 '악마화' 압도

내란 혐의로 재판을 받고 있는 윤석열 전 대통령이 지난 17일 국민의힘을 탈당했다. 2021년 3월 검찰총장에서 물러나 같은 해 7월 30일 국민의힘에 입당한 지 약 3년 10개월 만에 '1호 당원' 당적을 스스로 정리한 것이다. 자신의 파면으로 치러지는 조기 대선을 불과 17일 앞두고서다.

그는 페이스북에 "자유와 주권 수호를 위해 '백의종군'할 것"이라고 밝혔다. 탈당 사유에 대해선 '대선 승리와 자유민주주의를 지키기 위해 지금 제가 할 수 있는 최선의 길'이라고 설명했다.

그의 탈당 소식은 김문수 후보와 한덕수 전 총리의 단일화 실패 및 후보 교체 시도 파동, '윤석열 배후' 논란 등이 얽혀 김 후보가 좀체 반등의 계기를 마련하지 못하는 와중에 나왔다.

그는 "김문수 후보에게 힘을 모아달라"고 당부했는데, 자신이 탈당할 경우 아스팔트 강성 지지층이 국민의힘을 이탈할 가능성이 있다는 당내 주류의 시각을 반영한 것으로 보인다. 비상계엄에 대한 사과는 물론 없었다.

그러나 윤 전 대통령은 지난 22일 영화 '부정선거, 신의 작품인가'를 공개리에 관람하는 등 다시 민주당 이재명 후보의 비공식 선대위원장으로 전격 복귀(?)했다. 약속대로 캠프에서 아무런 직책도 갖지 않은 '백의종군' 형태다.

그의 탈당 문제를 놓고 국민의힘과 김문수 후보는 선거전 초반 귀중한 일주일을 허비했다. 김 후보는 이 문제에 왜 그렇게 소극적이었을까?

무엇보다 국민의힘 우호 세력 중 무시할 수 없는 규모의 '윤석열 지지표'를 의식했을 것이라는 관측이다. 김 후보와 친윤계가 대선 뒤 홍준표와 한동훈 등을 견제하고 당권을 잡기 위해서 적극적 당내 투표층이 필요하기 때문이다.

대선 전체 판을 생각하면 이들을 붙잡아 얻는 표보다 중도층에 어필하는 게 유리할 수 있다. 이에 비해 전당대회라는 당내 투표에서 '막연한' 중도층 대신 적극적으로 투표해 줄 강성 당원이 훨씬 중요하다.

그러니 대선 이후를 바라보며 '윤석열 탈당을, 적어도 나 김문수가 요청하진 않았다'는 알리바이를 남겨놓은 게 아니냐는 분석이다.

\# 여론조사 흐름으로 볼 때 국민의힘 대선 승리 가능성은 현재로선 높지 않다. 지금의 여론 지형이 3년에 걸친 윤 전 대통령의 폭주와 국민의힘의 퇴행 등이 쌓이고 쌓이며 주조된 것이기 때문이다.

국민의힘은 그간 윤 전 대통령 부부의 그늘에서 벗어나지 못했다. 지난 3년 중 무려 절반을 비상대책위원회 체제(주호영, 정진석, 한동훈, 황우여, 권영세, 김용태 위원장)로 연명해 왔다는 사실은 집권당의 위상이 어느 정도였는지 잘 보여준다.

영남과 서울 강남, 즉 '양남 당'으로 전락한 국민의힘은 당대표 찍어내기에 이어 대통령 후보 찍어내기까지 시도했다. 대다수 의원들은 탄핵에 저항했고 심지어 계엄을 '계몽령'으로 옹호하며 아스팔트 극우 세력과 손잡는 의원까지 나타났다.

그래서 '정권 교체'와 '내란 종식'이라는 민주당의 구호가 국민의힘 측 전가의 보도였던 '이재명 포비아'와 '이재명 악마화'를 압도하는 선거 구도가 짜여진 것이다.

이재명, 김문수, 이준석 세 후보 모두 선거운동이 시작되자마자 영남으로 달려간 것은 보수의 심장이라는 TK와 PK도 흔들리고 있다는 반증이다. 실제로 지난 대선 때 대구·경북에서 22.76%

를 얻었던 이재명 후보는 이번에 30% 이상을 겨냥 중이다.

이재명 후보는 50% 안팎이라는 최근 5년 내 최고 지지율을 넘나들고 있으나 김문수 후보는 아직 다수 여론조사에서 30%대의 벽을 넘지 못하고 있다. 김 후보는 영남을 제외한 전 지역에서 밀리고 있고 70대 이상에서만 이재명 후보를 앞선다.

대체로 이재명 후보는 당 지지율보다 높고 김문수 후보는 비슷하거나 낮다. 여론조사 전문가들은 "일부 국민의힘 지지자가 친윤 주류의 한덕수 옹립 시도를 지켜본 후 이준석 후보나 이재명 후보로 빠져나간 것 같다"고 분석한다.

물론 선거전 종반 진영 결집화로 인해 김 후보 지지율은 상승세를 타고 있다. 그러나 최소한의 선거 승리 요건인 40%대에 안착할지 여부는 관측이 엇갈린다.

사실 이번 선거는 처음부터 변수가 많지 않았다. 이제 남은 변수라야 김문수-이준석 단일화 정도이나 구조적으로 성사가 어렵고 되더라도 판이 뒤집힐 정도는 아니라는 게 중론이다. 이준석 후보가 단일화로 얻을 수 있는 이익이 별로 없기 때문이다.

정권 교체 지지율이 정권 재창출을 압도하고 중도층 절반 정도가 이미 이재명을 선택한 상황에서 관전 포인트 역시 좁혀졌다.

우선 이재명 후보가 역대 최고 득표율을 기록할지 여부다. 기존 기록은 박근혜의 51.6%였다. 보수 성향 유권자들의 투표율도 주목된다. 진보는 결집하고 보수는 좌절하고 있다. 이렇게 되면 60세 이상 유권자들의 투표율이 낮아질 수 있다.

만약 김문수 후보 지지율이 40%를 넘어서면 친윤 주류가 여전히 헤게모니를 쥐고 내년 지방선거와 차기 총선까지 당권을 갖고 갈 가능성이 있다. 그러나 40%가 안 되면 책임론이 불면서 보수의 대대적 재구성 작업이 진행될 전망이다. 그 첫 수순은 국민의힘 해체가 될 수도 있다.

대선 징크스도 관심사다. 단일화하면 이긴다는 징크스는 2012년 대선 때 깨졌다. 문재인이 안철수와 단일화했으나 박근혜가 당선됐기 때문이다. 서울에서 이겨야 당선된다는 징크스도 박근혜가 깼다.

국회의원을 하지 않은 사람은 안 된다는 징크스는 윤석열이 깼다. 윤석열은 또 서울법대 출신은 어렵다는 징크스도 깼다. 박근혜-윤석열은 이 분야 2관왕인 셈이다.

안경 쓴 사람은 대통령이 안 된다는 징크스는 문재인이 깼다. 그러나 후보 등록 시점의 지지율이 뒤집힌 적 없다는 징크스는 아직 깨지지 않았다.

한국과 미국의 대선 결과는 보수와 진보로 엇박자가 난다는 징크스도 깨지지 않을 가능성이 있다. 미국에서 공화당의 트럼프가 당선된 상황에서 민주당 이재명 후보가 현재 1위를 달리고 있다.

반면 경기도지사는 대선 주자의 무덤이라는 징크스는 올해 깨질 수 있다. 이인제와 손학규, 남경필은 실패했으나 올해는 경기도지사를 역임한 이재명과 김문수가 유력 후보다.

의원직을 유지한 채 대선에 나서면 낙선한다는 징크스도 이번에 깨질 가능성이 있다. 현역 의원인 이재명 후보가 이대로 당선된다면 이 징크스는 사라지게 된다.

초현실적 비상계엄이 선포된 지도 6개월이 돼간다. 오늘 밤 자정이 지나면 사전투표까지 5일, 선거운동 기간은 불과 10일 남는다.

P.S. : 기사 중 여론조사에 대한 자세한 내용은 '선거여론조사심의위' 홈페이지에서 확인할 수 있다.

2025. 05. 23.

⑦ '동호는 투표장에 나오지 못할 겁니다' (영상칼럼)

안녕하십니까. 대선 풍향계입니다.

오늘은 '동호는 투표장에 나오지 못할 겁니다'라는 제목으로 준비했습니다.

20-30세대 후배님들, 혹시 웹툰을 영화로 만든 '26년'이라는 작품을 아십니까?

13년 전 개봉된 조근현 감독의 화제작이었습니다. 한혜진, 이경영, 김의성 등이 열연했지요.

배우 한혜진이 전두환 전 대통령을 겨냥하며 청계천에서 개조한 저격용 장총 방아쇠에 손가락을 거는 순간, 그녀는 과연 어떤 생각을 했을까요.

저는 오늘 1971년 대통령선거 얘기부터 시작하려 합니다.

당시 신민당 김대중 후보는 서울 장충단 공원에 운집한 1백만 인파 앞에서 이렇게 호소합니다.

"이번에 정권교체를 하지 못하고 박정희 씨가 승리하면 앞으로는 선거도 없는 영구집권의 총통 시대가 온다는 확고한 증거를 나는 갖고 있습니다."

일주일 후 공화당 박정희 후보도 같은 장소에서 비슷한 규모의 청중을 모아놓고 눈물까지 보이며 약속합니다.
"분명히 말하거니와 여러분에게 '대통령으로 한 번 더 뽑아주십시오' 하는 것은 이번이 마지막이라는 것을 확실하게 밝혀둡니다."

그러곤 박 대통령은 얼마 안 가 유신헌법을 공포하면서 자신의 약속을 지킵니다. 국민이 직접 선거를 하는 대통령선거 자체를 아예 없애버린 겁니다.

그가 양성한 군내 사조직인 '하나회' 핵심 전두환 당시 보안사령관은 79년 박 대통령이 피살되자 12.12와 5.18을 거쳐 권력을 장악합니다.

71년 대선 결과가 80년 광주의 비극이 잉태된 씨앗이었던 셈이지요.
역사는, 그리고 선거는 이렇게 엄중한 것 아니겠습니까?

망월동 영령을 추모하는 범국민적 운동은 박종철, 이한열 열사를 비롯한 무수히 많은 분들의 희생을 딛고 결국 87년 6월 항쟁을 가져옵니다.

그때 우리 국민이 얻은 가장 큰 전리품이 바로 대통령 직선제입니다.

무려 17년 동안 우리 국민은 내 손으로 대통령을 뽑지 못했던 것이지요.

그 기간 국회의원 선거는 어땠는지 아십니까.

저는 85년 2.12 총선을 강원도 원통 땅의 눈 내리는 철책선에서 맞았습니다.

전두환 군사파쇼에 저항하다 강제징집을 당했기 때문입니다.

'골수 야당표'로 분류된 저는 지휘관이 보는 앞에서 기표를 해야 했습니다.

"투표함이 상부로 올라가면 우리 부대에서 야당 표가 얼마나 되는지 다 나오게 돼 있다. 나도 진급해야 되지 않겠느냐."

저는 죄송하다는 말과 함께 '항명 투표'를 했으나 그 용지가 제대로 개표장까지 도착했는지는 지금도 의문입니다.

어느새 머리가 하얗게 세버린 이 보잘것없는 86세대가 늘어놓은 얘기의 핵심은 오늘 우리가 행사하는 투표용지 한 장, 한

장엔 이렇게 수많은 사람들의 피와 땀과 한숨과 눈물이 배어있다는 사실입니다.

대통령을 우리 손으로 다시 뽑게 된 것도, 누구 눈치 안 보고 자유롭게 자신의 의사를 표시하게 된 것도 그리 오래되지 않았다는 겁니다.

올해는 일본 이시카와현 가나자와 육군형무소에서 윤봉길 의사가 순국하신 지 93년이 되는 해입니다.
국권을 뺏겨 투표할 대상도, 자유도 없는 상태에서 윤 의사가 선택한 최후의 수단이 바로 '도시락 폭탄' 아니었겠습니까.

윤 의사가 상하이 훙커우공원에 모인 일본 제국주의자들을 폭사시키면서 우리 민족의 독립 의지를 세계에 알리고 독립운동의 새로운 전기를 마련한 나이도 후배님들과 같은 '20-30세대'인 25세였습니다.

다행히 우리에겐 투표할 후보도 있고, 선택의 자유도 주어져 있습니다.
마음에 맞는 후보가 있다면 있는 대로, 없다면 차선 혹은 차악의 선택이라도 하셔서 꼭 투표장에 나가시길 당부드립니다.

한혜진이 울면서 방아쇠를 당기던 바로 그 순간, 영화의 엔딩컷은 올라갑니다.

그리고 '전두환 각하'는 생전에 자신에게 주어진 신성한 한 표를 반드시 행사하곤 했습니다.

12.3 불법 계엄을 일으켜 나라를 엄청난 혼란의 소용돌이로 몰아넣은 윤석열 전 대통령도 아마 투표를 할 것입니다.

그러나 동호를 비롯한 수많은 망월동 소년들은 이번 선거에도 끝내 투표장엔 나타나지 못할 것 같습니다.

동호는 한강의 소설, '소년이 온다'의 주인공입니다.

5.18 당시 시민들 시신의 피를 닦아주는 일을 하다 마지막 날 도청에서 산화해 간 광주상고 1학년 문재학 군을 모티브로 한 것입니다.

여기 한 장의 사진이 있습니다. 마지막 새벽. 전남도청 계단에 총 맞고 쓰러져 있는 앳된 얼굴의 두 고등학생. 그 주검 옆엔 반쯤 베어 먹다 만 단팥빵이 덩그러니 남아있었습니다.

계엄군의 진압 직후 '아시아 월스트리트저널' 노먼 소프 기자가 촬영한 문재학과 그의 친구 안종필 군의 최후입니다. 한강이 '소년이 온다'에서 주인공으로 그린 '동호'의 실제 인물 바로 그 문재학입니다.

1980년 5월 17일 밤 전두환 신군부의 비상계엄 전국 확대 조치가 없었더라면 올해 만 나이로 예순 한살이겠죠.

"이제 당신이 나를 이끌고 가기를 바랍니다. 당신이 나를 밝은 쪽으로, 빛이 비치는 쪽으로, 꽃이 핀 쪽으로 끌고 가기를 바랍니다."
'소년이 온다'의 마지막 문장입니다.

이젠 우리가 그 아이들의 손을 꼬옥 잡고 밝은 쪽으로, 빛이 비치는 쪽으로, 그리고 꽃이 핀 쪽으로 한 걸음 더 이끌어야 하지 않겠습니까.

내일은 대한민국 제21대 대통령 선거일입니다. 동호와 그의 친구들이 하고 싶어도 못 하는 투표를 우리가 그들의 몫까지 해주면 어떨까요. 감사합니다.

2025. 06. 02.

⑧ '4기 민주당 정권'과 이재명 대통령의 과제
- 무너진 경제 살리고 '12·3 내란범' 사면·복권 말아야

'내란 종식'과 민주주의 회복을 바라는 민심은 예상대로 6공화국 '4기 민주당 정권'을 출범시켰다. 불법 계엄과 '수거 작전'이라는 상상을 벗어난 폭력을 기획하고 이를 지지한 극우세력. 국민의힘이라는 대한민국 제2정당에 스며들어 정권을 재창출하려던 그들의 '적반하장'은 최종적으로 좌절됐다.

국민의힘은 앞으로 이들의 잔영을 청산해야 할 것이다. 그렇지 않으면 자칫 국민들에 의해 청산당할 수 있다. 사실 불법 계엄을 일으킨 대통령을 배출하고, 그의 탄핵마저 반대한 정당이 재집권을 꾀했던 자체가 무리한 일이었다. 그나마 명분 있던 한동훈 전 대표의 경선 탈락 순간, 승패의 반쯤은 이미 결정된 셈이었다.

만약 새 정권이 국민의힘 우려대로 소위 '총통 독재'를 한다면 내년 지방선거나 차기 총·대선을 통해 이를 저지하면 된다. 당연히 유권자들도 그들의 말에 귀 기울이지 않겠는가. 그게 윤석열 전 대통령과 김문수 후보 등이 소리높여 수호하자던 '자유민주주의' 프로세스다.

'소년공' 이재명도 마침내 대통령에 당선됐다. '쓸데없이 공부나 한다'는 부친의 꾸중을 들으며 주경야독하던 그가 뜻을 이룬 것이다. 임종 직전 아들의 고시 합격 소식을 듣고 눈물을 흘리던 부친도 환히 웃고 있지 않을까.

이 대통령은 우리 사회 일각의 집요한 '악마화'와 견제를 뚫고 끝내 국민들의 선택을 받았다. 대한민국이 특권계급 없는 공화국임을 다시 확인시켰고 우리 사회 약자들에게 '나도 할 수 있다'는 희망을 준 사건이라 할 수 있다.

이제 새 정부는 무엇보다 경제를 살려야 한다. 급변 중인 국제정세에 대처할 수 있는 외교 안보 통상 정책도 가다듬어야 한다. 인구정책을 비롯, 노동 연금 교육 개혁도 시급한 과제다. 개헌도 추진해야 한다.

결코 쉽지 않은 도전들이다. 새삼 느닷없는 '12.3 비상계엄'이 통탄스럽다. 우리 사회 전체가 지난 6개월여 이 문제 해결에 쏟아부은 에너지는 사실 다른 현안에 집중해야 할 것들이었다.

여야도 지금이 비상시국임을 인식하고 지혜를 모아야 한다. 정치권이 그간 국민들에게 희망 대신 불안과 좌절, 고통을 끼친 것에 대한 최소한의 속죄이자 도리이기도 하다.

물론 이 대통령에게 흠과 과오가 없었던 것은 아니다. 그러나 지금까지 '이재명'이라는 비주류 정치인에 씌워진 온갖 조롱과 혐오, 그리고 법적 굴레는 분명 지나친 면이 있었다. 이 대통령은 이 같은 모든 기억을 훌훌 털고 앞으로 가야 한다. 그게 자신을 죽이려던 자들에게 정치적으로, 그리고 역사 속에서 승리하는 길이기도 하다.

\# 단 하나, 꼭 지적하고 싶은 대목이 있다. 이 대통령은 적어도 불법 계엄에 관한 한 단호해야 한다. 그는 유세 과정에서 "12.3 내란 공범들이 여기저기 숨어 있는데 다 찾아내 책임을 분명히 가려야 한다"고 밝혔다. 당연하다. 이는 정치 보복이 아니다.

돌아보면 우리 현대사를 비틀어 온 군부의 정치 개입은 여러 번 있었다. 그럼에도 6월항쟁 이후 여덟 번의 대통령선거와 네 번의 정권 교체를 거치며 대한민국은 민주주의 국가로 국제무대에 우뚝 섰다. 아니 선 것처럼 보였다.

그래서 지난 12.3 비상계엄은 너무도 비현실적, 초현실적 악몽이었다. 내란 혐의로 재판받는 윤석열 전 대통령과 그 지지자들은 아직도 '두 시간짜리 내란이 어디 있느냐'고 항변 중인 것 같다. 그렇지 않다. 만약 그날 밤 국회에서 단 한 발의 공포탄이라도 발사됐다면, 우리 역사는 어느 골짜기로 처박힐지 모를 절체절명의 순간이었다.

계엄군과 시민들이 얽힌 유혈 참극이 전 세계에 생중계되고 다음 날 탱크가 늘어선 광화문과 부산 서면 로터리, 광주 금남로 등에 총칼을 든 계엄군과 시민들이 대치하는 모습을 상상해 보자.

최악의 경우, 그들의 수첩에 적힌 것처럼 이재명, 한동훈, 차범근 등이 수거돼 연평도 앞바다에 수장됐을 수도 있었다. 해방 이후 대한민국이 피와 땀, 눈물로 쌓아 올린 모든 성과가 한순간 물거품이 되고 1980년 5.18과 유사한 학살과 투옥, 저항의 아비규환으로 빠져들었을 것이다.

절대 후퇴하진 않을 것으로 여겼던 우리 민주주의가 이처럼 백척간두에 섰던 까닭은 대체 무엇이었을까. 가장 근본적 이유는 우리 사회가 내란과 군사 반란 세력에 대한 응징을 제대로 하지 않았던 때문일 것이다.

그간 불법적으로 군을 동원했거나 이를 수행한 자들은 모두 대통령이나 장관, 국회의원, 각종 공기관 사장 등으로 호의호식했고 천수를 누리다 생을 마쳤다. 이를 막아보려던 장교와 사병, 그리고 국민들은 목숨을 잃거나 다쳤고 불이익을 받았다.

일부 사법처리를 당한 경우가 있더라도, 이른바 '국민 화합' 차원에서 얼마 안 가 사면을 받아 석방되곤 했다. 이번에 윤 전 대통령과 그의 수족들도 분명 이 같은 선례를 떠올렸을 것이다. 성공하면 탄탄대로가 보장되고 만에 하나 실패해도 잠시 감옥에 다녀오면 되는데, 누가 그 유혹을 쉽게 떨칠 수 있겠는가.

나는 명령대로 수행했을 뿐이다? '민주주의를 지켜달라'는 시민들의 울부짖음을 본 순간 '뭔가 잘못됐다'고 판단한 영관급 지휘관도 있었다. 그리곤 급히 의사당 밖으로 병력을 후퇴시켰다. 하물며 불법 계엄 지휘부는 별을 서너 개씩이나 달았던 장군들이다. 그들은 전술이 아니라 전략, 즉 정무적 판단을 내려야 하고 내릴 수 있는 고도의 군사 전문가들이었다.

그래서 이재명 대통령에게 요구한다. 윤석열 등에 대한 재판이 대법원에서 확정되면 일체의 사면·복권을 검토하면 안 된다고.

그래야 다시는 누구도 친위 쿠데타를 꿈꿀 수 없고 휴전선을 지키는 군이 정치에 동원되지 않는다. 국민들이 5.18의 비극을 떠올리며 몸서리치지 않아도 되고 대한민국이 수십 년 전으로 후퇴하지도 않게 된다.

그것이 바로 '집권하면 윤석열 등을 사면시킬 것 같은' 김문수 대신 이재명이 선택된 이유 중 하나일 것이다. 앞으로도 이 대통령에겐 사면 복권의 속삭임이 있을 수 있다. 그자가 바로 '내란 동조 세력'이거나 위장 화해론자다.

그 권유는 '국민통합'의 얼굴을 하고 있을 뿐 요설이며 훗날 또 한 번의 '12.3'을 예비하는 길이다. 건국 이후 대체로 공익에 무심했던 기득권 세력은 사익에 관한 한 놀랄만한 신박함을 보여오지 않았던가.

이재명 대통령이 자신의 공약대로 '진짜 대한민국'을 바로 세운 후, 5년 후 그를 지지하지 않았던 유권자들로부터도 박수받는 성공한 대통령이 되길 바란다. 이를 위해 기자도 감시와 비판을 멈추지 않을 것이다. 당선을 축하한다.

2025. 06. 09.

동학혁명 130주년

① 농민군 후손들

1923년 고창에서 태어난 고 최현식 선생은 일본 유학 중 미군의 도쿄 공습으로 귀국, 징용을 피해 장성에서 도피 생활을 하다 해방을 맞는다. 여운형의 건국준비위원회에 참여하기도 했던 그는 6·25 이후 정읍에 정착, 언론인으로 활동하던 중 무엇에 홀린 것처럼 동학혁명 연구에 빠져든다. 이른바 '동학난'으로 불리던 시절, 20여 년 이상 동학 농민 봉기의 흔적이 있는 곳이라면 사재를 들여 전국을 돌아다녔다.

누가 시키지도, 알아주지도 않는 일을 한 것은 오로지 피가 끓고 가슴이 뛰었기 때문이다. 돌아보면 지난 1950~70년대, 연로한 동학 농민군 2세들의 증언을 듣고 망실돼 가는 사료를 모으는 작업은 중요한 일이었다. 강단과 재야를 통틀어 그가 처음이었다. 최 선생이 기록을 확인하고 후손을 찾아다니며 1979년 10·26 직전 탈고한 '갑오동학혁명사'는 1987년 6월 항쟁 이후 본격화된 후학들의 관련 연구에 결정적 디딤돌 역할을 했다.

한양대 박찬승 명예교수는 "동학혁명 연구 자체를 학계가 기피하던 시절, 향토사가로서 그 일에 뛰어들었다는 것은 상당한 용기와 사명 의식 없이는 불가능한 일"이라고 평가했다. 전남대 송기숙 교수가 광주항쟁 이후 해직 시절, 소설 '녹두장군'을 쓸 때도 최 선생을 찾아와 자료 등을 도움받았고 역사학자 이이화 선생 역시 최 선생과 긴밀한 교류를 이어 갔다.

최 선생은 1950년대 말, 동학혁명 3대 지도자인 손화중 대접주의 아들 손응수 옹을 정읍 삼산동 음성리에서 찾아낸다. 그리고 손 옹이 모친에게 들었다는 전봉준에 대한 인상과 언행을 60년 만에 접했다. 기록에만 있던 역사가 다시 살아 움직이는 찰나, 최 선생은 머리칼이 곤두서는 듯한 전율을 느꼈다 한다. 왜 아니겠는가. "그분은 아버님을 매우 자주 찾아오셨던 모양입니다. 꽤나 자주요. 어머님 인상에 남은 녹두장군은 키가 아주 작았다고 합니다. 그런데도 몸가짐이 매우 단정하고 굉장히 다부져 보였답니다. 눈이 샛별처럼 초롱초롱했다는군요."

"그분은 찾아오실 적마다 신발을 사랑에 들여놓고 아버님과 말씀을 나누시곤 했는데 항상 닭이 울 때까지도 자리에 드시지 않고 이야기를 했다고 합니다. 때로는 말소리가 커지기도 하고, 때로는 문밖에서도 들리지 않을 만큼 작은 소리로 말씀을 나누셨다고 하더군요. 주로 그분께서 아버님을 설득하시려고 애를 쓰셨다고 합니다."

'앉으면 죽산(竹山), 서면 백산(白山)'이라던 동학혁명 거병을 선포한 고부 백산. 당시 봉기군 8천여 명 중 3천5백여 명이 손화중 세력이었으니 전봉준이 손화중을 끈질기게 설득, 봉기에 참여시킨 것은 1894년 거사의 결정적 순간이었다. 역시 동학 3대 지도자인 김개남 대접주의 손자 김한옥은 1968년 제1회 동학혁명기념문화제 직후 모습을 드러낸다. 최 선생은 정읍 산외면 그의 집으로 가 족보를 확인한 후 김개남의 손자임을 확인했다.

동학농민혁명 당시 남도에는 장흥 접주 이방언 장군이 있었다. 그는 황룡강 전투의 이른바 '장태 전법' 주인공이다. 장흥-강진을 장악하고 일본군과 관군에 맞서 일진일퇴의 전투를 벌이던 그는 동학혁명 최후의 전장인 '석대들 전투'에서 패배, 나주 일본군으로 넘겨져 다음 해 서울로 압송된다. 이듬해 3월 무죄로 방면(흥선대원군 작용'설')됐으나 회령면에 은신하다 다시 피체 돼 4월 25일 외아들과 함께 장흥 장대에서 최후를 마쳤다. 당시 나이 58세였다.

최 선생은 1970년대 초, 동학혁명 6대 거두인 이방언의 근거지 장흥으로 갔다. 그리곤 무작정 가까운 고등학교 교무실에서 역사 선생님을 만나 그가 용산면에 살았다는 말을 듣는다. 용산면에선 나이 많은 촌로를 찾았고 멀지 않은 곳에 이방언의 손자가 살고 있다는 정보를 얻었다. 그 집에 들어가 연유를 설명하자 잔뜩 경계하던 식구들은 차츰 긴장을 풀고 족보를 내놓았다.

최 선생은 필자의 대고모부다. 1960년대 후반, 필자는 정읍 장명동 선생 댁에서 한동안 기거하기도 했다. 최 선생은 거실 가득 쌓인 전국 각 고을의 군지(郡誌)와 역사서 속에 파묻혀 항상 뭔가를 읽거나 쓰고 계셨다. 대학에 입학한 후엔 자주 동학 얘기를 들려주곤 했다.

"해방되고 일본이 물러난 지 20년이 더 지났음에도 어느 고을에선가 머슴을 살던 동학 접주의 후손은 내가 찾아가자 잔뜩 겁을 먹고 뒷걸음질 치더라고… 지게에다 땔감을 한 짐 짊어지고 산을 내려오다 말고. 그때 얼마나 가슴이 아프던지. 선대로부터 낯선 사람이 찾아오면 일단 피하라고 교육을 받았겠지."

이들은 최 선생의 설득으로 하나둘 정읍에서 열리는 동학혁명기념문화제에 초빙됐다. 구한말과 식민지 시절은 물론이고 광복 이후에도 반역자라는 오명을 뒤집어쓰고 세상과 단절된 채 살아야 했던 농민군의 후손들은 이렇게 조금씩 세상에 나올 수 있었다. 지난 11일은 동학농민혁명군이 정읍 황토현에서 전주 감영군에 첫 승리를 거둔 지 130주년이 되는 날이다.

2024. 05. 13.

② 전봉준 직계가족

"제 할머니께서 전봉준 선생의 큰딸이라고 하는군요."
"……" 1969년 제2회 동학혁명기념문화제가 끝나고 얼마 안 돼 신민당 이철승 대표 계열로 도의원을 지냈던 이희종 씨가 정읍의 향토 사학자 최현식 선생을 찾아와 엄청난 말을 건네 왔다. 어느 날 아이들이 '새야 새야 파랑새야' 노래를 부르는데 가사에 나오는 녹두장군이 바로 당신 아버님이란 말씀을 하셨다는 것이다.

당장 그분을 앞세우고 할머니가 계신다는 진안으로 달려갔다. 연세가 여든아홉 되신 어른이었다. 그간의 행적을 듣고 호적을 대조하니 바로 전봉준의 장녀 전옥례 여사였다. 최 선생이 동학혁명 지도부 후예들을 한 분씩 어렵사리 찾아냈으나 유독 전봉준 장군 직계만은 오리무중이었는데 이렇게 큰따님이 눈앞에 나타난 것이다. 전 여사는 봉기가 좌절된 후 사람들을 피해 15세 나이에 마이산으로 도피했다고 한다.

김옥련으로 개명한 전 여사는 금당사 공양주로 숨어 살다 23세에 이씨 성을 가진 남자와 결혼했다는 것이다. 이미 눈물도 말라 버린 채 담담하게 지난날을 술회하는 그녀를 보며 최 선생은 공연히 울적해지고 소슬해졌다. 전 여사는 이듬해인 1970년 아흔의 나이로 세상을 떴다. 그녀의 장례식에 참여한 최 선생은 자신의 존재를 세상에 알리고 얼마 안 가 하직한 것이 단순한 우연이 아닌 것만 같았다.

전봉준에겐 2녀 2남이 있었다. 첫째 부인 여산 송씨는 딸 전옥례와 전성녀를 낳고 해산 후유증으로 세상을 떴다. 그때 돌림병으로 남편과 아기를 잃어버린 남평 이씨가 젖어머니로 들어왔고, 물 한 그릇 떠 놓고 혼인했다. 그녀와의 사이에 전용규와 전용현 두 아들을 낳았다. 자신이 장녀라고만 술회한 전 여사는 갑오년 난리 후 나머지 형제들을 만나지 못하고 곡절 많은 삶을 마친 것이다.

얼마 후 이번엔 정읍 산외면장이 전봉준 묘가 이곳에 있다는 말을 은밀히 전해 왔다. 전 장군이 한양에서 효수된 후 조장태란 사람이 머리를 수습해 와 묻었고 지금 전팔룡이라는 분이 관리하고 있으며 강금례라는 전봉준의 외손녀도 그곳에 산다는 것이었다. 부랴부랴 현장에 도착해 어둑할 때까지 파 보았으나 끝내 유골은 나오지 않았다. 크게 실망하고 하산하는데 일흔이 넘어 보이는 노인이 다가왔다.

"혹시 전명숙(全明淑 전봉준의 字) 선생 일을 보시는 분입니까?" 그렇다고 하자 대뜸 최 선생 손을 잡고 집으로 이끌었다. "전봉준의 큰딸은 종적이 묘연하고 작은딸과 두 아들이 모두 이 동네에 살았습니다." 큰아들은 남의 집 머슴살이하다 자식도 없이 폐병으로 일찍 죽고 둘째 아들도 인근으로 시집간 작은누이에 얹혀 천덕꾸러기로 살다 종적을 감췄다는 것이다.

인근 마을 강 씨와 혼인한 작은딸은 해방 전 사망했고 그 여식이 살고 있다는 것이다. 강금례 씨였다. "아, 전녹두가 좀 잘난 인물입니까? 조선 천지를 들었다 놓았다 호령한 게 다 전녹두가 만들고 다녀서 한 일 아닙니까? 농민들에게 한번 소리치도록 한 일이 조선천지에 언제 한 번이나 있었습니까? 만고의 영웅이지요." 노인은 이렇게 말하고 최 선생과 함께 눈시울을 붉혔다.

사라졌다는 둘째 아들은 어떻게 됐을까. 이와 관련, 지난 2018년 전봉준 장군의 증손이라고 주장하는 전장수 씨(고려대·총신대학원 졸, 목사·시인)가 동학농민혁명기념재단에 유족 신청을 하면서 비상한 관심을 모았다.

이후 전북대 역사교육과 송정수 명예교수가 전 씨의 증언을 토대로 2021년 펴낸 '전봉준 장군과 그의 가족 이야기'(혜안)

에 따르면 전봉준의 차남 전용현(1886~1941)은 1906년 전남 함평에서 만난 이양림과 결혼해 무안에서 살았다. 전용현의 장남 전익선(1909~1998)은 1953년 목포에서 김연임과 혼인해 서울로 이주한 뒤 2남 2녀를 뒀다.

전익선의 장남이 전장수 씨다. 그는 1969년 12살 때 부친과 함께 진안에 살던 고모할머니 전옥례(전봉준의 장녀) 여사도 한 번 찾아뵈었다 한다. "내가 전봉준 장군의 딸이다. 네가 우리 집 장손 우석(전장수 씨 아명)이구나. 아주 잘 컸네. 내가 몸이 안 좋아 밥 한 끼 따뜻하게 해 주지 못해 미안하다. (눈물을 글썽이며) 들키지 말고 꼭꼭 숨어서 잘 자라 집안의 대를 꼭 잇거라."

1969년이면 우금치 패전으로부터 75년, 일제로부터 해방된 지도 24년이 지났을 때 아닌가. 전옥례 여사는 그때까지도 들키지 말라고 당부했다는 것이니 기가 막힌 일이다. 아무튼 동학농민혁명기념재단은 2021년 11월 '근거자료 부족'을 이유로 전 씨의 유족 등록을 일단 반려했다. 그럼에도 전 씨가 전봉준 가족사에서 전혀 언급되지 않던 전 장군 여동생 이름을 전고개(全古介, 1861~1951)로 처음 증언하는 등 믿을 수밖에 없는 내용이 적지 않다는 게 관련 학자들의 입장이다. 후속 연구와 검증이 이어져야 한다.

지난 16일은 황토현에서 전주 감영군을 무찌른 동학농민혁명군이 정읍 고부 흥덕 고창 무장을 거쳐 영광에 진주한 지 130년째 되는 날이다. 이후 농민군은 함평(20일)과 무안(22일)을 거쳐 23일 장성 황룡강으로 이동한다.

2024. 05. 27.

③ 나주사람 정석진

전라도(전주와 나주)의 모태인 나주는 한반도 역사에 굵은 획을 그어 온 고장이다. 후백제의 깊숙한 배후에서 왕건을 도와 고려 건국의 결정적 계기를 만들었던 곳이 개경과 바다로 연결된 주요 해상세력 나주였다. 나주 토호 오다련은 개국공신, 그의 딸은 왕후가 됐으며 아들 무(武)가 고려 2대 왕 혜종이다.

나주는 1894년 동학농민혁명 때도 호남의 이웃 고을과는 사뭇 다른 선택을 한다. 전주에 입성한 혁명군은 전라도 53개 주읍(州邑)과 충청 경상 일부 지역까지 집강소를 설치했으나 전북 남원, 운봉과 전남 나주 세 고을만은 강력히 저항했다. 이에 김개남이 이끄는 3,000명의 농민군이 남원성을 공격, 함락시키고 부사 김용헌을 잡아 목을 매달았다. 그러나 나주목사 민종렬은 최경선이 이끄는 3천 명의 동학군에 대항, 끝까지 성을 지켰다.

전봉준은 최경선 부대를 천수시킨 후 몇 명의 부하와 함께 나주 목사를 찾아가 담판했으나 결국 실패한 후 기지를 발휘해 나주성을 빠져나왔다. 농민군이 우금치에서 패배한 후 나주는 일본군의 '동학 잔당' 토벌 사령부 역할을 했고 무수히 많은 농민군이 이곳으로 끌려와 피를 흘렸다. 전봉준이 피노리에 숨어 있다 체포돼 한양으로 압송되기 전 수감된 곳도 나주초등학교 자리에 있던 '호남 초토영'이었다.

"동학(토벌)은 일본의 아시아 침략과 식민 정책의 첫발이었습니다." 지난달 11일 나주시 죽림동 '동학농민군 희생자를 기리는 사죄의 비'를 찾은 미야우치 아키오 씨(50)는 어린 시절 일본에서 동학농민혁명에 대해 '반란'이라고 배웠다 한다. 그는 '시민모임 독립' 회원 30여 명(일본인 3명)과 함께 동학 130주년을 맞아 나주를 방문했다.

회원들은 박덕진 '시민모임 독립' 대표와 함께 나주 첫 전투지 '서성문'을 시작으로 전봉준 장군과 민종렬 나주 목사가 집강소 설치를 놓고 담판을 벌인 '금성관', 동학 지도자 등 700여 명을 처형했던 호남 초토영 터 등을 둘러봤다. 마지막 답사 장소인 동학 사죄비는 일본군에게 희생당한 동학군을 위로하기 위해 지난해 10월 한·일 역사학자와 시민들이 성금을 모아 세운 것이다.

안내를 맡은 나천수 나주목향토문화연구회 회장은 "사죄비를 세울 당시 위령비냐 사죄비냐 명칭을 놓고 논쟁이 있었다"며 "당시 시민들이 일본이 사죄해야 한다는 의견을 제시했고, 일본의 양심 있는 학자들이 이를 받아들여 지금의 이름이 붙었다"고 설명했다.

나주에 정석진이라는 남자가 있었다. 1893년 큰 흉년 때 가산을 털어 빈민을 구제했고, 동학군이 봉기하자 목사 민종렬의 천거로 도통장이 된다. 이후 여덟 달 동안 농민군으로부터 나주를 방어하며 여섯 번이나 승리를 거둔다. 정석진은 그 공으로 난이 평정된 후 아전 출신으론 이례적으로 해남군수에 특채된다. 그러나 이듬해 일본에 의해 명성황후가 시해되자 미련 없이 벼슬을 던지고 기우만 등과 의병을 일으킨다. '을미의병'이다.

관군에 체포된 그는 얼마 전 자신이 동학군으로부터 지켰던 바로 그 나주 땅으로 끌려와 효수된다. 소신에 따라 한생을 살다 간 비장한 사나이였다. 정석진의 죽음에 대해 나주 백성들은 매우 원통해했고 1897년 호남 민심 위무를 위해 암행어사가 파견됐을 때도 그의 억울한 죽음에 대한 호소가 가장 많았다 한다. 정석진은 그해 신원(伸冤)된다.

훗날 그의 아들 우찬은 아버지를 추모하는 제당을 지었는데 나주 천변의 난파정(蘭坡亭)이다. 아래쪽엔 정석진 손자가 1939년 홀로된 어머니를 위해 지은 '목서원'이 있다. 이 가옥은 구들장 난방 한옥을 기반으로 지붕과 창문 구조는 일본풍, 왼쪽 사랑채는 삼각창, 육각창 등이 나 있는 서양 건축풍을 혼합해 지었다. 지금 그곳엔 사람들의 발길이 잦다. 2017년 한 사업가가 목서원을 비롯 난파정 일대 3,600여 평을 매입, 숙박과 공연·전시·휴식을 취할 수 있는 복합문화공간 '39-17마중'으로 꾸몄기 때문이다.

동학군을 몰살시킨 일본군 총검이 다음 해 명성황후에 이어 정석진 자신을 겨눌 당시, 그는 미제 개틀링 기관총이 불을 뿜는 우금치, 그 언덕에서 산화해 간 농민군 심정을 혹시 헤아려 보았을까. 효수 직전 마지막 하늘을 올려다본 순간, 나주에서 본인이 쓰러트린 농민군 얼굴도 잠시 떠오르지 않았을까.

정부는 2010년 정석진에게 건국훈장 애국장을 추서했다. 일본군과 관군 편에 서서 동학농민군에 맞서다 반일로 돌아선 궤적은 해주 동학군의 팔봉 접주 김구와 대치했던 안중근과 동일하다. 그런데, 2024년 대한민국은 농민군과 그 반대쪽에 섰던 정석진 같은 이들을 각각 어떤 눈으로 바라보고 있을까. 다음 글의 주제다.

지난달 27일은 동학혁명군이 한양에서 급파된 경군(京軍)을 장성 황룡강에서 격퇴시킨 날이다. 농민군은 이 전투에서 대포 2문과 양총 100여 정을 노획한 후 파죽지세로 전라감영이 있는 전주성에 무혈 입성한다.

2024. 06. 03.

④ 서훈(敍勳) 기점

대한민국은 '국내외에서 국권 침탈을 반대하거나, 독립운동을 위해 항거하다 순국한 분 혹은 그러한 사실이 있는 사람으로서 그 공로로 건국훈장·건국포장·대통령 표창을 받은 순국선열 또는 애국지사'를 독립유공자로 예우한다. 적용 시기는 '일제(日帝)의 국권 침탈 전후로부터 1945년 8월 14일까지'로 규정돼 있는데 여기서 '일제'와 '국권 침탈 전후'라는 문구가 중요하다. '국권 침탈 전후'는 서훈 기점을 의미한다.

1962년 일제의 식민사관 편술 기구인 '조선사편수회' 출신 이병도 박사 등은 이를 1895년 '을미사변'으로 특정했다. 그들은 명성황후가 시해된 충격적 사건이야말로 국권 침탈의 시작으로 여겼음 직하다. 당시는 1894년 발생한 동학혁명이 '동학난'으로 불리던 시절이다.

"귀국이 개화를 한답시고… 솔병하고 도성에 들어와 야반에 왕궁을 격파, 주상을 경동케 하였다는 말이 들리는 고로 시골 선비 등은 충군애국의 마음으로 분개를 이기지 못하여 의병을 규합, 일인(日人)과 더불어 접전하여…" 전봉준은 1895년 2

월 9일 일본 영사가 배석한 공초(供草)에서 1894년 9월 기포 이유를 이같이 설명했다.

전주성 점령 후 조정과의 협약에 따라 집강소를 중심으로 활동하던 동학 지도부는 일본군이 경복궁을 공격, 고종 부부를 인질로 잡은 1894년 '갑오변란'이 일어나자 다시 거병하는데 이를 '동학 2차 봉기'라 부른다. 을미사변 한 해 전 일어난 명실상부 국권 침탈 시점으로 볼 수 있다. 이 시각에 따르면 공주 우금치와 장흥 석대들 등에서 스러져 간 2차동학 농민군은 '항일 무장투쟁'을 전개한 것이다. 그 때문에 이만열 전 국사편찬위원장과 신용하-이태진 서울대 명예교수, 윤경로 한성대 명예교수, 김삼웅 전 독립기념관장, 고석규 전 목포대 총장, 신영우 충북대 명예교수, 반병률 한국외대 명예교수 등은 이들에 대한 독립 유공자 서훈을 촉구하고 있다.

물론 학계엔 2차 동학 서훈에 반대하는 의견도 있으나 무슨 이유에선지 본인 이름을 드러내 놓은 경우는 아직 없다. 그들은 '항일운동이 곧 독립운동은 아니며, 체제 개혁을 위해 봉기한 동학은 충군 애국정신으로 나라를 지키고자 했던 의병과 성격이 다르다'고 피력하는 것으로 전해졌다. '항일+반봉건'은 독립운동이 아니고 '항일+근왕'만 독립운동이라는 주장은 비전공자인 필자에겐 궁색한 견강부회(牽强附會)로 보이나 어쨌든 학계에서 논의할 주제다. 학문적 소신이라면 자신의 주장을 공개하고 검증을 받는 게 정도(正道)일 것이다.

학계에선 또 국권 침탈 시기를 1905년 을사조약 전후로 보는 시각도 존재한다. 만약 동학 2차 봉기를 포상하면 정부가 국권 침탈 시기를 10여 년 앞당기는 것을 공인하는 것으로 조선과 대한제국이 준 식민지 상태였다는 것을 인정, 결과적으로 대한제국의 자주적 개혁을 부정한다는 것이다. 명쾌한 논리다. 단 이 주장대로 서훈 기점을 조정한다면, '쉽지 않은 일이긴 하나' 1962년부터 2022년까지 추서된 을미의병(1895년) 참여자의 서훈은 모두 치탈해야 한다.

그런데 서훈 기점을 1905년 전후로 하자는 분들의 논지를 보면 을미의병 서훈 사실은 잘 모르는 듯하다. 더구나 그중 일부가 2차 동학 서훈에 '불가 판정'을 한 '공적심사위원'으로 참여했다는 전언이니 할 말이 없다.

일제(日帝)라는 표현도 주목해야 한다. 2차 동학 서훈 얘기가 나올 때마다 특정 성향의 몇몇 언론은 '차라리 임진왜란 의병까지 서훈하라'는 조롱성 멘트를 소개한다. 알다시피 일본 제국은 1868년 메이지 유신으로 성립돼 태평양전쟁 패망으로 현대 일본국 헌법이 시행될 때까지 일본 열도, 한반도, 타이완 섬, 사할린 등지에 존속했던 국가다.

또 임진왜란은 일본 제국이 아닌 봉건국 일본의 침략으로 1592년 시작된 전쟁이며 당시 의병은 조선 조정에 의해 이미 서훈이 완료된 바 있다. 19세기 사안에 왜 16세기 임란을 거론하는가. 차분한 논의를 방해하는 이 같은 말장난 대신 앞으론 언론의 격을 좀 지켰으면 한다. 정부와 학계도 엄정한 학문적 접근으로만 2차 동학 문제를 다뤄야 한다. 관료와 학자들이 이런저런 이유로 부담스러워한다면? 그럼 국회가 나서는 것도 방법이다. 찬반론자가 모두 참석하는 공청회 등을 진행한 뒤 필요한 경우 입법을 하면 될 것이다.

죽창을 든 농민들이 관군 작전통제권까지 틀어쥔 일본군에 감연(敢然)히 맞선 지 어언 130년. 양반 유생이 주도한 을미의병은 서훈하고 같은 시기 항일 투쟁을 전개한 농민들은 안 된다? 이 불합리하고 어정쩡한 상황은 이제 끝내야 한다. 정석진(본보 6월 3일 자 '나주 사람 정석진' 참고)처럼 최시형·전봉준 등도 서훈하든지, 아니면 145명 을미의병 서훈을 취소하면 된다.

P.S. : 을미의병 참여자 일부가 수개월 전, '세계관 차이'로 농민군에 맞선 건 사실이다. 그러나 2차 동학을 서훈하면 을미의병 명예가 훼손될 수 있다는 일각의 염려는 엉뚱한 우려이자 비학문적 태도다.

2024. 06. 17.

⑤ 47년 비원(悲願)

소설 '타오르는 강'을 쓴 문순태는 1985년 어느 날, 서울에 사는 김병일이라는 분으로부터 한 통의 편지를 받는다. 그는 동학농민군 총참모 김덕명의 손자였다. 당시 문 작가는 주간조선에 '동학 기행'을 연재하고 있었다. 김 씨는 그 기사를 빠뜨리지 않고 읽는 애독자로 자신을 소개한 후 1977년 3월부터 원호처장 앞으로 김덕명에 대한 독립 유공자 포상 신청을 몇 차례 냈다고 밝혔다.

그러나 번번이 심사 기준 미달이라는 사유로 서류가 되돌아 오고 말았다며 신청서와 공적서, 입증자료 등과 원호처장이 발행한 결과 통보서 사본을 부쳐 왔다. 김 씨는 이런 사실이 기사를 쓰는 데 참고가 될 수 있을지 몰라 보낸다고 했다. 그렇지 않아도 동학혁명 후손들에 대한 예우 문제가 궁금했던 문 작가는 그 서류를 들고 순천의 보훈지청을 방문했다.(그해 1월부터 '원호처'가 '국가보훈처'로 이름이 바뀌었다) 그러나 신청서만 받는 곳인 지청 관계자가 어떤 답변을 할 수 있겠는가.

그래도 당시 김승주 관리과장은 바쁜 와중에도 따로 시간을 내 관련 법령까지 보여 주며 성의껏 설명해 주었다. 당사자에게 훈장이나 포장 또는 대통령 표창을 받아야 심사를 할 수 있다는 얘기였다. 문 작가는 그 얼마 전 정읍 산외면 동곡리 지금실 부락으로 동학혁명 3대 지도자인 김개남 손자 김환옥을 찾아갔을 때가 떠올랐다.

"우체국장은 날 만나기만 허면, 기미년에 만세 부른 사람들 자손은 달마다 13~14만 원씩 타가는디 영감은 왜 못타가냐고 허지만, 그걸 나가 어떻게 알겄어요."('동학기행' 53p, 어문각) 문 작가는 그날 밤, 곧 쓰러질 듯 한쪽으로 기울어 있는 김 씨네 삼간 오두막의 훤히 드러난 서까래를 세며 잠이 들었다.

2차 동학 봉기 참여자 후손들은 1977년 손화중과 김덕명에 이어 1995년 윤치문 정명제, 2006년 전봉준 최시형 손화중, 2020년부터 2022년까지 3년 연속 최시형 전봉준 등에 대해 모두 여섯 차례 서훈을 신청했다. 물론 정부는 부의를 안 하거나 심사 유보, 보류 등의 형식으로 불가 판정을 내렸고 후손들은 그때마다 깊은 상처를 받았다.

적어도 1990년대까진 이해 못 할 일도 아니었다. 동학혁명은 20세기가 다 저물도록 사회적으론 아직 '동학난'이었기 때문이다. 정읍의 '갑오동학혁명기념사업회'가 1980년 말 강제

해산됐고 1981년 시 승격 당시에도 향토 사학자 최현식 선생이 시 헌장에 '동학혁명정신'이라는 문구를 넣으려다 일축당하기도 했다. 그게 현실이었다.

학계의 연구가 쌓이고 사회적 공감대가 이뤄진 2004년, 드디어 '동학농민혁명 참여자 등의 명예회복에 관한 특별법'이 제정되고 국무총리 직속기구인 '동학농민혁명 참여자 명예회복 심의위원회'가 출범한다. 이어 2015년 12월 31일 시행령이 최종 공포돼 '동학농민혁명'이 국가 공인 명칭이 됐고 2019년엔 황토현 전투가 일어난 5월 11일이 국가 기념일로 지정된다.

교육부 검정 고교 교과서도 대부분 동학 2차 봉기를 '외세의 침략에 맞선 민족운동' '일본군을 몰아내자는 것이 주목표' 등으로 서술하고 있다. 이제 마지막 과제로 서훈 여부만 남은 것이다.

국회 차원에선 21대 국회에서 처음으로 민형배 성일종 김성주 윤준병 등 여야 의원들이 '2차 동학' 서훈 문제를 추켜들었다. 이를 토대로 22대 국회에선 정무위 문체위 법사위 등을 중심으로 한층 진전된 결과가 나올 것으로 기대된다. 일각에선 이 문제가 주로 전북에 국한된 사안으로 오해하기도 한다. 그러나 '동학 2차봉기'는 전국적 규모였다.

예산, 공주, 홍성, 논산, 서산, 서천, 보령, 금산, 천안, 태안,

아산, 연기, 대덕(충남), 청원, 괴산, 음성, 옥천, 영동, 청주, 진천(충북), 홍천, 평창, 강릉(강원), 안동, 문경, 성주(경북), 진주, 하동(경남), 안성, 이천(경기), 해주, 은율, 송화, 평산, 장연, 신천(황해) 등으로 들불처럼 번진 것이다. 해당 지역구 의원들의 관심이 필요하다. 지난 5월 31일 국회에 온 전남대 박구용 교수는 의원들을 상대로 한 강연에서 "동학농민군 서훈은 22대 국회에서 반드시 이뤄져야 한다"고 강조, 큰 박수를 받았다.

동학농민혁명 영호 대접주 김인배 장군의 증손자 김영중 씨(전 동학농민혁명유족회장)의 발언을 소개하며 시리즈를 마친다. "추모비를 세우고 기념관을 짓는 것도 중요하지만 무엇보다도 농민군 지도자들이 독립 유공자로 지정되어 국가의 공인, 민족의 공로자로 이름을 올려야 합니다. 그래야 선열의 원혼을 달랠 수 있고 정당한 민족사가 이루어질 것입니다."('다시 피는 녹두꽃', 1994, 190쪽)

P.S. : '동학농민혁명기념재단'이 집계한 2차 봉기 참여자 유족은 478명이다. 수십만을 헤아리는 참여자 대부분의 자료가 망실됐거나 후대로 전승되지 않았고, 전사자 다수가 후손 없이 사망했기 때문이다. 즉 이 사안은 특정 지역만의 문제도, 예산 문제도 아니다. '지체된 정의'로 봐야 한다.

2024. 07. 08.

베트남 파병, 러시아 파병
― '병역면제 정권'의
외교-안보 폭주 후과(後果)

① 베트남전쟁

6·25 때 압록강까지 진격했으나 중국군 참전으로 서울을 또 내주고 후퇴하던 국군과 UN군. 당시 도쿄의 맥아더 사령부는 한반도 철수까지 검토했다. 그들은 '대한민국 망명정부' 장소로 제주도를 비롯 일본 야마구치현과 오키나와 그리고 태평양의 사이판, 티니안 등을 생각했다. 정부와 군병력, 민간인 등 최소 2만 명을 이동시키는 계획이었다. 망명정부의 요청은 한반도 상륙작전에 명분을 주게 될 터였다.

망명정부 명단엔 UN군 통역관으로 복무 중이던 문익환과 이영희도 들어 있었다. 미국에 의해 대한민국 핵심 요원으로 선발됐던 문 목사와 이 교수가 20여 년 후 소위 유신정권에 의해 반체제 인사로 몰린다. 굴곡진 우리 현대사의 한 단면이다.

바로 그 시점인 1951년 2월 13일. 한국전쟁 물줄기를 바꾼 전투가 경기도 양평군 지평리에서 시작됐다. 당시 중국군은 수원~이천~원주~강릉 선까지 내려와 있었다. 지평리의 미군과 프랑스군은 열 배나 많은 중국군에 맞서 3박 4일간의 격렬한 전투 끝에 극적인 승리를 거뒀다. 중국군의 보급선이 길어진 탓도 있었다.

대대급 파병이 결정되자 스스로 중령 계급장을 달고 온 별 셋의 프랑스 몽클레르 장군. 2차대전 당시 18번의 부상과 18개의 훈장을 받은 이 백전노장은 지휘봉 대신 지팡이를 짚고 분투, 한국인 카츄사들에게 깊은 인상을 남긴다. 지평리 전투는 용문산과 파로호 전투 등으로 이어지며 전선을 현재의 휴전선 일대로 밀어 올리는 데 결정적 역할을 했다. 맥아더의 대한민국 망명정부 구상도 없던 일이 됐음은 물론이다. 당시 몽클레르의 지평리 지휘 본부는 목조로 된 양조장 2층 건물이었고, 그곳은 현재 시판 중인 모 막걸리의 라벨에 새겨져 있다.

그러나 1953년 한국전을 끝낸 프랑스군은 귀향하지 않았다. 대신 얼마 전까지 자신들의 식민지였던 베트남으로 가 독립운동 세력과 싸웠다. 당시 프랑스는 제국주의 국가였다. 이들을 따라간 한국인도 몇 명 있었고 전병일이라는 분은 나중에 알제리 독립전쟁에도 프랑스 외인부대 소속으로 참전했다.

프랑스의 인도차이나 침략은 18세기 중엽 시작돼 1884년 베트남 전역을 지배하게 된다. 이에 맞선 베트남 독립운동도 1차 세계대전 이후 본격화된다. 1927년 베트남국민당, 1930년 인도차이나 공산당이 조직됐으며 2차 세계대전 발발로 일본이

침략해 오자 독립운동가 호찌민을 중심으로 베트민(베트남독립동맹)이 결성된다.

1945년 8월 일본이 항복하자 베트민은 그해 9월 베트남민주공화국 수립을 선포했다. 그러나 프랑스는 이를 인정하지 않았고 다음 해 11월 하이퐁에 함포사격을 가하면서 '1차 인도차이나 전쟁'을 일으킨다. 전쟁은 1954년 5월 프랑스군 거점인 디엔비엔푸가 함락될 때까지 8년간 이어진다. 한국전 휴전 후 이동해 온 프랑스군도 이 전투에 투입됐다. 그리고 그해 7월 제네바에서 휴전협정이 체결돼 북위 17도를 경계로 베트남은 남북으로 분단된다.

제네바협정에선 1956년 국제 감시위원회의 감독 아래 베트남 전역에 걸쳐 자유선거를 실시토록 규정했으나 1955년 미국의 지원을 받아 남베트남(베트남공화국) 초대 대통령이 된 응오딘지엠은 선거를 거부했다. 그리고 베트민의 토지개혁으로 분배된 농지를 다시 회수하면서 농민들의 극심한 반발을 불렀다. 각지에서 분쟁이 일어났고, 여기에 북베트남의 지원이 이뤄지며 1950년대 중반엔 게릴라 조직들이 무기를 갖춘다. 지엠 정권이 1958년 반공법을 시행하는 등 탄압을 가하자 반란 세력은 1960년 12월 남베트남민족해방전선(베트콩)을 결성 정부군과 본격적으로 맞서기 시작했다.

지엠 정권에 대한 반발이 확대되자 1963년 즈엉반민 등은 미국의 방조 아래 군사쿠데타를 일으켜 응오딘지엠을 처형하고 정권을 장악했다. 1964년엔 응우옌칸이 다시 쿠데타를 일으키는 등 불안정한 정국이 계속됐다. 상황이 악화되자 미국의 존슨 대통령은 남베트남 주둔 미군 병력을 늘려 갔다. 도미노 이론(한 국가의 붕괴가 이웃 국가까지 영향을 줌)을 따른 미국이 쫓겨 간 프랑스 대신 군사력을 투사한 것이다.

 미국은 1964년 8월 7일 자신들의 구축함이 북베트남 어뢰 공격을 받았다는 이른바 '통킹만 사건'을 구실로 북베트남에 폭격을 가했다. 북베트남과의 전면전, '2차 인도차이나 전쟁'의 서막이다. 베트남전 당시 미 국방장관이었던 로버트 맥나마라는 1995년 회고록에서 통킹만 사건이 미국의 자작극이었음을 고백했다. 미국이 도발한 2차 베트남전은 처음부터 '명분 없는 전쟁'이었던 셈이다. 미국은 1968년까지 북베트남에 약 100만 톤의 폭탄을 퍼부었고 55만여 명에 이르는 지상군을 파병했다. 그래도 승기를 잡지 못하자 대한민국, 오스트레일리아, 뉴질랜드, 태국, 필리핀 등의 참전을 이끌어 낸다.

 세계 최강 미국은 동남아의 가난한 농업국, 베트남에서 왜 고전을 면치 못했을까. 다음 글의 주제다.

2024. 11. 04.

② 호찌민과 '임정'

2018년 9월, 프랑스 파리에서 희귀 자료가 발견된다. 대한민국 임시정부가 베트남 독립운동가 호찌민을 지원한 내용이었다. 자료는 베트남 식민 종주국 프랑스 경찰이 호찌민의 파리 활동을 밀착 감시한 사찰 보고서에 들어 있었다. 이 문건에는 '대한민국 임정 파리위원부가 호찌민에게 통신국 사용을 지원했고, 중국 신문과 잡지에 그의 글이 실리도록 주선했다'고 적혀 있다.

보고서는 또 '극동의 평화'를 주제로 강연한 파리위원부 황기환 서기장이 호찌민을 대동한 정황도 담고 있다. 황기환은 드라마 '미스터 션샤인'의 유진 초이(이병헌 역) 실존 모델로 알려져 있다. 재미교포인 그는 1차 세계대전 중 미군에 입대, 유럽 전선에서 활약하다 전쟁이 끝난 후 마침 파리에 도착한 신한청년단 대표단에 합류했다. 흥미로운 건 호찌민이 김규식·조소앙·황기환 등 파리에서 활동하던 임정 요인들을 독립투쟁의 '롤 모델'로 여긴 점이다. 사찰 보고서에 적힌 '그는 한국인들이 하는 모든 일을 자신의 근거로 삼아 이들의 활동 방식을 거의 똑같이 따르고 있다'는 대목이 이를 뒷받침한다.

호찌민은 특히 대한민국 임시정부 외무총장 겸 파리위원부 대표인 김규식과 긴밀히 교류했다. 그는 아홉 살이나 많은 김규식을 독립운동의 대선배로 모시고 그의 노선과 이념, 경험 등을 열심히 배우려 했던 것이다. 호찌민은 김규식과의 교류를 통해 기존의 순진했던 외교 노선 대신 무장투쟁 노선을 채택한다. 한국의 독립운동에 관심이 많았던 호찌민은 프랑스 일간지에 '인도차이나와 한국'이란 기고문을 게재하기도 했다.

베트남의 프랑스어 학교에 다니던 호찌민은 반프랑스 사상을 가졌다는 이유로 퇴학당했고, 1911년 21세 때 프랑스 증기선의 주방보조로 취직, 프랑스로 건너갔다. 그 후 아프리카의 프랑스 식민지와 유럽 각국을 돌아보고 미국과 영국에서 최하층 생활도 하면서 많은 것을 체험하는데, 이는 그의 정신적 기틀이 됐다. 다시 프랑스로 돌아온 그는 베트남 독립운동에 본격적으로 뛰어든다. 호찌민은 제1차 세계대전 전후 처리 문제를 논의하는 1919년 파리강화회의에 베트남 대표로 참석, '베트남 인민의 8개 항 요구' 청원서를 우드로 윌슨 미국 대통령 등 각국 대표단에 제출했다.

그러나 대한민국 임정 대표단이 그랬듯 회담장엔 들어가지도 못하고 복도에서 쫓겨났다. 전승국 프랑스와 일본이 이들 불청객의 발언권을 인정해 줄 이유는 없었다. 역시 식민지가 있던 미국 영국 등도 그들을 편들어 줄 리 만무했다. 조선의 3·1 운동을 촉발시킨 윌슨 미 대통령의 소위 '민족자결주의'는 승전국이 패전국(독일 오스만제국 등)의 식민지 민족들을 부추겨 자국 영향권으로 끌어들이려는 정치적 구호에 불과했던 것이다.

프랑스 제국주의자들이 식민지를 스스로 포기하지 않을 것임을 깨달은 호찌민은 레닌의 '반제국주의 노선'에 호응, 1923년 모스크바로 간다. 레닌이 만든 국제 공산당 조직인 '코민테른'은 식민지 독립운동을 지도·지원하고 실력 있는 간부를 양성하기 위해 '동방노력자공산대학'을 설립했다. 이곳에선 한국, 중국, 베트남 등지에서 온 열혈 청년들에게 민족해방과 프롤레타리아 혁명에 필요한 지식을 가르쳤다.

중국의 덩샤오핑과 류사오치, 한국의 조봉암과 박헌영, 베트남의 호찌민, 일본의 가타야마 센 등이 모두 동문이다. 코민테른은 1922년 민족해방운동을 지원할 목적으로 극동민족대회를 열었다. 대회 참석자는 한국인이 제일 많았으며 김규식과 여운형도 의장단에 선출됐다.

호찌민은 이후 중국에서 활동하다 1930년 '인도차이나 공산당'을 창당했다. 영국 정부와 장제스의 국민당에 체포돼 감금되기도 했으나 1941년 30년간의 망명 생활을 접고 베트남으

로 돌아온다. 당시 베트남은 프랑스 대신 일본이 점령 중이라 그는 일본을 향해 무장투쟁을 시작했다. 베트남 중부 지역에서 항일 빨치산을 지휘하던 그는 인근에서 작전 중이던 미군 측에 연락, 합동작전을 제의했다. 미군은 폐고무로 만든 신발에 사냥총을 들고 있던 호찌민 일행을 무시했다. 그러나 미국 OSS(CIA 전신)는 말라리아로 쓰러진 그를 위해 키니네를 구해 주기도 하는 등 호찌민(OSS요원 제19호)과 미국의 끈은 이어졌다.

이 일화에서 보듯 호찌민은 조국 해방 방법론으로 사회주의를 받아들였을 뿐, 근본적으로 민족주의자였다. 일본 항복 후 이미 지도자 반열에 올라 있던 호찌민은 1945년 9월 2일 하노이 바딘 광장에서 독립선언문을 낭독한다. 이로써 '베트남 민주공화국'이 탄생했고 베트남 전역을 압도한 호찌민의 대중적 영향력은 미국과의 전쟁 시기까지 줄기차게 이어진다. 미국이 베트남에서 고전한 이유다.

일본 패전으로 베트남 독립이 당연히 주어지진 않았다. 베트남 남부를 기반으로 다시 영향력을 확대하려는 프랑스와 8년간의 전쟁을 치러야 했다. 이 때문에 한국전에 참전했던 프랑스군이 베트남으로 이동한 것이다. 프랑스와 미국에 맞섰던 호찌민의 힘은 어디에서 왔을까. 다음 주제다.

2024. 11. 11.

③ 청빈했던 '박호'

1954년 디엔비엔푸 전투 패배로 프랑스의 베트남 지배는 마침표를 찍었다. 그러나 제네바 협정에 의해 베트남은 다시 북위 17도선 남북으로 분단된다. 10년 후인 1964년 8월 4일. 존슨 미 대통령은 "7함대 구축함 매독스호가 통킹만에서 북베트남 어뢰정 3척의 공격을 받았다"고 발표했다. 이 사건을 계기로 미국은 베트남에 공식 참전한다.

1972년 미국 언론은 국방성 비밀문서를 인용, '통킹만 사건은 베트남전에 뛰어들고 싶었던 미국이 북베트남 영토를 먼저 공격함에 따라 유발된 것'이라고 폭로했다. 이 전쟁은 1975년 4월 30일 사이공(현 호찌민시)의 남베트남 대통령궁으로 북베트남 탱크가 진입하면서 10년 만에 종결됐다. 그동안 베트남 등 인도차이나에선 200여만 명의 민간인이 전투 와중에 사망했다.

이로써 베트남전은 초강대국 미국이 완패한 유일한 전쟁으로 기록됐다.(2021년 아프가니스탄 종전은 미국의 중동정책 변화에 따른 전략상 철수) 호찌민은 베트남의 완전한 독립과 통일을 보지 못한 채 1969년 79세로 사망했다. 그러나 삶을 마감할 때 그는 승리자였다. 9월 8일 하노이 바딘 광장에서 거행된 그의 장례식엔 10만여 베트남 인민들이 운집, 통곡과 연호를 쏟아 냈다.

그는 민족해방과 독립을 원하는 베트남 사람들에게 큰아버지이자 통일의 상징이며 실질적 지도자였다. 그리고 죽어서도 베트남 인민의 정신적 지주이자 희망으로 남았다.

호찌민은 심지어 '적'에게서도 존경받던 인물이었다. '타임'지 1969년 9월 12일 자는 그의 얼굴 사진을 표지에 실었다. 그리곤 미국이 타도해야 할 적으로 몰았던 호찌민에게 다음과 같은 고별사를 바쳤다. "호찌민은 외세에서 해방된 통일 베트남 건설에 일생을 바쳤다. 그리고 그의 1,900만 인민은 이런 미래상을 이루기 위해 전력을 다한 그의 헌신 때문에 심한 고통을 겪기도 했다. 그러나 그들은 애정 어린 마음으로 '박호'(호 아저씨)인 그를 이해했다. 남베트남인도 같은 감정을 품고 있다. 현재 살아있는 민족 지도자 가운데 그만큼 꿋꿋하게 오랫동안 적의 총구 앞에 버텼던 사람은 아무도 없다."

뉴욕타임즈도 전 세계의 애도를 전하면서 다음과 같은 조사를 게재했다. "그의 가장 심하게 적대적인 사람들조차 체구가 작고 허약한 호 아저씨에 대한 숭배와 존경의 감정을 갖지 않을 수 없었다." 호찌민의 전기 작가 찰스 펜은 이렇게 썼다. "그의 지도력에 대한 찬사는 전 세계적이었다. 친구들뿐만 아니라 적들조차 그가 사망했을 때 보여 준 조의를 보아서도 잘 알 수 있다. (심지어 남베트남 수도인) 사이공 역시 전쟁 중이었음에도 그를 애도하기 위해 완전 철시했다. (이 때문에) 남베트남의 티우 대통령마저도 그에게 정중한 조사의 말을 보내지 않을 수 없었다."

호찌민은 1890년 베트남 중북부 응에안성에서 가난한 유학자의 아들로 태어났다. 그의 고향은 반프랑스 저항운동의 거점이었다. 아명은 응우옌 신꿍(공손한 아이)이고 11세 때 응우옌 땃탄(틀림없이 성공할 사람)으로 개명했다. 깨우치는 사람이란 의미의 호찌민(胡志明)은 1941년 망명 생활을 마치고 베트남으로 돌아오면서 붙인 이름이다. 프랑스 등에서 독립운동을 할 땐 응우옌 아이꾸옥(愛國)이란 이름을 쓰는 등 수많은 가명을 사용했다. 파란만장한 그의 삶의 편린들이다.

호찌민도 허물과 오류가 있었을 것이다. 그럼에도 분명한 사실 하나는 그가 베트남 민족을 위해 자신의 일생을 오롯이 바쳤다는 것이다. 인민이 잘 살 수만 있다면 사회주의를 수정해서라도 자유경쟁의 원리와 시장경제, 사유재산 인정, 자유무역을 도입해야 한다고 역설했다. 그는 평생 결혼도 하지 않았다. 결혼하면 식구들 때문에 인민들에게 피해가 갈 수도 있다는 이유였다.

호찌민이 죽고 나서 유물로 남은 것은 책 몇 권과 폐타이어로 직접 만든 신발, 고물 라디오, 낡은 옷 3벌 등이었다. 마오쩌둥을 보좌했던 중국의 저우언라이가 자식도, 무덤도 남기지 않은 채 홀연히 황하의 재로 뿌려진 것을 연상케 하는 대목이다. 수도 하노이의 바딘 광장에 있는 호찌민 영묘에 들어서면 "독립과 해방만큼 소중한 것은 없다"는 그의 글귀를 마주하게 된다. 시신을 화장해 재를 3개의 상자에 담아 북·중·남부지방에 뿌려 달라는 유언을 남겼으나 베트남 정부는 그 지시만은 따르지 않았다.

묘소 인근 생전 거처는 열 평이 채 안 되는 허름한 목조가옥으로, 프랑스 총독 관저의 전기 기술자가 살던 곳이다. 그의 청빈하고 소박한 면모를 엿볼 수 있다. 그의 역정은 프랑스 지배를 종식시키고 미국과의 전쟁에서 승리, 통일을 이룩한 베트남 현대사와 궤를 같이한다. 따라서 호찌민과 그 도저한 영향력을 알지 않고선 베트남전쟁의 전말을 제대로 이해할 수 없다.

이렇듯 처음부터 승리가 거의 불가능했던 전쟁에 우리는 어떻게 참전하게 됐을까. 다음 글에서 다룬다.

2024. 11. 18.

④ 이승만

대한민국의 베트남 파병 논의는 프랑스와 베트민 사이에 벌어진 '1차 인도차이나 전쟁' 당시부터 있었다. 휴전선에서 총성이 멎은 지 불과 반년 후인 1954년 1월, 이승만 대통령은 1개 사단을 파병할 의사를 보였다. 한국전쟁의 UN군 도움에 대한 보답 외에도 한국의 위상을 알리고 미국에 대한 발언권을 높이기 위한 것이었다. 미국은 이 제안에 반대 입장을 분명히 했다. 무엇보다 '만약 한국군이 외국에 나가 작전을 벌인다면 주한미군 병사의 어머니들에게 미군이 한국에 주둔해야 할 필요성을 어떻게 설명할 수 있느냐'는 논리 때문이었다. 일리 있는 주장이었다.

그러나 1954년 5월 디엔비엔푸 전투가 베트민의 완승으로 끝나자 미국은 인도차이나반도의 공산화 도미노를 우려, 한국군 3개 사단의 파병을 신중히 고려했다. 그런데 이번엔 전쟁당사국인 프랑스에서 이를 거부했다. 프랑스는 이미 인도차이나 전면 철수 계획을 세우고 있었던 것이다. 제네바회담에서 베트남 분단이 결정된 후에도 이승만은 계속 한국군 파병 의지를 미국에 보냈으나 미국은 군사, 정치적 불이익이 더 크다는 판단으로 다시 선회했다.

당시 미국 대통령은 한국전쟁 휴전협정 과정에서 사사건건 이승만과 반목했던 아이젠하워였다. 이승만은 그때까지도 여전히 한국전쟁 재개와 북진통일을 주장하고 있었다. 미국은 한국의 파병 제안이 장기적으로 한반도 북진통일 구상과 맞물려 있다고 보아 부담을 느낀 것이다. 미국 국민들에게 군축을 약속한 아이젠하워 입장에선 이승만의 '전쟁도 불사하는' 강경 행보를 받아들이긴 어려웠다.

그러나 이승만이 누군가. 집요함에서 타의 추종을 불허했던 그는 이후에도 계속 베트남과의 연계를 모색했다. 1958년 남베트남을 방문, 고 딘 디엠 대통령과 군사 및 경제 협력을 논의했고 이듬해엔 태권도 시범단을 파견하기도 했다. 그러던 1960년. 4·19혁명으로 이승만 대통령이 하와이로 망명하면서 결국 파병 논의도 없던 일이 된다.

전 주월 한국군 사령관이었던 채명신 장군의 증언도 현대사의 빈 공간을 채워 준다. 그는 지난 2008년 8월 중앙일보에 비화를 공개하고 5년 후 별세했다. "박 대통령 때 파월 문제가 있었지만 사실 그 전, 이승만 대통령 때 이미 있었습니다. 월남(남베트남)의 고 딘 디엠 대통령이 한국을 방문했을 때, 벌써

미국은 월남에 일부 특수부대 요원을 투입하고 아주 극히 부분적이지만 개입을 하고 있었고요."

고 딘은 이승만에게 전투 경험이 많고 게릴라전 경험이 있는 지휘관과 전투부대를 보내 줄 수 없냐고 요청했고 이 대통령이 승낙했다는 것이다. "그래서 보낸다면 육군에선 저를 보내야겠다는 논의를 마친 상황이었어요. 그때 내가 육군본부 작전과장을 거쳐 5사단장을 하지 않았습니까. 그랬는데 5·16이 나서 유야무야되는가 했더니 당시 참모총장 김종오 장군이 나를 불러요. 고 딘 대통령과 이 대통령이 약속한 것이기 때문에 정부는 약속을 지켜야 하고, 채 장군이 가야 될 것 같다고 말이죠. 그런 비화가 있었다고요."

이처럼 베트남 파병은 박정희 정부 때 논의를 시작한 것이 아니라 그 이전부터 남베트남 측과 약속이 있었다. 당시 공화당 원내총무였던 김용태 의원과 정보부 차장보였던 석정선 씨가 극비리에 남베트남을 방문, 파병에 따른 구체적 협의를 가졌다는 증언도 이를 뒷받침한다.

베트남전은 인기 없는 전쟁이었다. 50년대는 프랑스, 60년대 중반까지도 미국만의 전쟁이었다. UN의 깃발 아래 수십 개 나라가 참전한 한국전쟁과는 그 성격이 판이했다. 반공이라

는 명분을 내세웠으나 본질은 제국주의 침략전쟁이라는 비판 속에 소련과 동구는 물론 서유럽 국가들과 미국에서조차 반전 기운이 높아 갔다. 급기야 1968년 파리에서 점화된 '68혁명'에선 베트남전 반대 목소리가 전면에 등장했다. 그리고 베를린 런던 뉴욕 샌프란시스코를 거쳐 도쿄까지, 지구를 한 바퀴 돌면서 '민주주의'가 작동하는 대부분의 도시를 반전 구호로 격동시켰다.

이처럼 세계가 베트남전 반대를 중심으로 소용돌이치는 와중에 단 한 곳 예외가 있었다면, 바로 서울이었다. 서울은 고립된 섬처럼 '68혁명'을 조용히 비껴갔다. 베트남과 같은 분단국가로 반공 이데올로기가 철저하고 강력하게 지배했기 때문이었다. 그러나 이 같은 특수성은 박정희 정부가 미국과 진행한 파병 협상에선 오히려 불리하게 작용한다. 다음 글의 주제다.

P.S. : 베트남전 성격이 어떻게 규정되든 한국군 파병은 미군 철수와도 연동됐던 사안으로 우리 안보에 중요한 기여를 했다. 그리고 파월 용사들의 '핏값'은 '대일청구권 자금' '중동 건설특수' '서독으로의 광부 간호사 파견'과 함께 60, 70년대 대한민국 경제를 발전시킨 4대 원동력이었다. 이역만리에서 목숨을 바친 5000 영령들의 명복을 빌며 생존 참전 용사들의 편안한 여생을 기원한다. 그들은 대부분 국가의 명령에 따라 묵묵히 베트남에 갔었다.

2024. 11. 25.

⑤ 박정희

1961년 쿠데타에 성공한 박정희 장군은 미국의 지지를 얻기 위해 베트남 파병 의사를 미국에 전달했다. 미국은 5·16이 일어나자 1948년 여순사건 당시 남로당 군책(격)이던 박정희를 불신했고 심지어 '변형된 공산혁명 아니냐'는 의심까지 했기 때문이다. 케네디는 이 제안을 받아들이지 않았다. 그러나 그가 덜레스에서 암살되고 존슨이 대통령에 취임하면서 상황은 반전된다. 미군이 베트남에서 고전하기 시작한 것이다.

전투 병력이 모자라게 된 미국은 주한미군 중 2개 보병사단을 베트남에 보내려 했다. 존슨 대통령은 또 베트남 전비가 급증하자 '대한민국에 대한 군사 및 경제원조 감축'도 고려하고 있었다. 박정희 역시 이 같은 미국의 움직임을 감지했다. 그래서 미군이 빠져나갈 경우 초래될 안보 부담을 우려, 파병을 다시 제안했다.

단독으로 베트남전을 치르던 미국은 국제여론도 안 좋아 연합군 외양을 갖추려 했다. 이와 함께 '남베트남민족해방전선'(베트콩)과의 전투에서 사망자가 속출하자 참전 미군을 공군과 해군 위주로 재편하려고 했다. 지상군 일부를 대체할 수 있는 다른 나라 병력이 필요했던 것이다. 한국의 경우, 1960년대 경제와 군사력 모두 북한에 밀리는 상황이라 주한미군 철수는 국가안보상 큰 위협이었다. 따라서 박정희 입장에선 선택의 여지는 없었다. 양국의 이해가 일치했던 것이다.

1964년 9월 의무대와 태권도 교관단을 시작으로 1967년 8월까지 4차례에 걸쳐 전투 사단이 베트남에 파견된다. 육군 수도사단(맹호부대)과 해병 2여단(청룡부대) 그리고 육군 9사단(백마부대)이 그들이다. 파병 결정이 나자, 박 대통령은 각 군 총장과 해병대사령관을 불러 파병 소요 기간을 물었다. 육참총장이 "최소 3개월은 필요하다"고 하자 해병대사령관은 "중대급은 즉각, 대대급은 24시간, 연대급은 48시간, 사단급은 72시간이면 충분하다"고 보고, 계획에 없던 해병대가 포함된다. 9사단 추가 파병은 미국 요청에 의한 것이었다. 그렇게 상시 5만 병력의 국군(누계 30만)이 파병됐고 이들은 1965년부터 1973년까지 8년간 총 56만 3,387건의 작전을 수행했다.

베트남 파병을 추진했던 이동원 외무장관 자서전(1992년)을 보면 협상 이면을 알 수 있다. 1964년 10월 1일, 미 국무성의 윌리엄 번디 극동담당 차관보가 방한했다. 그는 이튿날 박정희를 만나 "존슨 대통령은 미국의 어려운 처지를 각하께 잘

말씀드리라고 부탁했다"고 말했다. 박정희는 기다렸다는 듯 "언제라도 미국을 도울 용의가 있다"고 화답했다.

당시 이동원은 박정희에게 "미국이 지금 머리를 숙이는 것은 다급하기 때문"이라며 "이럴 때 최대한 챙겨야 한다"고 제안했다. 정부는 줄다리기 끝에 파병 한국군이 사용하는 물자·용역은 가급적 한국에서 구입한다는 '바이 코리아' 정책 등 여러 지원책을 끌어내는 데 성공한다.

그러나 자본주의 종주국인 미국과의 논의가 순조로울 수만은 없었다. 박정희는 전투수당 협상 등에서 지렛대로 삼기 위해 국내의 파병 반대 여론을 미국에 보여주려 했다. 그래서 선택된 사람이 '10·26 박정희 시해'의 원인 제공자 중 한 명이었던 차지철이다.

\# 박정희는 국회 외무위원으로 활동하던 차지철을 은밀히 불러 '파병 반대' 활동을 지시했다. 그날부터 국회 도서관에 틀어박혀 베트남전을 파기 시작한 차지철은 얼마 안 가 국회 안팎에서 맹공을 펼치기 시작했다. "월남의 권력자와 부자들은 전부 자식들을 외국으로 피난시켜 놓고 있어요. 그래 놓고 원군 요청을 한단 말입니까?" 공화당 실세의 베트남 파병 반대 목소리는 반향이 컸다.

문제는 협상이 끝난 뒤에도 그의 '맹활약'이 계속됐다는 데 있었다. 어느 날 김형욱 중앙정보부장이 그를 불렀다. 유신 말기 미국으로 망명, 반 박정희 활동을 벌이다 암살자에 의해 마취된 채 파리 교외 양계장의 대형 사료분쇄기에 들어갔다('김형욱 회고록' 저자 김경재 증언)는 그 김형욱 맞다. "거 왜 계속 떠들고 다니는 거요." 이에 차지철은 답답하다는 듯 소리쳤다. "월남전은 미 제국주의 침략에 맞서 투쟁하는 베트남 인민들의 민족해방전쟁이에요! 민족! 해방전쟁!"

독학으로 급격히 의식화된 차지철은 어느덧 진실의 일단에 접근했던 것이다. 베트남전에 대해 서구와는 상당히 다른 시각을 갖고 있던 당시 한국 사회. 그 창백한 담론문화를 강타한 '전환시대의 논리'(이영희)가 세상에 나오기 무려 10년 전의 일이었다. 차지철의 입은 박 대통령이 그를 불러, 거두절미 "임자, 이제 그만 좀 해"라고 말한 후 닫혔다. 그가 궁정동에서 김재규의 총탄을 맞고 죽어 갈 때, 주군의 변심 이유는 알고 있었는지 궁금하다. 다음 편은 베트남전에 대한 북한의 입장과 대응이다.

P.S. : 차지철을 대통령 경호실장으로 박정희에게 추천한 사람은 바로 육영수 여사였다. 그의 여성 관계가 깨끗했고 기독교 신앙이 깊은 데다 술 담배도 안 했기 때문이다. 그러나 그의 취임은 육 여사가 사망한 직후 이뤄졌다.

2024. 12. 02.

| ⑥ 북한 조종사

\# 사회주의 베트남에 한국 최초로 파견된 연합뉴스 권쾌현 특파원은 부임 한 달 만에 대형 사안을 마주했다. 미국이 베트남에서 물러난 지 25년이 지난 2000년 3월. 북한 외무상 백남순이 하노이를 방문한 것이다. 겨우 숙소를 구한 그에게 백남순 취재는 반가운 일이 아니었다. 모든 일정이 비공개였고 심지어 기자회견이나 발표문은커녕 코멘트 한마디 없었다.

고민하던 권 기자에게 기회가 찾아왔다. 백남순이 하노이에서 두 시간쯤 떨어진 '박장'이라는 곳을 방문한다는 정보가 얻어걸린 것이다. "왜 2박 3일의 짧은 일정에 농촌을 방문하지?" 베트남 관계자는 "식량부족을 겪는 북한이 다수확 품종 벼를 보기 위해 방문한다"고 설명했다. 그러나 기자는 '반드시' 현장을 가봐야 한다. 그의 자동차는 호찌민 묘소 참배를 끝내고 나오는 북한 방문단 일행에 바짝 붙었다. 2시간여 추격전 끝에 박장 시가지를 벗어나 외곽까지 따라갔다. 그런데 시골길로 접어드는 입구를 경찰이 막아 더 이상의 마크가 불가능했다.

\# 행운은 뜻하지 않은 곳에서 왔다. 백남순 일행이 갔던 지역

에 혹시 북한과 관련된 무엇이 있는가를 수소문하던 그에게 한 베트남인이 정보를 건넸다. 자신의 친구가 박장 인근에 사는데 "멀지 않은 곳에 일반 묘와는 다른 호화묘지가 있다"라는 말을 하더라는 것. 주소를 알아낸 권 기자는 다음 날 일찍 현지로 출발했고, 드디어 한 농촌 마을 뒤편에 자리한 '열사 묘지'를 찾을 수 있었다.

 현관문은 닫혔으나 묘소 중앙 전면에 10m 높이로 우뚝 선 '영웅들의 뜻을 영원히 기리며'라는 충혼탑이 보였다. 그는 최근 가져다 놓은 듯한 화환을 보며 '바로 이것'이라는 느낌으로 온몸이 저려 왔다. 마을 촌장이 열쇠를 가져와 묘소 안으로 들어선 그는 백남순이 가져온 화환과 비석 뒤편에 새겨진 붉은 글씨를 보고 정신없이 메모하며 사진을 찍어 댔다.

 촌장은 그를 북한에서 온 사람으로 알고 위령탑 문을 열어 준 것. 그러곤 묘소 유래와 당시 상황을 설명하며 자신도 직접 총을 들었던 베트남전 무용담까지 들려줬다. 미군 폭격으로 아들과 딸 등 가족을 모두 잃었다는 86살의 관리인 할머니도 권 기자를 '동지'라고 불렀다. 그는 왠지 미안한 마음에 슬그머니 묘소를 떴다.

 기사는 사진과 함께 즉시 서울로 송고됐고 주요 외신들이 서울발 기사로 '북한군 베트남전 참전 확인' 기사를 다투어 타전했다. 일생일대의 특종이었다. 얼마 후 베트남 외무부 내외신 정례 브리핑에서 일본 기자가 한국 연합뉴스의 북한 참전 보도를 확인해 달라고 요구했다. 이에 대해 외무부 대변인 판 투이 탱은 "다른 우방국과 같이 베트남에 전쟁 기술을 가르치고 장병들을 훈련시키기 위해 왔고 애석한 죽음을 당했다"며 "묘소는 관례에 따라 베트남 정부가 만들어 준 것"이라고 시인했다.

종전 후 25년간 묻혀 있던 북한의 참전 사실이 베트남 정부 대변인을 통해 공식 확인되는 순간이었다.

베트남전은 주로 남쪽에서 진행됐으나, 미국은 1965년 3월부터 북베트남에 폭격을 퍼부으며 '공중전장'도 만들었다. 당시 북베트남의 공군력은 절대 열세였다. 전투기를 지원한 소련과 중국은 확전을 우려, 조종사를 파병하진 않았다. 소련이 훈련 중인 북베트남 조종사가 있었으나 실전에 배치할 수준이 아니었다. 이 같은 상황에서 북한 주석 김일성은 1967년부터 1972년까지 수백 명의 조종사를 베트남에 파병한 것으로 알려졌다.

그러나 북베트남 미그기를 타고 참전한 그들은 세계 최강 미군 전투기에 공중전 한번 제대로 붙지 못하고 줄줄이 격추돼

80여 명의 전사자를 냈다는 후문이다. 이들의 주검은 현지에 묻혔고 나머지 조종사들은 귀국했다. 북베트남이 먼저 철수를 요청했기 때문이다. 1950년대 전술에 의존한 북한 조종사들이 북베트남 전투기 숫자만 줄어들게 했기 때문이다.

60년대 후반 한강 변에 살았던 지인은 "열차에 가득 찬 군인들이 우렁찬 군가를 부르며 남쪽으로 달려갔다"고 기억한다. 베트남으로 가는 부대였다. 남북은 베트남에서 비록 대면하진 않았으나 이렇게 다른 진영으로 나뉘어 싸웠던 것이다.

그 후 북한 203 공군부대를 찾은 김일성은 조종사들 앞에서 베트남 파병 이유를 '숭고한 국제주의적 의무를 충실히 이행하기 위한 것'이라고 강조한 것으로 전해졌다. 북한은 정말 그 이유로만 초일급 인력인 전투기 조종사들을 대거 파병했을까? 다음 회 주제다.

2025. 01. 31.

⑦ 김일성

북한의 베트남 파병에 대한 주류 시각으로는 우선 냉전적 요소를 들 수 있다. 사회주의 나라들을 단결시키고, 미국의 힘을 약화시킨다는 것이다. 베트남전 당시 사회주의권 두 강대국인 소련과 중국은 이념 및 국경분쟁 등 심각한 갈등을 겪고 있었다. 이 때문에 북베트남은 원하는 만큼 지원을 받을 수 없었다. 김일성은 북한군 파병으로 사회주의권을 자극하고 그들을 단결시키는 계기가 되기를 바랐다는 것이다.

북한과 북베트남 양국의 친선 관계도 영향을 끼쳤을 것이다. 두 나라는 한국전쟁 이전에도 그리고 이후에도 좋은 관계를 이어 왔다. 북한의 베트남전 참전 의도는 이 밖에도 다양하게 분석된다. 이른바 '조선 혁명 승리'를 앞당기기 위한 것으로 보기도 하고, 중소 분쟁 당시 독자적 외교 노선 구축을 위한 것이라는 연구도 있다. 이 밖에 당시 급변하던 세계 정세, 즉 중소 분쟁 격화와 사회주의 진영 분열 심화, 한미일 삼각동맹 출현, 일본 군국주의 부활 등으로 인해 위기감을 느낀 북한이 방어적 대응으로 선택한 것이라는 시각도 존재한다.

그러나 전투병 파병은 이 같은 모든 요소들에 앞서 무엇보다 양국의 계산이 맞아야 한다. 공군 전력이 없다시피 한 북베트남과 달리 북한은 한국전쟁을 겪으며 공군이 만들어졌고, 소련과 중국의 교육으로 일정한 전력을 보유하고 있었다. 특히 북한이 6.25 당시 미군과 공중전을 벌였다는 점이 북베트남으로선 큰 매력으로 다가왔을 것이다. 북한 입장에서도 6.25 이후 처음으로 미군 전투기와 실전을 경험할 수 있고, 잘만 하면 추락 미군기에서 다양한 정보를 얻을 수도 있었다.

이렇게 북한은 '혁명 동지' 북베트남을 도와주면서도 나름의 다양한 계산을 했다. 이와 관련 북한과 북베트남, 그리고 김일성과 호찌민은 혈맹이면서 사회주의권 경쟁자였다는 시각도 있다. 북한은 베트남전쟁이 치열하게 전개되는 도중 '두 개의 전선을 형성, 베트남의 미군과 한국군을 견제한다'는 의도로 남한을 상대로 한 맹렬한 도발을 이어 갔다.

이에 대해선 "남한에 대한 북한의 도발은 국제적 관심과 사회주의 진영의 지원을 얻기 위한 것이고 이것이 북베트남에게는 불만으로 작용"(도미엔 지음, 붉은 혈맹: 평양, 하노이 그리고 베트남전쟁, 서울대학교출판문화원)했다는 평가도 있다. 1968년 발생한 김신조의 1.21 사태나 푸에블로호 사건 등도 북베트남의 구정 대공세를 위한 '성동격서'가 아니라 오히려 구정 대공세의 길을 새게 만들어 버렸다는 지적이다.

어쨌든 6.25 당시 제공권 때문에 고생했던 북한은 미 공군과의 실전 경험을 쌓고 대공 방어망을 가동해 볼 기회를 가질 수 있었다. 즉 도와주는 생색은 내되 철저하게 실속을 차린 것이다. 물론 북베트남도 북한이 무슨 생각을 갖고 왔는지 잘 알고 있었다. 이 때문에 북베트남은 북한이 추락한 미 공군기를 좀 달라고 하자 단호하게 이를 거부하기도 했다.

북한의 베트남 파병에 대한 시기와 규모는 정확히 알려지지 않고 있다. 북한과 베트남이 2000년 이전까지 참전 사실을 철저히 숨겼으며, 관련 자료도 구하기 힘들기 때문이었다. 또한 탈북 조종사들의 증언과 베트남 및 북한 측 자료가 엇갈리는 부분이 많아 관련 연구 역시 쉽지 않았다. 대외적으로 베트남전쟁 참전을 숨겼던 북한은 2000년 이후 참전 사실이 밝혀지자 차제에 베트남과의 외교적 관계를 회복하는 데 활용했다. 그러나 북한은 참전 사실이 공개되기 전부터 대내적으로는 베트남전쟁관을 설치, 참전 조종사 강연회 개최 등 소위 '선군정치' 성공 사례로 활용한 것으로도 전해진다.

앞서 지적한 대로 북한은 베트남전쟁 당시 치열한 대남 공세를 퍼부었다. 김일성은 베트남전으로 남한 국민들 사이에 반전, 반정부 의식이 생겨 소위 '남조선혁명'에 유리한 환경이 조

성될 것으로 생각했다. 이에 각급 당 책임비서들에게 "남조선에서 혁명조직을 잘 꾸리고 선전 사업을 강화, 남조선 인민들을 하루라도 더 빨리 각성시켜라"라고 주문했다.

이에 따라 1·21 사태와 울진-삼척 무장공비 침투 사건 등이 일어나며 한국전 휴전 이후 최고조의 군사적 긴장 국면이 조성됐다. 북한의 이 같은 의도에 대해서도 무력에 의한 적화통일 기도의 일환이라는 시각과 베트남전쟁을 지원하기 위한 것으로 보는 시각 등이 있다.

북한의 도발 중 청와대가 피습당할 뻔한 1·21 사태와 푸에블로호 피랍사건에 대한 미국의 대응은 한미 관계에 심각한 균열을 내기도 했다. 1·21 사태에 대해 별다른 언급을 하지 않았던 존슨 대통령은 푸에블로호 피랍 사건이 발생하자 즉각적인 대처를 했던 것이다. 이런 차별적 대응은 박정희 대통령이 미국에 대해 불만을 갖게 되고, 나아가 한미동맹 실효성에 대해서까지 의구심을 품게 된 계기가 된다. 박정희가 1970년대 들어 자체 핵 개발로 눈을 돌리게 된 배경이기도 하다.

심지어 당시 박정희는 군부에 수차례나 '북진'을 명령하기도 했다. '제한전쟁'으로도 불리는, 일촉즉발의 1968년 한반도 상황이 다음 주제다.

2025. 02. 07.

⑧ 1968년 한반도

기자는 공무원이던 부친을 따라 1967년 가을 고향을 떠나 무악재의 안산(연세대 뒷산) 달동네로 이사했다. 다음 해 1월 21일 밤, 갑자기 조명탄이 터지고 밤새 콩 볶는 소리가 건너편 인왕산과 안산 일대를 흔들었다. 박정희 대통령 암살을 노린 북한 124군 무장 공비가 삼청동까지 침투한 '1·21사태'였다.

할머니는 "인공(6·25 당시 적 치하의 인민공화국) 때 같다"며 우리 형제들 몸 위로 솜이불을 덮어 주셨다. 총알이 나무는 뚫어도 솜은 뚫지 못한다는 것이다. 다음 날 아침, 밖이 시끄러워 나가 보니 머리가 풀어진 사람이 포승줄에 묶여 끌려가고 있었다. 하필 눈이 딱 마주쳤다. 사람들 말로는 간첩이라는데, 이상하게 초등 교과서에 그려진 '빨갱이'와 달리 얼굴이 붉지 않고 머리에 뿔도 없었다. 당시 유일하게 생포된 무장공비, 김신조였다는 건 나중에 알았다.

무장 공비 31명이 청와대까지 진출, 총격전을 벌이자 국민들은 경악했다. 군경 작전 끝에 29명이 사살되고 1명은 북으로 도주했으며 김신조만 생포됐다. 그 과정에서 민간인 포함 30

명이 전사, 사망하고 52명이 부상당했다. 중앙정보부는 복수를 위해 평양에 침투시킬 684부대를 창설했으나 미-중 화해 기류에 따라 방치된다. 이들은 1971년 무장을 하고 청와대로 향하다 노량진 유한양행 앞에서 폭사한 '실미도 사건'을 일으켜 전원 비극적인 삶을 마쳤다.

 적화통일 시도이건, 더 이상의 남한 병력 파병을 막아 북베트남을 지원하기 위한 도발이건 그해 대한민국은 북한과 사실상의 '제한전쟁'을 벌였다. 베트남전쟁의 불똥이 한반도로 옮겨 붙었던 것이다.

 # 이틀 후인 23일, 이번엔 동해에서 미 해군 정보수집함 푸에블로호가 북한군에 의해 나포됐다. 북한 초계정이 푸에블로호에 접근, 정지할 것을 요구했으나 공해상에 있음을 이유로 거절했다. 그러자 약 1시간 뒤 3척의 초계정과 2대의 미그기가 나타나 해군 장교와 수병, 민간인 등 83명과 함께 나포한 것이다.

 미국이 엔터프라이즈 핵항공모함을 동해에 파견하자 한반도는 전쟁 일보 직전의 초긴장 상태에 빠져들었다. 소련의 거부로 외교교섭이 실패하자, 미국은 한국 정부의 반발을 무시한 채 판문점에서 북한과 28차에 걸친 비밀협상에 들어갔다. 결국 미국은 영해 침범을 사과하고 다시는 침범하지 않겠다는 문서에 서명했다. 그리고 납북된 지 만 11개월 만인 12월 23일, 판문점을 통해 승무원 82명과 시신 1구를 송환받았다.

북한은 1986년 대동강 변에 '제너럴셔먼호'(1866년 평양에서 군민들에게 소각되고 승무원 전원이 사망한 중무장 미국 상선) 격침비를 세웠는데, 바로 옆에 푸에블로호를 정박시켜 대미 항전의 '전리품'으로 삼았다.

그해 북한의 도발은 이것이 다가 아니었다. 10월 울진·삼척에 대규모 무장 공비가 침투한 것이다. 30일부터 11월 2일까지 3차에 걸쳐 남파된 무장 공비는 총 120명. 그들은 연말까지 강원도 일원에서 격렬한 게릴라전을 벌였다. 이는 한국전쟁 휴전 후 최대 규모 도발로, 침투한 무장 공비 중 113명이 사살되고 7명이 생포됐다. 군경 7만여 명이 소탕 작전에 투입됐고 이 과정에서 군경 40명과 미군 3명이 전사했으며 민간인도 23명이 사망했다. 이와 함께 북한 도발에 의한 휴전선 일대의 남북 교전도 급증, 전사자가 속출하면서 한반도는 1968년 내내 준 전쟁터를 방불케 했다.

청와대가 위험했던 1·21사태 직후, 박 대통령은 즉각적인 보복 공격을 시도했다. 그러나 존슨 대통령은 베트남전 와중에

또 다른 전쟁을 원치 않았고, 나포된 푸에블로호 승무원 때문에라도 북한과의 협상을 택했다.

박정희는 미국 대사를 불러 얘기했다. "이틀이면 평양에 갈 수 있을 거요." 미국 대사의 대답은 '하시려면 단독으로 하시오'였다. 존슨은 사이러스 밴스 특사를 파견했다. 공격을 막으면 베트남 파병 한국군을 철수하겠다는 박정희에게 그러면 주한 미군을 빼겠다고 응수했다. 분노한 박정희는 밤이면 술에 취했고 그 자리에서 휴전선 돌파 명령을 내리곤 했다. 그때마다 장군들은 일단 날이 밝을 때까지 기다리는 방법으로 위기를 넘긴 후 유엔사 사령관에게 고충을 털어놓았다. 정일권 총리와 이후락 비서실장도 밴스 특사에게 박 대통령을 좀 말려 달라고 부탁했다.

박정희는 북한의 발전상에 초조함을 느꼈고, 북한과의 어떠한 접촉도 금지했다. 축구 잘하는 북한(1966년 잉글랜드 월드컵 8강)에 패배하는 게 두려워 FIFA에 벌금 내고 월드컵 예선 출전을 포기할 정도였다. 당시 한국은 경제와 군사력 등에서 북한에 뒤져 있었다. 미국의 도움 없는, 북한에 대한 보복 공격은 기본적으로 불가능한 것이었다.

한국의 베트남 파병으로부터 정확히 60년 만에 북한의 러시아 파병이 이뤄지면서 한반도를 포함한 유라시아 정세가 요동치고 있다. 기로에 선 대한민국 외교-안보 현주소가 다음 주 마지막 글의 주제다.

2025. 02. 14.

⑨ '가치 외교'
— '병역면제 정권'의 외교-안보 폭주 후과(後果)

김연철 전 통일부장관은 한반도에서 아직 두 번째 전면전이 일어나지 않는 이유로 서로를 확실하게 파괴할 수 있는 남북한 군사력을 들었다. 그러나 최근 들어 그 억지 구조에 세 가지 변화가 발생했다고 우려한다.

첫째, 전시 작전통제권을 갖고 있는 미국의 관리 능력이다. 남북이 '제한전쟁'을 벌였던 1968년과 달리 한반도가 미국의 우선순위에서 밀려나 있다는 지적이다. 정전 체제 관리 책임이 있는 유엔사령부도 책임을 회피하고 있다. 대북 전단과 확성기 방송, 무인기 모두 정전협정 위반이자 유엔사 규정 위반인데 구경만 하고 있다는 것.

둘째, 전통 우파와 소위 '뉴라이트'의 차이다. 1968년엔 술 취한 박정희 대통령의 휴전선 돌파 명령을 말렸던 관료가 존재했으나 뉴라이트는 '전향의 열등감' 때문인지 극단적 역사관을 갖고 있다고 분석한다. 사실 6·25 세대인 전통 우파는 전쟁에 극히 신중했으나 전후 세대인 뉴라이트는 쉽게 '전쟁 불사'를 외친다.

셋째, 북-러 관계의 차이다. 1968년 북한의 푸에블로호 나포 당시, 미국은 소련과 북한의 공모로 생각했으나 사실 소련은 몰랐다. 김일성이 1961년 맺은 '조-소 우호조약'의 자동 개입 조항을 거론하자 소련은 해당 조약은 방어에 한정된다고 선을 그었다. "지금의 북-러 관계는 달라졌다. 북한은 러시아에 포탄, 노동력에 이어 용병을 제공했다. 양국의 군사 협력은 한반도를 신냉전 국면으로 전환시킬 것이다. 역사적으로 한반도가 진영 대결의 공간으로 변할 때, 우린 전쟁의 비극을 겪었다."

1968년은 이념의 시대였다. 그럼에도 최소 피해로 최대 이익을 챙기려는 눈치싸움은 멈춘 적이 없다. '공산 침략자들을 무찌르기 위한 자유의 십자군'이나 '제국주의에 맞선 결연한 연대 투쟁' 등은 명분이었다. 남한과 북한, 그리고 북베트남은 얽히고설킨 국제관계 속에서 자국의 이익을 먼저 생각했다. 김형민 전 SBS PD의 일침이다. "지금 대한민국의 최우선 과제는 국익을 '안전하게' 챙기는 일이어야 한다. 그러기 위해선 지도자부터 냉정해야 한다. 60년 전 박정희와 김일성, 그리고 호찌민이 그랬듯."

북한이 위장 파병된 보병의 핏값으로 군사기술을 얻어 온다면 김정은 입장에선 밑지지 않는 장사다. 뉴욕타임스는 '북한이 러시아 파병을 통해 남한이 수십 년 전 베트남전 파병을 통해 취했던 경로를 모방하고 있다는 분석도 나온다'고 전했다. 윤석열 정부는 어땠나. 60년 전 박정희 정권에 비해서도 너무 서투르고 단순했던 것 아닌가. 트럼프 당선 전, 우크라이나에 공격용 무기 제공 가능성을 공공연히 피력한 것 등이 대표적 사례다.

그 조치가 앞으로 어떤 파장을 가져올지 심도 있는 검토는 선행됐는가. 주요 수교국인 러시아를 저렇게 간단히 적으로 돌려도 되는 것인가. 지금은 '가치 외교'라는 번드르르한 깃발을 흔들 게 아니라 우크라이나 전쟁의 불씨와 파장이 한반도에 옮겨붙지 않도록 다각도의 대비를 해야 할 때 아닐까.

전 세계에서 자신 있게 가치 외교를 할 수 있는 나라는 미국뿐이다. 이슬람 원리주의로 무장한 이란과 '체 게바라 신화' 쿠바도 그렇게는 못 한다. 그 미국도 2017년 트럼프 집권 이후론 정파와 관계없이 '실리 외교'가 뚜렷하다. 그간 윤석열 정권 내에서도 주로 군 미필자들이 가치 외교를 강변했다는 전언이니 할 말이 없다. 이것이 집권 초 대통령실 1급 이상 군 면제자가 윤 대통령 포함 무려 20%나 되던 '병역면제 정권'의 민낯이다.

한소 수교 이후 30년간 소원했던 북-러 관계가 군사동맹으로 복원된 배경엔 이들의 무모한 외교 폭주도 일정 부분 작용한 것으로 봐야 한다. 윤 대통령과 변호사들이 헌재에서 언급한 중국 관련 부정선거 음모론도 우리 외교의 큰 부담으로 남을 것이다.

우리가 선명한 가치 외교를 내세우는 동안 극찬을 보내온 미국과 일본. 심지어 그들도 "우리야 좋지만 한국 정부, 정말 이렇게까지 해도 괜찮을까"라며 염려했을지 모른다. 집권 후 이른바 '힘에 의한 평화'만 외쳐온 윤석열 정권의 외교·군사정책. 냉정한 복기와 평가가 필요한 시점이다.

실리 외교의 끝판왕, 트럼프가 4년 만에 백악관으로 돌아왔다. 당황한 윤 대통령은 골프채를 잡는 등 부산하게 움직이더니 느닷없는 비상계엄 급발진으로 자폭 중이다. 대한민국 외교는 당연히 한미동맹이 근간이나 중, 러와의 관계도 무시할 수 없다. 남북대화도 우선 대북 전단과 쓰레기 풍선 중단부터 모색해 봐야 한다. 쉽지 않겠지만 그게 바로 전문 외교관들의 존재 이유 아닌가.

북한은 어떤 면에선 외교 하나로 근근이 버텨 온 나라다. 민주화 이후 노태우 김대중 정부 정도 빼고 우리에게 의미 있는 외교라는 게 있었나. 현재의 국민의힘은 북방외교의 문을 연 노태우, 시진핑과 함께 천안문 망루에 서서 '반파시즘 전쟁 승리 70주년' 열병식에 참석한 박근혜의 자취도 녹아 있는 정당이다. 오히려 윤 대통령 그룹이 갑자기 끼어든 어설픈 변종 세력이다.

문제는 이들이 넋 놓고 있는 사이, 격변 중인 동북아 정세 속에서 우리만 패싱당할 가능성이 높아졌다는 점이다. 자칫 김영삼 정부 때처럼 우리가 낸 판돈 위에서 북-미가 마주 앉는 모습을 지켜봐야만 하는 '호구'(虎口)가 될 수 있다. 국민의힘 의원들은 윤 대통령 측이 쏘아 올린 중국 관련 부정선거 음모론에 선을 긋기는커녕 오히려 'CCP(중국공산당) 아웃' 손팻말이 나부끼는 반중 혐오 집회에 경쟁적으로 참석 중이다. 자신들의 정치적 이익을 위해 외교를 희생시키는 집권당 정치인들 눈에는 묵묵히 중·러와의 대화를 이어 가는 일본 정부는 보이지 않는가 보다.

구치소에 있는 명태균 씨는 지난해 10월 "우리 대통령은 정치를 한 적이 없다. 다섯 살짜리 꼬마가 지금 총 들고 있는 격"이라고 일갈한 바 있다. 윤 대통령에겐 불행한 일이겠으나 그가 직무에서 배제된 것은 대한민국엔 그나마 다행이라 할 수 있다. 비상계엄 후폭풍이 아무리 심대해도 그가 나머지 임기를 채우는 것보다는 낫기 때문이다.

대한민국엔 윤 대통령 고교 동문이나 아크로비스타 술친구 말고도 외교 안보 인재가 적지 않다. 급변 중인 국제정세에 대응하기 위해선 윤 대통령 주변에 있던 부류의 무능하고 위험한 자들이 다시 등장하게 해선 안 된다. 한반도에 지정학적 위기가 몰려오고 있다. 이번엔 19세기 말과 해방정국의 과오가 반복되면 안 된다. 최소한 한반도가 우크라이나처럼 강대국이 얽힌 전쟁터가 되게 할 순 없다. 정치권은 여야를 막론하고 정신 똑바로 차려야 한다.

2025. 02. 21.

"할 말 못 할 바엔 정치 안 하는 게 낫다"

이개호 의원의 눈물

2016년 벽두부터 안철수의 국민의당이 호남에서 심상치 않은 바람을 일으켰다. 광주·전남 민주당 의원들이 너도나도 신당으로 달려가던 어느 날, 신문에 이개호 의원 관련 기사가 떴다. "탈당설이 나왔던 이 의원은 본보와의 통화에서 '이승만 전 대통령을 국부로 호칭하는 안철수 신당 측 발언에 분노를 느끼며 함께할 수 없다고 생각한다'고 밝혔다. 사실상 잔류 선언으로 해석된다."

그날 지역구에 머물던 이 의원은 탈당해서 같이 살길을 찾자며 격렬히 항의하는 열혈 당원들을 피해 부인과 함께 모처로 피신해야 했다. 사실 그때까지도 이 의원의 고민은 완전히 정리되지 않은 상태였다. 왜 아니겠는가. 자고 나면 생각이 바뀌는 정치적 격변기였는데….

이 의원은 그때까지 국회 기자회견장을 두 번이나 예약했다 취소하기도 했다. 탈당 기자회견이었다. "여보, 김 기자가 당을 지킨다고 기사를 써 버렸는데 이제 와서 탈당을 하면 세상이 당신을 어떻게 보겠어요." 이 의원의 민주당 잔류가 확정되는 순간이었다.

투표일이 다가오면서 광주에서 시작된 국민의당 태풍은 전남·전역으로 확산됐다. 하루 전 '최후의 격전지'라는 영광 지역 취재를 하다 이 의원 선거사무실을 찾았다. 분위기가 침울했다. 아슬아슬하게 리드하던 판세가 2~3일 전부터 뒤집혔다는 것이다.

식당에서 캠프 사람들과 눈칫밥을 먹고 있는데 침묵하던 이 의원의 갑자기 목소리를 높였다. "자네 때문에 말이야… 응? 다들 이게 무슨 고생인가?" 개표 당일, 예상대로 광주·전남은 모두 국민의당 후보가 당선됐다. 딱 두 곳, 이 의원과 순천의 새누리당 이정현 의원만 빼고.

출구 조사마저 패배한 것으로 나왔던 이개호 의원은 국민의당 바람이 본격적으로 불기 전 투표를 마친 부재자 투표함이 열리면서 기적적으로 신승했다. 다음 날 이 의원은 국회 의원회관에서 열린 민주당 당선자 대회에서 마이크를 잡고 눈물을 쏟았다. "동지들을 모두 잃고 저만 이렇게 살아 돌아와 죄송합니다."

36년간 지속된 '87년 체제'가 흔들리면서 정치권이 요동치고 있다. 벌써 내구연한이 지났는데 6월항쟁의 역사성 때문

에 오래 버텼다고 봐야 한다. 여당인 국민의힘은 이미 '윤석열 후보-이준석 대표'라는 초유의 실험을 거친 바 있다. '탄핵'이라는 핵폭탄을 얻어맞고 살기 위해 발버둥 친 결과다.

이제 야당 차례. 지금부터 내년 총선과 다음 대선을 거치는 동안 엄청난 소용돌이가 예상된다. 민주당의 뿌리인 호남 유권자들도 암중모색에 돌입했다. 당 지지율의 추세적 하락은 그 전조로 해석된다. 광주·전남 정치인들은 나침판도 정답도 없는 미로 속으로 진입하게 될 것이다.

돌아보면 '대세'라는 것도 허망하다. 6년 만에 언론계로 복귀, 국회를 둘러보니 2016년 20대 총선에서 당선된 광주·전남 국민의당 의원들이 한 분도 안 보인다. 민주당에 남았던 네 명의 현역 중 이개호 의원은 중진이 됐고 김영록 의원은 전남지사로 활동 중이다.

정치적 변동기엔 눈치 보지 말고 대한민국과 호남의 미래에 대한 본인의 '경세방략'대로 방향을 잡는 게 정답인 것 같다. 그래야 만에 하나 실패하더라도 자존심과 명분이 남는다. 물론 재기의 발판이기도 하다. 소신 대신 대세만 따라가다 미아가 된 몇몇 정치인들의 회한은 시사하는 바가 크다. 지금 민주당에도 이른바 '대세'가 있다면 그 흐름 역시 언제 어떻게 될지 모른다.

2023. 07. 10.

"할 말 못 할 바엔 정치 안 하는 게 낫다"

이낙연 전 총리가 지난 9일부터 1박 2일 일정으로 부산을 방문, 송기인 신부 등 대선 경선 당시 도움을 줬던 지역 인사와 지지자들을 두루 만난 것으로 알려졌다. 부산-경남 민주화운동의 대부로 꼽히는 송 신부는 이 전 총리의 후원회장을 맡은 바 있다.

이 전 총리는 또 부산 지역 전·현직 시·구의원들도 만나 부산 민주당의 현황과 지역 현안 등에 대해 청취한 것으로 전해졌다. 눈길을 끄는 대목은 이 전 총리가 부산 방문 일정 중 김해영 전 의원을 따로 만났다는 사실이다. 김 전 의원이 현 민주당 지도부에 대해 꾸준히 쓴소리를 내온 만큼 이 전 총리가 '반이재명 세력' 규합에 나선 것 아니냐는 분석도 나온다.

이 전 총리 측과 김 전 의원, 조응천 박용진 의원을 비롯한 이른바 '쇄신파'가 '민주당 혁신'을 고리로 이재명 대표 체제에 맞서 손을 잡을 수 있다는 것이다. 실제 김 전 의원은 이 전 총리 측 싱크 탱크인 '연대와 공생'이 지난 4월 개최한 광주 심포지엄 연사로 거론되기도 했다.

\# 민주당 비주류 움직임이야 더 지켜봐야겠으나, 당 안팎에선 이번 이낙연-김해영 독대를 계기로 오히려 김 전 의원의 '쎈' 발언들이 새삼 주목받는 분위기다. 그는 2016년 총선 때 야당 힘지인 부산 연제구에서 당선됐다. 당시 마흔 살. 민주당 지역구 국회의원으로선 최연소였다. 2018년 전당대회에서 최고위원으로 선출된 뒤엔 '이해찬 지도부'에서 유일하게 다른 목소리를 내면서 줄곧 비주류의 길을 걸었다.

"조국 사태 당시 많은 국민이 납득하지 못하고 있다"며 당내에선 처음으로 조 전 법무장관에게 사과를 요구했다. '비례민주당' 창당 땐 국민에 대한 도리가 아니라며 반대한 바 있다. 지난 총선에서 낙선한 후 잠시 현실 정치에 침묵했으나 이재명 대표 측근들이 줄줄이 수사를 받기 시작하던 지난해 말부터는 다시 SNS와 언론인터뷰 등에서 쓴소리를 이어 가고 있다.

처음 정치를 시작할 때 "예, 예만 하지 않겠다"고 스스로 다짐했다는 그는 "할 말도 못 한다면 정치 안 하는 게 낫다"고 일갈한다. "이 대표는 사법 리스크가 불거진 상황에서 당을 방탄에 사용할 의도를 가지고 국회의원, 당대표에 출마했어요. 그 자체가 민주당엔 치명적이에요. 하루빨리 물러나야 합니다. 야당은 대정부 견제 기능을 효율적으로 수행해야 해요. 그런데 이 대표가 있어서 국민 신뢰가 워낙 낮아 그 역할을 제대로 못

합니다. 그가 있는 한 혁신도 '형용 모순'이고요."

"'이 대표 사퇴하면 정청래가 대표 되는데 그럼 어떻게 하냐'고 걱정하는 사람도 많아요. 대안이 없으면 정당 간판 내려야죠. 대중, 지지층은 (새 지도부를) 금방 또 만들어 냅니다." "민주당은 김어준 부류와 손절해야 해요. 당을 뒤흔드는데 거리 둬야죠. 진실을 왜곡하면 더 이상 지식인이 아닌 겁니다."

그는 민주당이 2022년 대선과 지방선거에서 잇달아 참패하자 8년을 맡아 온 부산 연제구 지역위원장직도 내려놨다. "아무도 책임지지 않아 저라도 내려놔야 했어요. 한 명이 한 지역에서 뭔가를 오래 하는 것도 좋은 게 아닙니다."

물론 호남과 PK는 1990년 김영삼의 '3당 합당' 참여 등 그 정치적 이력과 환경이 매우 다르다. 김해영 전 의원의 주장에 대해서도 시각이 모두 같을 순 없다. 그래도 여와 야, 주류 비주류가 치열하게 자기 논리를 갖고 공개적으로 부딪히는 'PK정치'가 가끔은 부럽기도 하다. 아마도 노무현과 문재인이라는 정치인도 이 같은 치열함에서 주조됐을 것이다.

2023. 07. 17.

'직을 건다'는 실세 장관들

최근 이 정부의 장관, 그중에서도 실세라고 알려진 분들이 국회 답변이나 언론인터뷰 등을 통해 '직을 건다'는 말을 내놓곤 한다. "나는 장관직을 걸겠다. 의원님은 무엇을 거시겠냐." "장관직은 물론 정치생명까지 걸겠지만, 의혹 제기가 사실이 아니라면 민주당도 간판을 내려야 한다." "백선엽이 친일파 아니라는데 장관직을 건다." "주가조작 사태가 터지면 직을 걸겠다."

장관직은 국민을 위해 일하라고 임명된 것인데 자칫 본인의 소유물처럼 여기는 듯한 발언들이다. 정부가 정책을 발표하면 국회나 언론이, 생업에 바쁜 국민들 대신 검증에 나서는 것은 당연하고 또 그래야만 한다. 그런 일 하라고 있는 사람이 국회의원과 기자다.

자기 돈이 아닌, 국가 예산을 집행하는 위치에 있는 공직자에겐 필연적으로 그 예산이 제대로 쓰이는지 감시받고, 질문도 받고, 그에 답변할 의무가 주어진다. 자기 돈 맘대로 쓰는 거라면야 누구도 참견할 이유가 없겠지만, 공직자라는 위치 자체가 국가의 자산을 국민 대신 관리하고 집행하는 일종의 대리인이기 때문이다. 그와 관련된 정보도 사실상 독점하지 않는가?

전직 정부 고위직의 조언이다. "공적인 질문인 이상, 질문의 주체가 누구든 그 답변 대상은 국민 전체다. 질문자가 설득되느냐 여부는 별로 중요하지 않다. 충분히 설득력 있게 답변했음에도 질문자가 이해하려 하지 않는다면 그 부담은 질문자에게 넘어가는 거다. 어느 쪽 말이 맞는지는, 문답 과정을 지켜보는 국민 각자가 판단한다. 아무리 합리적으로 설명해도 질문 당사자가 이해하려 하지 않는다고 억울해할 필요가 전혀 없는 것이다."

\# 그간 총리나 장관의 '직을 건다'는 표현은 중요한 이슈에 대해 결단하는 모습을 보일 때 사용됐다. 결연한 언행으로 부처 공직자들을 다잡고 국민을 안심시키는 효과도 있었다. 그러나 요즘 일부 장관들의 언행은 그 태도와 내용에서 사뭇 그 궤를 달리한다. 대체 왜들 그러실까.

이에 대해선 특수부 검사 출신들의 '나는 잘못이 없다'는 강한 확신이 바탕에 깔려 있을 것이라는 분석도 나온다. 임은정 대구지검 부장검사는 얼마 전 라디오 인터뷰에서 "옳고 그름에 대해 양단간 (결단)해야 할 때 직을 거는 것인데, 타협과 설득이 필요한 정치 영역에서 그러는 것은 아직도 과거 검찰 물을 벗지 못했기 때문"이라고 진단했다.

　엄밀히 말해 대통령으로부터 임명받은 고위공직자는 독단으로 옷을 벗을 수 있는 것도 아니다. 사전에 임명권자에게 동의를 구해야 한다. '장관'이라는 자리는 본인이 노력해서 얻은 단순한 '전리품'이 아니기 때문이다.

　# 개인 아무개가 장관을 계속하든 말든, 국민들에겐 전혀 중요한 일이 아니다. 그 장관이 지금, 그리고 앞으로 무슨 일을 하는지가 중요할 뿐이다. 직을 거는 것이 당사자에게는 혹시 '엄청 대단한 일'일지 몰라도, 국민들에겐 아무런 의미가 없다는 얘기다.

　내기라는 것도 서로 내놓는 패가 비슷해야 성립하는 것이지, 한쪽에 전혀 의미 없는 걸 걸어서는 애초에 성립 자체가 안된다. 따라서 일 개인이 '직을 걸겠다'고 운운하는 것은, 자칫 세상을 내 중심으로 보는 편협한 사고 수준을 드러낼 뿐이니 앞으로는 자제들 하셔야 한다.

　앞서 그 전직의 묵직한 결론이다. "공직자라면 그저 할 일 하면서 홍보도 열심히 한 후 겸허하게 국민의 평가를 받으면 된다." 모두들 새겨들었으면 좋겠다.

2023. 07. 24.

13대 국회와 '박석무 사단'… 그리고 서삼석

1988년 4월 26일 치러진 13대 총선은 6월항쟁으로 성립된 '제6공화국'의 첫 국회의원 선거이자 이후 한국 정치의 기본 토대를 구축한 일종의 '정초선거'(定礎選擧)였다. 총선 결과, 노태우가 이끈 여당(민정당)은 절반에 훨씬 못 미치는 의석에 그쳤고 야당이 다수 의석을 차지한 헌정사상 최초의 '여소야대'가 현실화됐다. 극심한 지역 구도가 불과 4개월 전 있었던 13대 대통령선거에 이어 다시 재현됐고 광주·전남 역시 김대중의 평화민주당이 19석 중 무려 18석을 차지하는 '황색 태풍'이 몰아쳤다.

이 같은 격랑 속에서 그동안 운동권과 재야, 시민단체 학계 등에서 활동했던 다수의 초선 의원들이 제도권으로 들어왔고 그 결과 5공화국 내내 '고인물'이었던 의정 단상에 새바람을 일으켰다. 이들 선량들을 뒷받침하는 다양한 이력의 보좌관들도 대거 국회 의원회관에 진입, 새로운 시각과 열정으로 13대 국회를 뜨겁게 달궜다.

당시 의원회관은 국회 건너편인 현재의 KBS 연구동 건물

을 사용하고 있었다. 13대 국회를 취재하던 광주·전남 기자들 사이에선 의원들의 의정활동을 기획하고 발로 뛰며 발군의 성과를 내던 몇몇 사무실의 보좌진을 주목했고 해당 의원의 이름을 단 '○○○사단'이라는 별칭으로 부르곤 했다. 정상용, 김영진, 유인학, 박석무 사단 등이 바로 그들이었다.

그중에서도 정상용 의원실의 송선태(5·18민주화운동 진상규명위원장)를 비롯 김영진 의원실의 장인균(무등일보 부회장), 유인학 의원실의 고 양강섭(전 5·18기념재단 이사), 임갑수(화순군 서울사무소장), 박석무 의원실의 서삼석(국회의원) 등의 활동은 인상적이었다. 30살 전후의 연부역강했던 그들은 시간이 갈수록 소속 의원의 성향을 닮아 갔다. 묘한 일이었다. 거의 24시간 생활을 같이하면서 알게 모르게 영향을 주고받았기 때문이었을까.

\# 특히 박석무 의원은 13대 국회 교육위의 스타였다. 그는 의원회관과는 별도로 마포에 개인 연구소까지 두었다. 아마도 여야 통틀어 유일한 사례였을 것이다. 안희정 전 충남지사의 전 부인 민주원 씨도 취재차 들른 마포 사무실에서 자주 마주쳤던 연구원 중 한 명이었다.

당연히 박 의원은 정부 정책의 문제점을 지적하는 수준을 넘어 대안을 제시하는, 품격이 다른 의정활동으로 이름을 알렸다. 국회에 들어오기 전, 민주화운동으로 감옥을 네 차례나 다녀왔던 박석무. 그는 내년이면 설립 20년이 되는 다산연구소 이사장이자 우석대 석좌교수로 활동 중이다. 지금도 신문 3곳 등 모두 5개 매체에 매달 다산의 삶과 사상을 알리는 칼럼을 쓰는 여전한 현역이다.

그의 삶과 목표는 다산 사상과 전봉준의 행동을 합한 '다사녹행'(茶思綠行 다산처럼 생각하고 녹두장군처럼 행동)이다. 올해 초 함세웅 신부와 이부영 자유언론실천재단 이사장 등이 결성한 '비상시국회의 추진위'도 알고 보니 그의 제안으로 시작됐다고 한다. "다산이 강조한 공정을 윤석열 대통령은 입으로만 말하고 있어요."

박 이사장의 표정과 언행까지 빼닮은 더불어민주당 서삼석 의원이 국회 예결위원장을 맡고 있다. 민주화 이전 시절이라면 호남 의원이 맡는다는 건 상상조차할 수 없는 자리였다. 광주·전남 지역구 의원이 예결위원장에 선출된 것도 2001년 김충조 의원 이후 22년 만의 일이다. '수양산 그늘에 강동 팔십 리'라는 말도 있다. 가을 예산 국회에서 서 위원장의 활약을 기대한다.

2023. 07. 31.

쿼바디스… 민주당!

더불어민주당 이재명 대표와 이낙연 전 대표가 지난달 28일 만나 '당이 단합해야 한다'는 데 공감했다. 물론 두 사람이 강조한 방점은 '분열되지 않은 단합'(이재명)과 '혁신을 통한 단합'(이낙연)으로 미묘하게 갈렸다. 양측 의원들의 말을 종합하면 두 사람은 서로 하고 싶은 말을 한 것으로 보인다. 특히 이 전 대표는 "민주당에 대해 도덕적이고 민주적인 정당이라는 국민적 시각이 있는데 지금은 많이 훼손됐다"는 우려를 건넸다고 한다.

한 친낙계 의원은 "본인이 정당 생활을 해 온 이래 현재의 민주당이 가장 비민주적으로 운영되고 있다는 생각을 이 전 대표가 가지고 있다"고 귀띔한다. 아무튼 두 사람은 '분열하면 공멸'이라는 위기의식 속에 일단 봉합을 택했다. 그러나 이재명 대표의 사법리스크가 현실화되고, 여당에 뒤지는 것으로 나오는 수도권 지지율이 지금보다 더 하락하면 총선을 앞둔 민주당은 다시 혼돈 속으로 빠져들 가능성이 높다.

그때 민주당의 선택지는 '비대위'가 유력하나 최근 논란이 된 것처럼 이 대표의 전격 사퇴 후 당 주류가 또 다른 '친명 대표'를 내세울 가능성도 배제할 순 없다. 이 과정에서 혁신의 내용과 방향, 특히 '공천룰'을 둘러싼 당내 갈등이 일정 궤도를 벗어날 경우 당 일각에선 분당 목소리까지 나올 수 있다.

한국 야당사에서 성공한 분당의 기억은 이른바 '96년 모델'이다. 1996년 15대 총선을 앞두고 정계에 복귀한 DJ(김대중 전 대통령)가 신당 창당을 선언하자 당시 민주당 소속 의원 95명 중 65명이 탈당해 '신당'에 참여했다. DJ는 이후 제1야당 지위를 발판 삼아 김종필 전 총재와 DJP 공조를 통해 정권 교체에 성공할 수 있었다.

이낙연 전 대표 진영이 DJ를 벤치마킹해 차기 대선을 노린다면 신당 창당 후 타 세력과 연대 등으로 이어진 '96년 모델'에 관심을 가질 가능성이 높다. 현재 여러 갈래로 진행 중인 중도성향 신당 세력과의 합종연횡도 선택지에 넣을 수 있다. 만에 하나 이처럼 분당을 향한 원심력이 커지면 이재명 대표와 당 주류는 2016년 20대 총선을 복기할 것이다. 이미 '컨틴전시 플랜'(위기에 대처하는 비상계획)을 누군가 다듬고 있을지도 모른다.

당시 문재인 대표는 안철수와 박지원 등 호남 세력이 탈당,

'국민의당'을 창당하면서 당이 크게 흔들리자 김종인 비대위원장을 전격 영입하는 승부수를 띄웠다. 그리고 야권이 분열됐음에도 다수 의석을 차지했고, 기세가 오른 문 대표는 결국 대선 승리로 직행했다. 문 전 대통령이 거듭된 위기를 극복할 수 있었던 배경은 무엇보다 '대안부재론'이었다. 이재명 대표와 주류가 최근 잇단 악재에도 갈 길을 가는 이유 역시 '어떤 식으로든 총선만 승리하면 차기 대선도 가능성이 높아질 것'이란 믿음 때문이다.

\# 현재로선 민주당 분당 가능성은 매우 낮다. 키를 쥐고 있는 호남의 민주당 지지층이 아직은 당의 '환골탈태'를 요구하고 있기 때문이다. 이들은 민주당 분열과 총선 참패, 호남고립 등을 두려워한다. 그러나 이미 대선과 지방선거에서 패배한 민주당이 혁신 작업마저 이렇다 할 성과를 내지 못하고, 그 영향으로 수도권 지지율이 계속 떨어진다면 호남에서부터 '헤쳐 모여식' 신당에 대한 기대가 나올 수 있다.

지금이야 친낙, 친문 세력 일부가 신당의 깃발을 들어도 탈당을 감행할 현역 의원은 거의 안 보인다. 그러나 현직 대통령을 탄핵했던 한국 정치의 역동성 앞에 누가 내일을 장담할 수 있을까.

2023. 08. 07.

이용섭과 '제3지대 혁신신당'

이용섭 전 광주시장이 최근 민주당 '조세재정개혁특별위원장'에 임명됐다. 그는 "이 분야에서 평생 일해 온 전문가로서 윤석열 정부의 세입 기반을 잠식하는 불공정한 감세와 재정 기능을 약화시키는 원칙 없는 재정 운용을 막아야 된다는 사명감과 책임감 때문"이라고 참여 배경을 설명했다. '제3지대 혁신신당'을 추진해 온 이 전 시장이 민주당 당직을 맡는다?

강남 사무실에서 마주한 그는 "신당도 중요하지만 나라 경제가 흔들리는 것을 막는 것도 매우 중요한 일"이라며 "정부 여당의 전횡을 막을 수 있는 현실적 힘은 제1야당뿐이어서 그곳을 통해 내가 할 수 있는 역할을 할 것"이라고 밝혔다. 물론 혁신신당 모색은 계속될 것이라고 강조했다.

"한국 정치의 병폐인 양당 독과점 진영 정치를 경쟁체제로 혁신하고, 적대적 공생관계를 연합과 협치 관계로 발전시킬 수 있는 대안이기 때문에 지금도 이런 생각에는 변함이 없고 계속 관심을 가질 겁니다."

\# 이 전 시장이 관여하고 있는 신당 움직임은 겨울이 오기 전엔 윤곽을 드러내야 한다. 그래야 내년 총선에 후보들을 공천할 수 있기 때문이다. '제3지대'라는 이름에서 알 수 있듯 신당의 구성원은 야권은 물론 여권 인사들과 각계의 중도적 새 인물까지 포괄할 계획이며 주요 인사들이 거점별로 논의를 하고 있다고 귀띔한다.

정치권에선 민주당 비명계 인사들과 유승민, 이준석 등 여권 인사들까지 스펙트럼이 다양하다. 이 같은 신당 움직임이 동력을 얻을 경우, 금태섭 양향자 의원 등이 추진 중인 다른 신당 세력과의 연합 연대도 가능할 것으로 기대하는 눈치다. 벌써 총선 시계가 돌아가고 있는데 과연 창당이 가능할까?

무엇보다 여야 내부의 원심력이 변수로 보인다. 집권 후 보수 유권자들을 결속시키는 데 주력했던 여권은 내년 총선을 앞두고 정책 기조를 중도 쪽으로 한 클릭 이동할 것이라는 게 일반적 관측이다. 유승민, 이준석 등과의 관계 회복도 시도할 것으로 보인다. 그러나 윤석열 대통령은 정치입문 후 기존 정치권의 문법과 관행을 깨뜨려 왔고 그 기조를 일관되게 유지하고 있어 이 같은 총선 전략이 실제 현실화될지는 좀 지켜봐야 한다.

민주당은 이재명 대표의 거취가 최대 이슈다. 그의 존재가 혁신의 근본적 걸림돌이라고 생각하는 비주류는 이 대표의 사퇴를 본격 요구할 전망인데, 주류의 이른바 '대안부재론'은 요지부동이다. 제1야당의 계파 갈등은 수도권 지지율의 '추세적 하락'과 맞물리며 일촉즉발의 위기감을 고조시킬 것으로 보인다.

이 같은 여야의 유동성이 적대적 양당정치의 피로감을 호소하는 민심을 만날 경우, 불과 몇 달 만에도 유력한 제3세력을 원내에 진입시킬 수 있다는 게 신당 추진 인사들의 기대 섞인 전망이다. 그러나 원내 1, 2당의 선거 전략가들이 결과적으로 제3세력 창당 공간을 열어주는 전략적 실수를 저질러 줄지는 의문이다. 아마도 공천 작업을 최대한 늦추는 등의 방법으로 대응할 가능성이 높다.

어쨌든 이 전 시장 등의 시도가 성공할지 여부는 서너 달 내 결론 날 것이다. 그들은 '의미 있는 제3지대 혁신 신당이 등장하면 우리 국민은 내년 총선에서 양자택일의 굴레에서 벗어날 수 있고 극한 대립의 양당 체제 대신 협치의 경쟁체제가 시작될 것'이라고 강조한다. 여운이 긴 이 전 시장의 마지막 다짐이다.

"어떤 경우든 광주시장까지 역임한 사람으로서 정치권 후배들과 광주에서 민주당 이름으로 공천 경쟁을 하진 않을 겁니다. 내 남은 정치 인생은 김대중의 용서와 화해 관용의 철학, 그리고 국가 발전과 국민통합을 위해서라면 기꺼이 자신의 권력도 나누려 했던 노무현의 '대연정 정신' 구현을 위해 바칠 생각입니다."

2023. 08. 14.

역전의 명수, 군산상!

1960년대 수출 드라이브를 위한 공화당 정권의 저곡가 정책은 대규모 이농과 서울의 무허가 판자촌 난립을 초래한다. 제2의 한국전쟁 가능성을 우려하던 박정희는 남산터널(방공호)과 제3한강교(도강시설) 건설에 이어 '광주대단지' 이주정책(도시게릴라 근거지 제거)을 강행한다. 선(先)입주, 후(後)투자란 명목 아래 '실어다가 들이붓는' 비인간적 만행이었다.

한국사 최초의 도시빈민 투쟁인 1971년 광주대단지(성남) 사건은 이런 배경에서 비롯됐고 당시 초등생이던 훗날 통합진보당 사건의 이석기와 그 친구들도 아비규환의 국가 폭력 한가운데 있었다. 내무부 지역개발담당관이었던 고건과 도시개발관 전석홍 등이 수습 지시를 받고 긴급 투입됐다.

광주대단지 주민의 반 이상은 호남에서 삶의 뿌리가 뽑혀 무작정 상경한 향우들이었다. 이처럼 낯선 서울에서 주눅 들고 고된 삶을 이어 가던 호남 향우들. 그들에게 집단 향우회 장소이자 해방구가 1970년대에 마련됐으니 바로 동대문 야구장이었다.

1972년 7월 19일 부산고와 군산상고가 맞붙은 제26회 황금사자기 고교야구 결승전은 한국 고교야구, 나아가 한국 야구의 중흥을 가져온 불멸의 신화로 인구에 회자된다.

강호 부산고를 만난 창단 4년 차 군산상고는 1 대 1 접전을 이어가다 8회 3점을 내주며 패색이 짙었으나 9회 말 투아웃 투스트라이크 상황에서 부산고 3루수의 주루 방해를 묶어 극적으로 4점을 획득, 기적 같은 대역전승을 이뤄냈다. 서울에서 초등학교를 다니던 필자도 동네 형들과 그 경기를 관람했다.

귀향길의 선수단은 전주와 익산 군산 3개 도시에서 카퍼레이드를 벌였고 특히 군산에선 12만 시민 중 7만 명이 거리로 쏟아져 나와 선수들을 열광적으로 환영했다. 지금도 중년 이상의 군산 사람들은 시내 술이 동났던 그날을 기억한다. 60~70년대 최대 인기종목이던 고교야구는 서울과 인천, 대구 부산 등이 자웅을 겨루고 있었으나 군산상고의 혜성 같은 등장으로 드디어 호남 지역까지 야구 바람이 확산된다.

이는 1982년 지역별 연고제인 프로야구 출범의 기반이 됐고 군산상고 신화의 주역이던 김봉연 김일권 김준환 김성한 등은 해태 타이거즈로 입단, 최고 명문구단 탄생의 주역이 된다. 1975년 5월 14일 열린 제9회 대통령배 고교야구 결승전도 당시 최고 명문이던 경북고와 광주일고가 겨룬 영호남 빅카드였다. 중학생이던 필자는 그날도 친구 몇 명과 몰래 학교를 빠져나와 광주일고 응원단 쪽에 있었는데 신민당 이철승 의원이 향우들 앞에 나타나 손을 흔들던 기억도 난다.

경기 시작 수 시간 전부터 3만 관중이 가득 찼으나 끊임없이 몰려드는 인파로 야구장의 모든 출입구를 걸어 잠근 그날. 광주일고 4번 타자 김윤환은 고교야구 사상 최초의 3연타석 홈런을 날렸고 일고는 1949년 김양중 선수의 활약 이후 26년 만에 전국대회 우승을 차지할 수 있었다. 광주일고는 이 대회를 계기로 군산상고, 광주상고 등과 함께 호남 고교야구의 주역이 됐으며 전북에 이어 광주·전남에도 폭발적 야구붐이 일어나는 계기를 만들었다.

올봄, 군산상고는 인문계인 군산 상일고로 교명을 변경했다. 그리고 지난 14일 서울 목동구장에서 진행된 제57회 대통령배 고교야구 결승에 진출, 인천고에 11-10의 짜릿한 승리를 거뒀다. '역전의 명수'라는 별명답게 또 한 번의 역전 끝내기 승이었다는 기사를 보니, 수십 년 전 추억의 고교야구 결승전들이 떠올랐다. 일부 공직자들의 잘못으로 파행으로 끝난 잼버리 대회. 이 때문에 실의와 충격에 빠져 있는 전북 도민들이 이번 승리로 자그마한 위로라도 받았으면 좋겠다.

2023. 08. 21.

민주당 '재집권전략보고서'

윤석열 대통령과 여야의 지지율이 모두 30%대 박스권에 장기간 머물고 있는 상태에서 더불어민주당이 지난 대선 패배의 원인을 '민주당 정부'의 실패로 규정해 눈길을 끌었다.

민주당 을지로위원회는 지난 18일 출범 10주년을 맞아 발간한 녹서(Green paper) '민주당 재집권 전략 보고서'에서 "2021년 재보궐 선거부터 2022년 대통령선거와 지방선거까지 연이은 선거 3연패는 민주당이 민심에 부응하지 못했다는 성적표"라고 진단했다. 보고서는 이어 "민주당은 부동산값 급등 등 불평등·양극화 문제를 해결하지 못하면서 국민적 지지와 신뢰를 잃었다"고 지적했다.

전현직 을지로위원장 등의 대담에서도 자못 신랄한 자아비판이 쏟아졌다. L 의원은 "탄핵을 하면서 자유한국당이 무너지니까 우리가 국민의 지지를 갖고 독자적으로 정권을 유지해 갈 수 있다고 생각한 것이 오만했다는 생각"이라고 평했다. 그는 "정권의 출발이 청계광장에 모인 민심에서 시작됐기 때문에 사회경제개혁을 해야 되는데 첫해를 다 놓친 것도 문제"라며 "소득주도성장, 공공부문 비정규직 정규직화, 최저임금 인상 같은 의제를 다 제시했지만 준비가 전혀 안 돼 있었다"고도 했다.

P 의원은 "우리가 여당이 되면서 생겨난 장점은 동시에 단점이 되기도 했다"며 "행정 권력을 십분 활용해서 효과적이고 성과적으로 할 수 있는 일들이 많아진 장점이 있는 반면, 행정 권력이란 수단이 생겨서 안이해진 측면도 생겼기 때문"이라고 전했다.

1기 을지로위원장이자 녹서발간위원장인 우원식 의원은 발간사에서 "코로나19 위기 속에서 극심해진 부동산·자산 등 부의 양극화, 고용 불안정, 소상공인·자영업자 등 사회경제적 약자의 고통을 해결하는 '정치적 효능감'을 주지 못했다"며 "정권 재창출로 다음 민주당 정부에서 해결하겠다는 확고한 믿음도 주지 못했다. 이것이 패배의 원인"이라고 썼다.

보고서는 나름 해법도 제시했다. "양극화와 불평등 구조를 근본적으로 개혁하는 유능한 민생정당으로 거듭나는 길만이 민주당의 유일한 생존전략"이라고 강조했다. 이들은 "선택받지 못한 약자에게 강요되는 불평등과 희생을 끝내는 것이 대한민국을 지속 가능한 사회로 만드는 해법이라는 신념으로 전진하겠다"며 "불평등·불공정과 강력하게 맞서 싸울 사회경제적 민주주의를 전면에 내세운 네 번째 민주당으로 진화해야 이길 수

있다"고 부연했다.

보고서는 '을(乙)과 함께 나아갈 사회경제개혁의 길'을 목표로 민생 개혁의 길, 공정 경제의 길, 주거 보장의 길, 노동 존중의 길, 산업전환의 길, 돌봄 국가 등 6개 의제에 대한 정책 제언을 제시했다. 이어 "위선·내로남불로 덧씌워진 태도를 바꾸고, 지속된 내부 분열을 극복해야 한다"며 "불평등·불공정과 강력하게 맞서 싸우는 당으로 진화해야 한다"고 조언했다.

민주당 내부에서 공식적으로 '반성'이라는 단어가 나온 건 이례적이며 일단 긍정적 반응을 얻고 있다. 그러나 민주당과 그 지지자들이 숙고해야 할 대목이 있다. 지난 대선을 앞두고 당시 국민의힘 텃밭이라는 대구에선 당대표로 30대 이준석을 강하게 밀어붙였다. 자당 소속 대통령에 대해선 상당수 의원들이 탄핵 찬성표를 던졌다.

그뿐인가? 그 박근혜 대통령을 수감시키는 데 일정한 역할을 한 문재인 정부의 검찰총장을 영입시켜 대통령 후보로 만들기까지 했다. 민주당의 이런 '파천황'적 역동성과 상상력, 그리고 정치력이 존재할지 의문이다. 국민의힘 다음 대선후보는 윤석열 대통령이 아니라는 것도 유념해야 한다.

2023. 08. 28.

▎'남도학숙' 30년

서울시 동작구, 옛 공군사관학교 부지 한쪽에 광주·전남 시도민의 염원으로 설립된 남도학숙 '동작관'이 있다. 지난 1994년 지상 11층 지하 3층 규모로 개관됐으며 2018년엔 제2 남도학숙인 '은평관'도 지상 7층 지하 1층 규모로 들어섰다.

그간 1만 6,000여 명의 인재들이 배출됐고 장헌범 전남도 기조실장과 유영학 광주은행 여의도지점장 등 50대에 들어선 초기 입사생들은 사회 각계에서 지도자의 길을 걷고 있다. 이들이 벌써 십시일반 적지 않은 규모의 장학금을 학숙에 기탁, 지역민들에게 받았던 은혜를 일부나마 갚고 있으며 기업을 일으켜 성공한 선배들은 남도학숙 출신 등 지역인재를 선발하고 있다. 지역발전의 '선순환'이 진행 중인 것이다.

그러나 '재경 학숙을 없애자'는 논리도 잊을 만하면 한 번씩 나온다. 학숙을 팔면 수천억 원이 나올 텐데, 그 돈을 호남지역에 뿌리내린 청년을 위해 사용하자는 것이다. 지역 주민들이 쓸 돈도 부족한데 왜 돈이 넘쳐나는 서울에 쏟아부어야 하느냐는 반론이다.

상경한 청년은 대부분 고향으로 돌아오지 않는다는 지적도 있다. 세금으로 지역 인재를 유출시키는 꼴이라는 것. 지역인재들이 중앙에서 성장, 훗날 예산을 많이 끌어올 거라는 기대에 대해서도 '그렇게 예산을 따 온다고 지역의 자생적 성장 역량은커녕, 결국 건설사들만 배 불리고 끝나지 않느냐'는 볼멘소리다.

이 같은 학숙 폐쇄 주장엔 일부 고민해 봐야 할 지적도 없진 않으나 상당한 수준의 지역적 균형발전이 이뤄지기 전엔 시기상조가 아닐까 한다. 현재 서울에는 강원학사 관악관과 도봉관, 경기 푸른미래관, 충북학사 서서울관과 동서울관, 서울학사관(충남), 남명학사(경남), 서울장학숙(전북), 탐라영재관(제주) 등이 운영 중이다.

해당 지자체와 주민들도 다 나름 지역의 미래를 내다보면서 귀한 예산을 집행 중일 것이다. 광주시와 전남도가 남도학숙에 지원하는 예산은 연 48억 2,300만 원이다. 사생들의 입사 자격은 광주와 전남 주민등록자로서 서울과 경기·인천 소재 대학교(전문대 포함) 신입 재학생과 대학원생으로 특히 신입생의 경우 생활 정도(100%)만 보고 선발한다.

"여유 있는 가정의 학생들은 대부분 대학가 인근으로 갑니다. 상대적으로 거리가 있는 학숙에 지원하진 않습니다." 실제로 동작관엔 서울대와 고대 중앙대 숭실대, 은평관엔 연세대와 동국대 성대 국민대 등의 학생들이 주로 생활하고 있다는 게 학숙 관계자의 설명이다. 사생들의 월 부담금은 16만 원. 서울 지역 대학가 숙박비는 방세와 식대 등 최소 100만 원이 훌쩍 넘어간다. 웬만한 가정에선 부담스러운 액수가 아닐 수 없다.

"집안이 가난한 학생들이 수도권 대학에 입학하고도 생활비가 없어 입학을 고민하는 상황만은 막아야 하지 않을까요…. 아직 장래가 창창한 학생들에게 단지 경제적인 이유로 아픔을 주어선 안 된다고 봅니다." 최근 찾은 남도학숙 현관에는 '가슴은 조국을 머리는 세계를'이라는 슬로건이 게첨돼 있었다. 2023년 학숙 운영 방안에는 '지역사회에 대한 애향심과 자긍심 고취'라는 항목도 눈에 띈다.

이상호 원장은 "학숙의 모든 임직원은 항상 부모님의 마음으로 남도 출신 인재들이 지역과 국가 발전은 물론 세계를 주도할 인재로 성장할 수 있도록 관심과 사랑으로 학생 교육에 최선의 노력을 다하겠다"며 "세계로 미래로 도약하는 젊은 지성들의 보금자리 남도학숙이 더욱 발전할 수 있도록 많은 관심과 성원을 부탁드린다"고 당부했다. 내년은 남도학숙이 30년째를 맞는 해다.

2023. 09. 04.

김대중·김영삼의 단식… 이재명의 단식

1991년 3월 기초의원 선거와 1991년 6월 광역의원 선거는 5·16 군사 쿠테타로 중단된 지방선거가 31년 만에 부활한 한국 정치사의 일대 분수령이었다. 이후 1995년 광역과 기초 단체장까지 주민 직선 시대가 열리며 현재의 지방자치제도가 뿌리를 내렸다. 1991년 이전만 해도 서울시장과 광주시장, 용산구청장과 광주 동구청장 신안군수 등을 사실상 대통령 한 사람이 모두 임명하던 시절이었다.

당시의 지방자치 선거는 김대중 평화민주당 총재가 단식투쟁까지 해가며 극적으로 성사시킨 것이다. 김대중은 지자체 실시에 따른 풀뿌리 당 조직의 뒷받침 덕에 1997년 대통령선거에서 건국 이후 최초의 수평적 정권 교체도 이룰 수 있었다. 그때 김대중의 단식은 국민적 관심을 모은 최대의 정국 현안이었으며 결과적으로 한국 정치를 한 단계 발전시킨 결정적 트리거였다.

1980년 광주항쟁이 진압된 후의 제도권 정치는 전두환 군부독재가 설계한 본부중대(민정당)와 2중대(민한당), 3중대(국민당)에 의한 가면극 수준이었다. 그러나 1983년 5월 18일,

야당 지도자인 김영삼이 5·18 3주년을 맞아 민주화 5개 항을 요구하는 성명을 발표하고 단식 농성을 시작하자 정국은 격동했고 부조리한 연극도 막을 내렸다.

민정당 사무총장 권익현이 서울대병원으로 강제 이송된 김영삼을 찾아 해외 출국을 건의하자 "나를 시체로 만든 뒤에 해외로 부치면 된다"고 일축한 사실은 당시의 분위기를 잘 웅변한다. 김영삼의 상도동계 인사들 모임인 '민주산악회' 인사 70여 명이 '김영삼 단식 대책위'를 구성, 동조 단식에 들어갔고 부인인 손명순 여사가 일일이 전화로 외신기자들에게 알려 단식 사실이 국제사회에 타전됐다.

미국에 망명 중이던 김대중도 '김영삼 총재 단식투쟁 전 미국 비상대책위원회'를 결성한 후, 뉴욕타임즈 등 외신늘과 인터뷰를 하며 전두환의 야당 탄압을 호소했다. 김대중은 뉴욕타임즈에 김영삼의 단식투쟁에 대한 보고서인 'Kims, Hunger Strike'라는 글을 기고하기도 했다. 모든 국내 언론이 재갈을 물린 상태에서 신민당계 인사들은 김영삼의 단식 장면을 촬영한 사진을 복사 다량 살포했고, 곧 전국 대학가에선 항의 집회와 투석 데모 등이 연이어 발생했다.

단식 22일째인 6월 9일에야 끝난 김영삼의 단식은 야당의 양대 계보인 상도동과 동교동계가 모여 '민주화추진협의회'를 결성케 하는 촉매 역할을 했고 이후 1985년 2·12총선과 1987년 6월항쟁으로 이어지는 대장정의 중요 계기가 됐다.

박지원 전 원장이 최근 단식 중인 이재명 대표를 격려 방문해 '김대중식 단식'이라고 치켜세웠다. 박 전 원장은 "이 대표의 단식에서 김대중의 단식을 본다"며 "김대중·김영삼 두 지도자는 단식을 통해 민주주의를 지켰다"고 말했다. 그는 "역사는 좋은 방향으로 흐른다. 거기에서 이재명의 단식이 보이는 것"이라며 "많은 국민, 당원들이 뭉치고 있다. 이재명이 이겨야 대한민국 국민이 이긴다"고 덧붙였다.

물론 박 전 원장처럼 생각하는 당원과 국민들도 있을 것이나, 이제 그만 단식을 끝내야 한다는 여론도 많다. 명분도 부족하고 국민들 반향도 크지 않다는 지적이다. 민주당 지지자 중에서도 그런 생각을 하는 유권자가 적지 않다.

때아닌 '공산전체주의' 논란에 지친 국민들을 위로하고 안팎에서 몰려드는 국가적 위기에 대안을 제시해야 하는 원내 다수당 대표로서, 선택할 수 있는 최선의 방법이 정말 단식뿐일까. 착잡하고 답답한 세월이 이어지고 있다.

2023. 10. 06.

호남의 보수정치

1980년 광주민중항쟁이 폭압적으로 진압된 후 끈질기게 이어진 진상규명 투쟁은 1987년 6월항쟁으로 폭발했다. 그 결과로 치러진 제13대 대통령선거는 적어도 호남에선 '준혁명적' 분위기 속에서 진행될 수밖에 없었다. 전두환과 함께 광주학살을 자행한 신군부 핵심인 민정당 노태우 후보의 호남유세는 돌과 최루탄이 난무하는 아수라장이 되곤 했다. 노 후보 지지자들은 감히 속내를 내보일 수도 없었다.

이런 악조건 속에서도 노 후보는 광주 2만 2,943표(4.81%), 전남 11만 9,229표(8.16%), 전북 16만 760표(14.13%)를 각각 얻었다. 호남 평균 득표율은 9.03%이며 광주와 전남만 떼어 내면 14만 2,129표였다. 광산에서 3선을 했던 고 조홍규 의원은 어느 자리에선가 "87년 대선에서 광주와 전남 노태우 후보 지지자가 10만 명을 훌쩍 넘어갔는데, 그분들이 줄을 서면 광주역에서 송정역까지 이어진다"고 말했다.

박정희의 공화당과 전두환의 민정당 후보로 호남에서 당선된 국회의원 면면을 보더라도 호남 보수의 뿌리가 결코 만만치 않음을 알 수 있다. 따지고 보면 해방 후 대한민국 보수의 원류가 된 한민당 역시 호남 대지주를 바탕으로 한 세력이었다.

저항과 진보 지향의 호남 정신, 5·18의 충격과 내상, 경부축 우선 개발에 따른 경제적 낙후와 사회심리적 소외, 김대중이라는 걸출한 정치인의 잇단 고난, DJ-YS의 단일화 실패와 결별… 여러 이유가 얽히며 1987년 대선 이후 호남의 특정 정당 지지는 한국 정치의 상수가 된 지 오래다.

80~90년대, 이환의 이도선 조기상 이영일 지대섭 정시채 전석홍 구용상 등 묵직한 보수 정치인의 맥이 끊어진 후, 주민들의 선택을 받은 광주·전남 보수정당 정치인은 이정현 전 의원이 유일하다. 지지율이 낮으니 도전하는 사람이 적고, 매력 있는 후보가 적거나 없으니 당선자는 고사하고 지지율도 바닥을 기는 악순환이 어언 30년이 넘어간다. 이젠 그렇게 된 원인과 결과마저 뒤섞여 쉽게 가닥이 잡히지 않는 지경에 이르렀다.

오래전부터 호남 시민사회에선 1당 독주의 폐해에 대한 우려가 제기돼 왔다. 견제 세력 없는 지방정부와 지방의회, 특정당 몰표 현상은 어느덧 지역과 지역민을 위해서도 뭔가 돌파구가 필요한 '앙시앙 레짐'(구체제)이 돼 가고 있다.

최근 주동식, 배훈천, 박은식 등 몇몇 호남 출신 논객들이

온오프라인에서 활발하게 자신들의 목소리를 내고 있다. 이들은 호남의 낙후 및 정체 원인과 바람직한 미래상에 대해 민주당 계열 정치인들과는 전혀 결이 다른 입장들을 갖고 있다.

물론 이들 사이에서도 정치적 스펙트럼이 넓게 퍼져있고 사안별로 뚜렷한 시각차가 존재한다. 그러나 호남의 공론장이 특정 당론 일색에서 다양한 정견이 경쟁하는, 예컨대 충청과 PK 지역 같은 풍토로 바뀌는 것은 바람직한 일이다. 만약 이들 중에서, 나아가 다른 다양한 분야에서도 정치의 길을 본격적으로 걷는 뉴페이스가 나와 본인들만의 '내러티브'로 유권자들과 소통한다면 더 바람직한 일일 것이다.

그런 시도의 누적이 언젠간 광주·전남을 민주당 독주에서 벗어나게 할 것이기 때문이나. 여권도 호남의 보수 논객들을 좀 주목했으면 한다. 정치의 요체는 결국 담론과 논리이기 때문이다. 어려운 지역 여건을 고려, 때론 힘을 실어 주는 발탁도 고려해 볼 수 있겠다.

만에 하나 호남을 '사석작전'의 돌로 활용하자는 속삭임이 여권 일각에 있다면, 그것은 호남 보수세력의 싹마저 자르고 지역 갈등 문제를 더욱 수렁으로 밀어 넣은 악마의 유혹일 것이다. '자유민주주의'와 '국민통합'을 위해서도 단호하게 뿌리쳐야 한다.

2023. 09. 18.

| '이재명 체포동의안' 독해법

민주당 주류가 이재명 대표 체포동의안에 가결 표를 던진 의원들을 색출하겠다고 공언하고 있으나, 그게 그렇게 말처럼 쉽진 않은 일이다. 물론 공천에 불안감을 느낀 일부 비주류 의원들이 자포자기 심정으로 가표를 던졌을 가능성도 있지만, 가결 이후 지금과 같은 마녀사냥 사태를 우려하며 고심 끝에 부표를 던진 비명계 의원들도 존재할 것이기 때문이다.

몇몇 수도권 의원들의 속내를 들어보면 상황은 더 복잡해진다. 내년 총선에서 여당 후보와 박빙의 승부를 벌여야 하는 이들로선 이른바 '이재명 리스크'를 안고 선거판에 뛰어드는 걸 못내 불안해하고 있다. 이 같은 기류는 친명 비명 중도파 의원들을 가리지 않는다.

결국 일부 친명계 의원들마저 무효표 혹은 가표를 던졌을 가능성도 배제할 수 없다는 얘기다. 필자가 분석할 때도 가표의 대부분은 이처럼 내년 총선을 의식한 결과로 보인다. 체포동의안을 가결시켜 일단 당 차원의 방탄 혐의를 벗는 게 우선이고, 이 대표의 주장대로 죄가 없다면 법원이 구속영장을 기각할 것 아니냐는 것이다.

　이 방안이 수도권 중도 표를 견인하는 데 훨씬 명분이 있다는 계산이다. 이재명 대표의 막판 '부결 요청'이 의원들의 감정선을 건드렸다는 분석도 있으나, 사안의 중대성에 비추어 순진한 해석이다. 물론 이 대표가 입장을 바꾸면서 명분까지 잃은 것은 사실이다.

　# 박광온 원내대표 등 원내 지도부가 총사퇴한 상황에서 친명계 위주인 당 최고위원회는 가결 표를 던진 이들에 대한 징계를 시사하고 나섰다. 당 전체가 엄청난 충격에 휩싸인 것을 감안하더라도, 이처럼 '배신자' 운운하며 동료 의원들을 공격하는 것은 적절치 않은 일이다. 당을 수습해야 할 최고위원들이 오히려 당을 분열로 내모는 건 고장 난 당내 민주주의의 반증이 아닐 수 없다.

　특히 강성 지지층도 아니고 공당의 지도부가 소위 '상응 조처'를 공언한 것은 민주적 정당의 모습과도 큰 거리가 있다. 무기명 비밀투표의 결과를 놓고 민주 정당에서 반대 의견을 '색출'한다는 것은 가능하지도 않고 결코 해서도 안 되는 일이기 때문이다. 일부 주류 의원들이 같은 당 의원들을 향해 '떳떳하면 밝히라'는 식으로 압박하는 것도 이젠 자제해야 한다.

이 모습이 진정 김대중, 노무현, 문재인 대통령을 배출한 수권정당 민주당의 얼굴일 수 있는가 돌아볼 일이다. 이 대표가 "검사 독재정권의 민주주의·민생, 평화 파괴를 막을 수 있도록 민주당에 힘을 모아 달라"고 입장문을 낸 것도 논란을 일으켰던 불체포특권 포기 약속을 접은 것에 대한 사과나 설명이 없다는 점에서 아쉬운 대목이다.

이 대표가 지금 할 일은 강성 지지층을 다독이며 당의 화합을 위해 리더십을 발휘하는 것이다. 그것이 이 대표가 바라는 '더 개혁적인 민주당, 더 유능한 민주당, 더 민주적인 민주당'을 만드는 길이기도 하다.

\# 이 대표는 오는 26일 영장실질심사를 받을 예정이다. 만약 법원이 영장을 발부할 경우 이 대표는 정치생명에 큰 타격을 입게 된다. 그동안 이 대표는 검찰 수사가 '정치 보복'이라며 무죄를 주장해 왔기 때문이다. 당대표에서 물러나라는 비주류의 목소리도 더욱 거세질 것으로 보인다.

친명계는 이 대표가 구속되더라도 옥중에서 대표직을 계속할 것이라고 주장해 왔으니, 민주당은 분당을 불사하는 극심한 혼돈 속으로 빠져들 전망이다. 반대로 구속영장이 기각될 경우, 이 대표는 리더십을 다시 복원하면서 내년 총선 준비에 박차를 가할 것으로 보인다. 이 과정에서 공천 혁신을 내세우며 원외 친명 인사들을 대거 내세울 가능성도 있다. 민주당, 나아가 한국 정치에 또 하나의 변곡점이 다가오고 있다.

2023. 09. 25.

| '이재명의 민주당'은 어디로

국회의 체포동의안 가결과 법원의 구속영장 기각. 민주당 입장에선 각본 없는 드라마 끝에 나름 최선의 결과가 도출된 셈이다. 반대로 국민의힘과 검찰로선 영 뒷맛이 씁쓸한 그림이다. 하필 한가위 명절 직전에 터져 나와 여권을 크게 당황케 했다. 이 대표는 이제 불구속 수사를 받게 됐으며 각종 혐의에 대한 재판 결과가 최종적으로 어떻게 마무리될지는 적어도 몇 년은 더 지켜봐야 한다.

검찰과 이 대표의 신경전 1라운드는 이로써 이 대표가 조금은 더 유리한 상황으로 마무리됐다. 예상치 못한 일격을 당한 국민의힘은 아직 메시지가 정제되지 않고 있다. 박대출 정책위의장이 사회관계망서비스(SNS)를 통해 "법원의 영장실질심사 결과를 보면 논리적으로 모순투성이"라고 비판한 것까지는 그렇다 치자. 위증교사 혐의가 소명됐다고 보면서 증거인멸의 염려가 없다고 결론지은 부분이 모순이라는 게 박 의장의 주장인데, 일부 법조인들도 비슷한 논리를 펴고 있기 때문이다.

그러나 박 의장이 "국회뿐만 아니라 법원도 아직은 제1야당

이 권력"이라며 "'재명 수호' 판결이고, '황제 판결'이란 말이 나온다"고 덧붙인 것은 과했다. 여권 주요 당직자가 3권분립이라는 대한민국의 '자유'민주주의 시스템을 대놓고 부정했기 때문이다. 강민국 국민의힘 수석대변인이 논평에서 "결국 법원이 '개딸'에 굴복했다"고 힐난한 것은 우리 정치권의 수준을 보여준 또 하나의 사례로 기록될 만하다.

망외의 소득을 거둔 민주당 안팎에서 체포동의안 가결 의원을 색출하자는 비민주적 목소리가 잦아들지 않는 이유 중 하나는 총선이 가까워졌기 때문이다. 지금 수도권 민주당 강세지역과 호남에선 자칭타칭 친이재명 후보가 난립하고 있다. 친명 강경파는 가결 표를 던진 의원들을 향한 보복 의지를 숨기지 않고 있다.

특히 정청래 최고는 의원총회에서 "검찰과 한통속이 된 민주당 가결파 의원들도 참회하고 속죄해야 한다"며 "반드시 외상값은 계산해야 할 것"이라고 했다. 비명계 지역구에서 출마를 준비 중인 원외 친명 인사들도 "반개혁 세력 몰아내자", "물갈이 분위기를 만들자"는 등의 목소리를 높이는 가운데 친명계 모 의원은 "가결표 던진 의원 중에 공개적으로 라디오 나가서 떠든 사람들은 시범케이스로 징계할 만하지 않겠느냐"고 주장한다.

\# 아무튼 이재명 대표는 기사회생, 일대 반전의 기회를 잡았다. '방탄 프레임'이라는 족쇄가 사실상 풀린 만큼, 코앞으로 다가온 서울 강서구청장 보궐선거를 이끌고 나아가 내년 4·10 총선 준비에 전력할 여유도 생겼다. 그러나 이 대표가 먼저 해결해야 할 과제는 자신의 체포동의안 표결을 두고 격화된 내분을 수습하는 일이다.

영장실질심사에 앞서 내놓은 명분 없던 부결 촉구 입장문이 계파 갈등을 더욱 촉발시켰다는 점에서도 그렇다. 무엇보다 당을 분열로 내몰고 있는 강경 친명 세력의 행태에 제동을 걸어야 한다. 사실 영장 기각으로 이미 방탄 프레임 자체가 깨진 상황에서의 당내 책임 공방은 별 의미도 없다.

이 대표가 영장 기각 뒤 여권을 향해 "상대를 죽여 없애는 전쟁이 아니라 국민과 국가를 위해 누가 더 많은 역할을 제대로 할 수 있는지를 경쟁하는 정치로 되돌아가기 바란다"고 말한 것은 적어도 당내 계파문제에선 그대로 자신에게 되돌려져야 마땅한 말이다. 체포동의안 가결 와중에 친명 일색으로 바뀐 당 지도부 또한 비주류가 적절히 배합된 통합 지도부로 재편토록 하는 게 좋다.

총선 승리와 대권 재도전이라는 이 대표의 목표를 위해선 '개

딸'(개혁의 딸)로 호칭되는 열혈 지지층이 없어서도 안 되지만 묵묵히 민주당 상황을 지켜보는 광범위한 중도층 지지도 반드시 필요함은 본인이 더 잘 알 것이다.

2023. 10. 04.

국정감사에 대한 몇 가지 '단상'

다시 국정감사 시즌이 왔다. 그리고 어김없이 국감 무용론이 나온다. 언론은 매년 국감의 문제점을 제기해 왔으나 국회는 올해도 관행적인 국정감사를 진행할 것이다. 짧은 감사 기간과 수많은 피감기관, 원칙 없는 증인 신청 등이 무용론의 단골 소재들이다.

오는 10월 10일부터 18일간 791개 기관을 대상으로 진행되는 '2023년 국정감사'는 21대 국회 마지막 국정감사이기도 하다. 따져 보면 주말을 제외하고 실제 감사 기간은 14일에 불과하다. 하루에 56곳, 17개 상임위로 나누면 상임위 한 곳이 하루에 3개 기관 이상을 감사해야 한다는 계산이 나온다.

이마저도 의사진행 발언과 업무보고 등을 빼면 실질 감사 시간은 하루 6시간 안팎에 불과하다. 또 현장 방문과 증인 및 참고인 대상 질의를 감안하면 시간은 또 줄어든다. 그뿐인가? 여야가 첨예하게 부딪히는 상임위는 파행도 불사한다. 의원들끼리 싸우면 국감장에 불려 나온 공무원들과 증인들은 겉으론 심각한 얼굴들을 하고 있어도 대부분은 차라리 다행이라 생각한다.

이렇듯 시간이 턱없이 부족하니 호통과 보여 주기 국감이 반복될 수밖에 없다. 당연히 깊이 있는 정책 감사는 어렵다. 일단 부르고 보자는 무더기 증인 신청 관행도 여전하다. 증인과 참고인을 신청한 뒤 최종 과정에서 철회하거나 빼 주는 관행이 반복되면서 권한 남용과 갑질 시비도 나온다. 이 과정에서 지역구 민원을 부탁하는 물밑 거래 의혹도 제기된다.

국감 무용론자들은 그 해결책으로 국회 상임위를 통한 상시 감사, 혹은 감사원을 국회로 이관하는 방안 등을 거론해 왔다. 현재 감사원은 회계감사뿐 아니라 정책감사도 병행한다. 피감기관 입장에서는 국회와 감사원 두 곳에서 중복감사를 받는 셈이다. 정책 감사 기능을 수행하는 감사원을 국회로 이관하면 국정감사 기능이 일원화되는 건 사실이다.

물론 문제점을 손질하는 수준에서 현행 국정감사는 계속돼야 한다는 목소리도 있다. 고도의 정무적 사안인 감사원의 국회 이관은 별개로 하더라도 국정감사에서 제기되는 정책적 문제 제기나 이에 대한 피감기관 대응은 결과적으로 기존 단점들을 뛰어넘는 효과가 있다는 것이다. 이 기간, 언론들이 일제히 집중 조명하면서 정부의 문제점을 다루기 때문에 부처에서도 총력을 기울여 준비할 수밖에 없다.

상시 감사 주장에 대해서도, 공무원이 상임위의 '증인'으로 나오지 않을 뿐 지금도 상임위 전체 회의나 대정부질문 등에서 장관과 소속 공무원들을 불러 놓고 상시 국감의 성격을 어느 정도 실현하고 있다는 반론이다. 경우에 따라선 기관 증인뿐 아니라 일반 증인도 채택할 수 있다. 그럼에도 국정감사를 폐지하고 상임위의 상시 국정감사로 전환하면 그 위력이 현행 국정감사에 비해 현저히 떨어질 것이란 우려다.

사실 국정감사 기간은 상대적으로 짧지만 국회와 피감기관의 본격적인 준비는 두어 달 전부터 시작된다. 국회는 쟁점 정리와 자료 요구, 분석에 들어간 후 제출된 자료가 부실하면 추가 자료를 계속 요구하며 보도자료와 질의서를 작성한다. 비슷한 주제라도 국정감사에선 다른 때보다 비중 있게 다뤄지는 경우가 많다. 자연히 국정감사에 대한 언론의 관심은 평상시보다 높은 것이 사실이다.

한가위 연휴 기간에도 국회 의원회관은 밤늦게까지 불을 훤하게 밝혔다. 물론 광주·전남 의원실도 예외는 아니었다. 보좌진들이 돌아가면서 출근해 감사 준비에 여념이 없는 모습이었다. 올해도 날카로운 질의로 지역 현안을 해결하는 데 큰 도움을 주는 국정감사가 됐으면 한다.

2023. 10. 10.

강서구청장 보궐선거 감상법

\# 강서구청장 보궐선거에서 국민의힘이 참패했다. 사실상 윤석열 대통령이 판을 키운 선거에 충격적 표차로 패배함으로써, 그 원인과 내년 총선 대책을 놓고 여권은 한동안 심각한 혼란과 진통을 겪게 됐다. 일개 기초단체장 보궐선거가 이처럼 적지 않은 후폭풍을 몰고 오는 이유는, 무엇보다 윤 대통령에게 정치입문 이후 첫 정치적 실패를 안긴 탓이 크다.

여기에 내년 4월 총선 승패를 가름할 수도권 민심의 흐름이 임팩트 있게 표출된 때문이기도 하다. 여의도의 선거 전문가들은 "한동안 이완돼 있던 수도권 호남 표심이 대부분 민주당 쪽으로 집결했고, 지난 대선 전후 여권을 향했던 20~30대와 중도 표심 상당수가 빠져나와 일부는 야당, 일부는 여야 어느 쪽도 지지하지 않은 채 관망한 결과"라고 분석했다. 민주당이 '우리가 잘해서 이긴 게 아니'라고 한껏 몸을 낮추면서도 내심 분위기가 살아난 이유다.

\# 민주당은 이재명 대표를 중심으로 내년 총선을 치른다는 것이 이미 기정사실화되고 있다. 반면 여권은 이번 보선 결과

에 따라 총선 전략의 유동성이 커졌다. 관건은 윤 대통령이 집권 이후 보여 왔던 국정 스타일을 바꿀 것이냐의 여부와 만약 바꾼다면 그 방향이다.

윤 대통령은 보선 이틀 만인 13일 대통령실과 국민의힘에 '변화'를 주문했다. 이번 패배 요인이 외부보다는 내부에 있으며 따라서 문제를 해결하는 키도 여권의 성찰이라는 점을 분명히 한 것이다. 이에 따라 윤 대통령과 국민의힘은 그간 유지했던 국정 기조를 재점검하고, 인적 개편 작업 등 쇄신 작업에 박차를 가할 것으로 전망된다. 윤 대통령은 집권 3년 차를 앞두고 과연 국정운영의 전환을 가져올 것인가.

'제일 중요한 것이 이념'이라는 윤 대통령은 취임 이후 자유민주주의와 시장경제라는 가치와 이념을 국정 전면에 내세워 왔다. 이는 평소 윤 대통령과 깊이 있는 의견을 교환하는 측근들과 대통령실 참모들의 철학과 연관이 있는 것으로 보인다. 앞으로 윤 대통령이 이들 '이념형' 측근 및 참모들을 교체하고 '민생'과 '경제'를 국정 키워드로 내세울 가능성을 배제할 순 없다.

그러나 그간의 기조가 윤 대통령의 오랜 확신과 신념에서 비롯된 측면도 있어 큰 틀의 변화는 당장은 기대난망이라는 분석이 적지 않다. 한편 야당을 비롯한 정치권과의 소통 방식에도 변화가 있을 것이라는 기대도 있어 일단 지켜볼 대목이다. 이와 함께 변화를 가장 상징적으로 보여 줄 수 있는 분야는 역시 인적 쇄신이다.

윤 대통령이 강서구청장 보선 결과가 나온 직후 김행 여성가족부 장관 후보자에 대해 사실상의 '지명 철회'를 단행한 것은 이 같은 맥락에서 시사하는 바가 크다. 연말에는 총선 출마에 따른 장관 교체가 이어질 전망이어서 내각의 인적 개편이 어느 정도 강도와 폭으로 이뤄질지 주목된다. 당연히 대통령실도 인적 쇄신의 영향권에 들 수 있다.

대통령실에서는 이달부터 연말까지 총선 출마를 위한 인사들이 대거 사표를 제출할 예정이어서 이에 따른 후속 개편 작업이 본격적으로 이뤄질 것으로 보인다. 이와 맞물리는 것이 이른바 '총선 물갈이'의 방향이다. 여권 안팎에선 윤 대통령이 '인적 쇄신'이라는 명분으로 여당 우세 지역에 측근들을 대거 내려보낼 가능성을 제기하곤 했다.

특히 보수 원로들과 여권 비주류는 자기 확신이 강한 윤 대통령이 그간의 국정 기조를 유지한 채 상당수 측근들을 총선에 투입하는 시나리오를 경계하고 있다. 그렇게 될 경우 내년 총선도 이번 보선 결과와 유사할 것이란 우려 때문이다. 결과적으로 강서구청장 선거는 윤 대통령을 총선의 최대 플레이어로 자리매김시킨 이벤트가 된 셈이다.

2023. 10. 16.

'민주평통' 사무처장의 SNS '유감'(遺憾)

일본을 근대화와 제국주의로 달려가게 한 메이지유신은 조슈번(야마구치)과 사쓰마번(가고시마)이 주도했다. 이후 조슈는 육군, 사쓰마는 해군의 헤게모니를 잡고 팽창 정책에 나섰으며 각각 부산과 목포를 대륙 침략의 기점으로 삼으려 했다. 사쓰마가 목포를 지목한 이유 중엔 쿠로시오 해류 및 그 지류의 영향으로 규슈 하카타에서 한반도 서남해안으로 가는 뱃길이 부산을 잇는 현해탄에 비해 순하기 때문이라는 관측도 있다.

우여곡절 끝에 역사는 두 세력의 신경전에서 조슈의 손을 들어줬다. 일제 강점기와 6·25, 박정희의 영남 중시 개발독재를 거치며 대한민국 경제, 산업지도가 '경부축' 중심으로 그어진 것은 이처럼 일제의 식민 지배가 조슈의 계획대로 진행된 것에도 그 기원이 있다. 이승만 정권의 토지개혁으로 호남의 대지주들이 들고 있던 지가증권 가치가 6.25 전쟁 와중에 폭락한 것 역시 산업화 시대 호남의 낙후와 상당한 관련이 있다.

최근 국정감사장에서 대통령이 의장을 맡는 헌법기관인 '민주평화통일자문회의' 석동현 사무처장이 호남에 대한 특정

시각을 담은 칼럼을 자신의 SNS에 공유하며 '정말 무릎을 탁 치게 되는 글'이라고 한 사실이 알려져 논란이 일고 있다.

석 처장이 공유한 칼럼에는 "생산적 투자 거부는 전라도가 먹고사는 방식, 원조는 광주", "다른 지역은 국가 예산 따 오는 것이 여러 경제활동의 일부일 뿐이나 호남은 거의 유일한 경제활동", "대한민국의 호남화, 대한민국 몰락으로 가는 직통 코스", "1987년 체제는 호남과 주사파의 결합. 이대로는 안 된다"는 등의 내용이 있다.

해당 칼럼은 또 "아시아문화전당, 광주비엔날레, 광주형 일자리(광주글로벌모터스), 한전공대, 영암 F1 등이 대표적… 이 프로젝트들의 공통점이라면 자체적으로 수익성을 갖추지 못하고 계속 정부의 제도와 예산 지원을 요구한다는 점, 그리고 '5·18의 피'라는 상징 자산의 지원이 없으면 성사가 불가능하다는 점" 등의 내용도 담고 있다.

이어 "호남 인적 자원의 특수성이 이런 구조를 고질화하고 있다. 호남은 1980년 5월의 비극 이래 좌파 정치투쟁의 진지 역할을 해 왔다", "기업체 등 생산적인 진로보다 상징 조작과 선전 선동, 조직화 등 정치적인 성격을 갖는 직업을 선택하는 것이 당연시됐고 이는 지역의 전통으로 굳어졌다. 이런 분위기에서는 기업의 투자 자체를 꺼리는 것도 당연한 결과"라는 대목도 들어 있다.

석 처장은 이 칼럼을 공유하며 "2~3분 정도면 다 읽을 수 있으니 직접 그 사이트에 가 보시거나 아래에 전문을 옮겼으니 꼭 끝까지 한번 읽어 보시기 바란다"고 썼다.

석 처장이 공유한 칼럼에 동의하는 사람도 있을 것이고 '견강부회'(牽強附會)라거나 원인과 결과를 혼동했다는 지적도 나올 수 있다. 또 낙후된 호남의 발전 방향 및 방법론에 대해 누구나 자신의 주장을 자유롭게 내놓을 수 있고 그래야 한다. 그러나 윤석열 대통령의 40년 친구로 알려진 석 처장은 공인이다. 심지어 본인이 근무하는 민주평통은 남북통일에 관한 여론을 수렴하며 갈등을 극복해 나가려는 조직 아닌가.

그런 분이 우리 사회의 가장 아픈 대목 중 하나이며 아직도 첨예한 현안인 지역 격차-지역감정-지역 차별 문제에 대해 특정 의견에 서는 신중치 못한 처신을 한 것은 유감이 아닐 수 없다.

물론 석 처장도 이 칼럼에 대해 '좋은 글', '공감되는 글'이라고 생각할 자유는 있다. 그러나 그런 입장을 굳이 공개적으로 밝히고 싶다면 공직, 그것도 '국민통합'을 주도하는 민주평통 사무처장이라는 자리 정도는 반납하고 하는 것이 맞다.

2023. 10. 23.

국민의힘 '인요한 혁신위'의 경우

정당에 위기가 닥치면 '비대위'나 '혁신위'를 띄워 이를 돌파하곤 한다. 국민의힘과 그 전신 정당도 2010년 이후로만 총 열 차례나 비대위를 꾸렸다. 김무성 비대위로 시작해 2011년 정의화, 2012년 박근혜, 2014년 이완구, 2016년 김희옥, 인명진, 2018년 김병준, 2020년 김종인, 2022년 주호영, 정진석 비대위 등이 뒤를 이었는데 대부분 지방선거나 총선 등 전국 단위 선거에서 패배했을 때 구성됐다.

이 중 성공했다는 평가를 받는 비대위는 '박근혜 비대위'가 유일하다. 이 비대위는 2011년 재·보궐선거에서 참패한 당시 홍준표 지도부가 출범 5개월 만에 붕괴되면서 등장했다. 박근혜 비대위는 당명을 새누리당으로, 당색을 기존 파란색에서 빨간색으로 변경하는 등 파격적 조치와 과감한 외부 비대위원 인선으로 주목받았다. 요즘 신당설이 나오는 이준석 전 대표도 이때 비대위원으로 정치에 입문했다.

박 비대위원장은 현역 의원 25%를 공천에서 탈락시키는 인적 쇄신을 단행, 총선에서 과반인 152석을 얻어 당을 승리로 이끌었다. 당시 박 위원장은 '당 중 당'이라는 친박계 수장이자 유력한 차기 대권주자였기 때문에 전권을 쥐고 혁신 작업을 이끌 수 있었다.

민주당 계열 정당에선 역시 2016년 '김종인 비대위'가 기억에 남는다. 20대 총선을 앞두고 2015년 12월 안철수 의원이 새정치민주연합을 탈당하면서 분당 수순을 밟자 문재인 민주당 대표는 '김종인 카드'를 승부수로 띄웠다. 2016년 1월 김종인은 낮은 지지율로 위기에 몰린 민주당 비상대책위 수장으로 부임, 공천권을 거머쥐었다.

김 대표는 "친문·운동권 정당으로는 선거에 이길 수 없다"며 총선을 진두지휘했다. 이 와중에 친노 좌장으로 꼽힌 이해찬과 인지도가 있었던 정청래가 컷오프되는 등 현역 26명을 공천에서 배제했다. 그 결과 4·13 총선에서 민주당은 123석을 차지, 당시 새누리당을 한 석 차이로 제쳐 1당을 거머쥐었고 그 1년 후 민주당은 정권을 잡았다.

김종인은 자신을 향한 당내 비판에 한때 당무 거부로 맞섰고 문재인 대표가 자택까지 찾아가 간곡히 만류하는 우여곡절을 겪기도 했다. 이른바 '벼랑 끝 전술'을 통해 당 장악력을 확보한 것인데, 이후 그는 '여의도 짜르'로 불리게 된다. 그런 천하의 김종인도 광주 언론사 사장단 간담회에서 나온 '차기 대선 출마' 요청에 애매한 입장을 보인 이후 친문 주류에 의해 밀려나게 된다.

강서구청장 선거에서 충격적 패배를 당한 국민의힘이 순천 출신 인요한 혁신위원장을 전면에 내세웠다. 인 위원장은 혁신위원 인선 과정에서 당내 '비주류'로 분류되는 윤희숙·천하람 등에게 손을 내밀었으나 이들은 모두 혁신위 활동에 회의적 입장을 보이며 제안을 거절했다. 당황한 인 위원장은 "TK(대구·경북)·PK(부산·경남)의 스타는 (총선 때) 서울에 왔으면 하고 희망이 없더라도 뚝심과 용기가 있는 계백 장군 같은 모습을 보고 싶다"며 "김기현 대표도, 주호영 의원도 스타들 아닌가"라고 목소리를 높였다.

여야를 막론하고 인요한 혁신위의 성과에 큰 기대를 거는 사람은 별로 없다. 공천권이 없는 혁신위의 한계에다 이른바 영남권 물갈이 주장도 '친윤 후보군'을 위한 밑자락 깔기 아니냐는 것이다. '짜르 김종인'의 경우처럼 여권 핵심이 권한과 힘을 실어 주는 것도 아니고, '2012년 박근혜'처럼 당내 지지그룹도 없으니 어쩌면 당연한 예측 아닐까.

다만 이 같은 여당의 혁신 움직임이 민주당 공천 과정에 일정한 영향을 끼칠 가능성은 있다. 특히 호남 지역 경선에 나선 다선 중진들에겐 아무래도 불리한 변수로 작용할 것 같다. 인요한 혁신위는 첫 공식 외부 일정으로 30일 광주 5·18 묘역을 참배한다.

2023. 10. 30.

간담회서 슬쩍 흘린 '메가서울론'

드라마 '나의 해방일지'에서 삼 남매의 첫째 염기정은 "매일 길바닥에 서너 시간씩 버려 가며 출퇴근하느라 서울 것들보다 빠르게 늙어 간다"고 했다. 이른바 '메가 서울' 구상은 이번에 처음 나온 게 아니다. 김문수 남경필 전 경기지사를 비롯(경기+서울), 서울과 인접한 도시들에서(서울+위성도시) 잊을 만하면 거론되던 선거판 단골 메뉴였고 유튜브를 보면 심지어 '천공 스님'까지 숟가락을 얹은 바 있다.

특히 김포시의 경우 김동연 지사가 추진 중인 경기 분도가 이뤄지면 경기북도는 한강과 분리되고 경기남도는 서울과 인천시로 가로막힌 탓에 차라리 서울로 편입하자는 주장이 제기돼 온 곳이다. 여기에 고양, 부천, 광명, 안양, 과천, 성남, 하남, 구리, 남양주, 의정부 등도 서울 집값 상승으로 30~40대 출퇴근족이 대거 이주한, 사실상 서울과 표심이 연동되는 지역이다.

호남 원적 유권자들이 무시 못 할 비중을 차지한다는 공통점도 있다. 역대 국민의힘 계열 정당이 고전해 온 이른바 '수도권 험지'가 된 이유들이다. 실제 서울 인접 위성도시 27개 국회의원 지역구 가운데 국민의힘은 단 한 석(성남분당갑)에 불과하다.

 # 정가에선 '메가서울론'에 영향받을 유권자를 600만 명 안팎으로 추산한다. 압도적 야권 우세 지역이니, 플러스 마이너스 최대 52석을 겨냥한 여권의 승부수로 가히 집권당 프리미엄을 유감없이 보여 주는 사례라 할 수 있다. 물론 경기도 여타 지역과 서울의 민심, 나아가 비수도권의 여론이 어떻게 흐를지는 유동적이다. 위성도시 유권자들의 동향도 속단하긴 이르다.

 국민의힘이 이처럼 폭발력 있는 사안을 당정 협의나 공식 발표 없이 간담회 질문답변 형식으로 슬그머니 흘린 까닭일 것이다. 총선 필승 카드로 극비리에 마련된 '메가서울' 구상은 그간 김기현 윤재옥 이철규 박수영 등 극소수 지도부만 공유한 것으로 전해졌다.

 민주당은 내년 총선에서 수도권 승패를 좌우할 초대형 이슈인 만큼 일단 여론을 주시하겠다는 입장이다. 당내 기조는 사실상 반대론에 가까우나 섣불리 공식화했다 이른바 '위성도시 표심'의 역풍을 맞을 수 있다는 고민이 깔린 것으로 보인다.

 이명박 정부 당시 18대 총선에서 당시 한나라당이 내놓은 '서울 뉴타운 공약'에 힘 한번 못 써 보고 참패했던 트라우마도 남아 있다. 여기에 국민의힘이 수도권 판세를 뒤집을 히든카드를 추가 준비 중이라는 설까지 돌고 있어 민주당을 긴장시키고 있다.

정부의 인수위 백서 국정과제는 작년 6월까지 110개였다. 그러다 한 달 후 갑자기 120개가 됐다. 국정 목표 여섯 번째인 '어디서나 살기 좋은 지방시대' 항목에 10개가 '추가'(급조?)됐기 때문이다. '지방시대위원회'는 또 어떤가. 우동기 균형발전위원장은 작년 9월 취임했으나 '자치분권위'와 통합, 지방시대위원회로 명칭이 바뀐 것은 올 7월이며 지난 9월에야 18명의 위원을 위촉하고 겨우 현판식을 가졌다. 지역 문제에 대한 여권의 온도를 느낄 수 있다.

그나마 총선이 다가오니 이 정도나마 진척된 것 아니냐는 합리적 의심마저 든다. 바로 그 지방시대위원회가 지난 1일 '제1차 지방시대 종합계획'을 내놓았다. 그러나 비수도권 지역의 자생력을 키우는 계획과 서울을 더 확장하는 것은 이율배반이라는 지적이 있다.

일각에선 '메가시티가 세계적 흐름'이라며 베이징과 상하이 등을 거론하곤 하는데, 국토 면적 및 인구 대비 해당 도시들과 서울을 비교하는 건 억지에 가깝다. 그나저나 지난 정부 '부울경 메가시티'에 이어 '메가서울론'이 정국을 강타하는 요즘, 광주와 전남북은 과연 어떤 현안을 두고 고민하고 있는지 성찰해 볼 대목이다.

2023. 11. 06.

'마리 앙투아네트'와 '카노사의 굴욕'

'이준석 신당'과 보수(保守)의 재구성

1990년 1월 22일은 한국 정치사에 한 획을 그은 날이다. 당시 전남대 정문 근처에서 식사를 하던 필자는 정치·경제 담당 김원욱 부국장의 다급한 '삐삐'(무선호출기) 신호를 받고 사무실로 달려갔다. 집권 민주정의당과 제2, 3야당이던 통일민주당, 신민주공화당이 합당을 발표한 것이다.

김대중이 이끄는 제1야당 평화민주당을 고립시킨 거대 여당 민주자유당의 충격적 등장. 노태우와 김영삼, 김종필 세 사람이 한자리에 서 있던 그 초현실적 광경은 지금도 기이한 잔상으로 남아 있다. 1987년 6월항쟁 전리품인 '대통령 직선'에서의 민주 세력 분열. 그 결과로 광주학살 주범 중 한 명인 노태우에게 정권을 넘겨준 김영삼과 김대중. 그 두 야당 리더가 끝내 여야로 갈라진 날이기도 했다.

원내 다수 의석이 필요한 노태우, 필생의 라이벌 김대중에게 제1야당을 내준 김영삼, 내각제를 고리로 집권을 도모했던 김종필의 야합으로 탄생한 민자당은 이후 1992년 대선에서 김영삼의 집권을 일궈 냈다. 김대중의 정계 은퇴 선언과 영국

행을 가져온 바로 그 선거였다. 90년 3당 합당은 망국적 '호남 대 비호남 구도'를 고착시킨 행위였으나, 그 주체들은 산업화와 민주화 세력이 힘을 합쳐 새 시대를 열어 간다는 비전을 내세웠다.

실제 전두환 5공 집단이 주축이던 '대한민국 보수'가 70~80년대 야권의 최대 계파 중 하나인 김영삼계를 대부분 흡수, 지지층 재구성 차원의 근본적 변신을 시작한 것은 사실이었다. 김영삼은 집권 초 하나회 해체와 금융실명제 실시 등 전광석화 같은 개혁 조치로 높은 지지율을 구가했으나 점차 이질적 집단의 동거라는 한계에 시달리며 1996년 15대 총선을 맞는다.

'승부사' 김영삼은 그때 차남 김현철의 보좌를 받으며 당명을 신한국당으로 바꾼 후 과감한 인재 영입을 시도한다. 이회창, 박찬종, 이홍구, 이인제, 홍준표, 안상수, 정의화 등을 정치권에 입문시켰고 재야 운동권이었던 이재오, 김문수, 이우재 등 민중당 출신까지 영입하며 보수 신한국당의 지지층을 중도 일부로까지 넓혔다.

삼풍백화점과 성수대교 붕괴로 상징되는 절체절명의 위기에 처한 김영삼 정권은 이 같은 인재 영입에 성공하면서 100석도 어렵다는 예상을 깨고 139석의 원내 다수당을 차지했다. 그리고 적지 않은 중도 유권자가 가세한 보수정당의 새 구획은 사 반세기가 지난 현재까지 이어진다.

건국 이후 처음으로 진보세력인 김대중 노무현에 10년간 정권을 내준 보수는 '시장'을 강조하는 이명박과 '안보'를 내세운 박근혜를 거치며 점차 통치 철학의 빈곤을 드러냈고 결국 탄핵이라는 궤멸 위기로까지 몰린다. 문재인 정부 검찰총장을 대통령 후보로 내세운 '파천황적' 결단으로 일단 재집권에 성공한 보수는 김영삼 집권기와 유사한 정체성 재구성을 위한 몸부림을 다시 시작했다.

요즘 정가의 이목을 끄는 '이준석 신당' 움직임도 같은 맥락으로 보인다. 만약 신당이 구체화 되고 차기 총선에서 의미 있는 결과를 내놓을 경우, 이준석으로 대표되는 유권자들도 비민주당 계열 정당의 새 지지층으로 흡수될 것이다. 나아가 차기 대선에서 국민의힘과 후보단일화에 성공하면 대한민국 보수는 또 한차례 진화된다.

민주당도 재집권을 원하면 급변한 국제정세에 맞는 새로운 경제, 사회정책과 대북, 외교 비전을 가다듬고 이를 주도할 참신하고 유능한 세력을 수혈하는 '진보의 재구성'을 서둘러야 한다. 최근의 정치 흐름이 고착되면 당연히 보수 집권기가 연장

될 가능성은 커진다. 변화와 개혁만이 총선 승리와 정권 교체의 정도(正道)일 텐데, 이런저런 이유로 역동성이 떨어진 민주당의 체질을 볼 때 쉽지만은 않아 보인다.

2023. 11. 13.

내년 총선도 '위성·참칭 정당' 난립하나

총선이 5개월 앞으로 다가왔으나 여야 간 선거제 개편 협상은 기약이 없다. 선거제 개편 논의를 담당한 국회 정개특위는 지난 7월 이후 한 번도 회의를 열지 않았다. 특위 관계자는 '조만간 소위를 여는 방안을 논의 중'이라고 한다.

일부 여야 정치인들은 최근 기자회견을 열고 현행 선거법의 조속한 개정을 촉구했다. 이들의 지적대로 여야는 선거 1년 전 규칙을 정하라는 법정 시한을 이번에도 무시하고 있다. 심지어 총선 예비후보 등록일(12월 12일)은 한 달도 채 남지 않았다. 현역 의원들이야 전혀 급할 게 없으나 적지 않은 정치신인들은 깜깜이 선거판을 헤매고 있다. '정치도의' 이전에 '상도의' 문제라는 냉소가 나온다.

더 큰 문제는 비례대표제다. 특단의 견제 장치 없이 현행 준연동형 비례대표제가 유지될 경우 거대 양당의 비례 전문 정당을 자처하는 '위성 비례정당'이 대거 등장할 것이라는 지적이다. 실제 2020년 21대 총선 때 난립했던 꼼수 비례정당인 '위성정당'과 여야 거대정당의 우호정당을 자임하는 이른바 '참칭

(僭稱) 정당'이 잇달아 창당될 가능성이 커지고 있다.

 민주당 송영길 전 대표와 국민의힘 이준석 전 대표, 조국 전 법무부 장관 등도 여차하면 이 대열에 뛰어들 수 있다. 현재 여당은 위성정당을 막기 위해 지역구와 비례대표 선거를 별도로 실시해 의석을 배분하는 '병립형'으로 회귀해야 한다는 입장이다. 그러나 더불어민주당은 소수 정당의 원내 진입을 확대하기 위해 만든 현행 준연동형 비례대표제는 유지해야 한다고 보면서도, 위성정당 난립 문제에 막혀 고심하고 있다.

 소위 '꼼수 위성정당'과 합당하면 국고보조금을 삭감하는 등 '위성정당 방지법'이 민주당에서 잇따라 발의되기도 했으나 위성정당을 '원천 봉쇄'할 수 있는 뾰족한 수가 없는 만큼 병립형으로 돌아가자는 의견도 당내에 존재한다.

 병립형은 정당 득표율에 따라 비례 의석을 나눠 갖는 것으로, 20대 총선까지 적용했던 방식이다. 준연동형은 지역구 의석수가 전국 정당 득표율보다 적을 때 모자란 의석수의 50%를 비례대표로 채워주는 방식으로, 지역구 의석 당선자를 배출하지 못한 정당도 창당 후 최소 정당 득표율(3%)만 달성하면 원내 의석 배출이 가능하다.

 민주당 홍익표 원내대표는 "민주당이 (위성정당을) 만들지 않으려고 해도 곳곳에서 '참칭 정당'이 나올 수 있다"며 "위성정당은 우리가 관리·감독이라도 했지만 내년엔 아예 관리·감독이 안 될 수 있어서 걱정"이라고 토로했다. 여야 양당이 비례대표 후보를 파견하는 위성정당도 문제지만, 이른바 '참칭 정당'은 검증이 부실한 국회의원을 배출할 수 있어 더 위험하다는 게 전문가들의 지적이다.

비례대표제가 어떻게 정해지느냐에 따라 최근 가능성이 나오는 이른바 '조송(조국·송영길) 신당'과 '이준석 신당' 등의 운명도 달라진다. 준연동형을 유지할 경우 이들의 신당 창당에 탄력이 붙고, 병립형 회귀 시 신당의 입지가 좁아지면서 결국 무소속 출마로 방향을 틀 것이라는 전망이다. 민주당은 일단 예산 정국이 마무리되는 내달 초중순부터 선거제 개편 논의를 시작하겠다는 입장이다.

위성정당과 제2의 위성정당 등장, 나아가 위성정당 기호를 앞당기기 위한 '의원 꿔 주기' 등 지난 총선은 여야가 뒤얽힌 말 그대로 난장판이었다. 비례정당이 무려 35개, 투표용지 길이는 역대 최장(最長)인 48.1㎝였다. 여야협상이 무산돼 현행 제도가 그대로 유지되면 유권자들은 내년 봄, 또 한 번 이런 장면을 볼 수 있다. 비례대표제의 결말이 적어도 차선 정도는 될지, 아니면 결국 최악으로 귀결될지 주목된다.

2023. 11. 20.

'들불야학'의 상록수 박기순, 그리고 김민기

1972년 서울대 문리대 신입생 환영회에서 '우리 승리하리라', '해방가' 등을 지도하다 경찰서에 연행된 휴학생은 이후 자신의 모든 노래가 방송금지 되는 것을 지켜봐야 했다. 70년대를 상징하는 '아침이슬'과 불멸의 노래굿 '공장의 불빛' 등을 만든 김민기. 제대 후 그는 부평 봉제공장에 위장취업, 노동자들과 함께 생활하며 경제적 이유로 식을 올리지 못하는 동료들의 모습에 '거치른 들판에 푸르른 솔잎처럼'이라는 제목의 합동결혼식 축가를 만들었다.

1978년 12월 27일 광주 녹두서점을 방문한 그는 김상윤 사장으로부터 뜻밖의 소식을 듣게 된다. 노동운동가 박기순이 불의의 사고를 당했다는 비보였다. '야학'을 따뜻하게 해 줄 땔감을 구하러 화정동 야산에 올랐다 늦게 귀가한 그녀가 연탄가스에 중독된 것이다. 그해 여름 전남대 '우리의 교육지표' 사건 당시 가두시위를 주동하다 제적된 광주 지역 첫 위장취업자, 호남 최초의 노동야학인 '들불야학'을 창립했던 샛별 같은 노동자의 황망한 죽음이었다.

\# 다음 날 전남대병원 영안실에선 스물두 살 망자의 영결식이 열렸고 김민기가 낯선 노래를 시작했다. "우리들 가진 것 비록 적어도 손에 손 맞잡고 눈물 흘리니 우리 나갈 길 멀고 험해도 깨치고 나가 끝내 이기리라." 훗날 '상록수'로 제목이 바뀐 노래가 작곡자 스스로에 의해 처음 공개되는 순간이었다. 결혼식 축가가 영결식 조가로 바뀌어 조문객들의 가슴을 파고들었다.

군복 바지와 낡은 티셔츠를 즐겨 입던 당찬 여학생 박기순은 그렇게 남은 이들의 흐느낌 속에 마지막 이별을 고했다. 김민기가 특유의 저음으로 "서럽고 쓰리던 지난날들도 다시는 다시는 오지 말라고"를 읊는 대목에선 참석자 모두가 울었다. 서울에서 은행을 다니다 노동자 곁으로 돌아오려 사표를 냈던 청년 윤상원. 박기순의 권유로 들불야학에 참여한 그도 누구보다 많은 눈물을 흘렸으리라.

그는 당일 일기에 '불꽃처럼 살다 간 누이야. 왜 말없이 눈을 감았는가. 믿어지지 않는 사실을 두고 모든 사람들 서럽게 운다'고 썼다. 영결식 1년 6개월 후 전남도청 상황실에서 계엄군의 총탄을 맞고 쓰러진 '시민군 대변인' 윤상원은 사망 2년이 지난 어느 날 박기순과 영혼결혼식을 올린다. 그리고 두 달 후 박기순의 영결식에도 참석했던 황석영 등이 자신의 운암동 자택에서 두 사람의 슬픈 결혼식을 기린 노래극 '넋풀이'를 만들었고, 그 안에 '임을 위한 행진곡'이 삽입됐음은 널리 알려진 바다.

'임을 위한 행진곡' 작곡자 김종률의 멘토이기도 했던 김민기, 그는 현재 암과 싸우고 있다. 1991년 문을 연 서울 대학로 소극장 '학전'도 창립 33주년을 맞는 내년 3월 15일 폐관할 예정이다. 만성적인 재정난에 그의 건강 문제가 겹친 것이다.

'아침이슬'과 '상록수' 등의 음반 계약금으로 극장 문을 열었고 저작권료와 살던 집까지 담보로 쏟아부어 운영했던, 배울 학(學)에 밭 전(田)자를 쓰는 학전은 김민기의 평생 일터였다. 김광석, 들국화, 유재하, 강산에, 동물원, 안치환 등 통기타 가수들이 그곳에서 스타로 성장했다. 학전을 상징하는 록뮤지컬 '지하철 1호선'도 설경구와 황정민, 조승우 등 스타 배우들을 다수 배출했다.

'지하철 1호선'은 1994년 초연한 이래 8,000회 공연, 누적 관객 70만 명을 달성하며 뮤지컬계의 역사를 쓴 작품이다. 앞으로 폐관까지 뮤지컬 '지하철 1호선'과 김광석 노래 경연대회, 어린이극 '고추장 떡볶이'를 남겨뒀다. 마지막 공연은 학전과 인연을 맺은 가수들의 출연료 없는 릴레이 콘서트다. 엄혹했던 시기, 광주와 어깨를 겯던 문예계 거장의 건강을 소망한다.

2023. 11. 27.

| 이낙연과 민주당

회사로부터 국회와 평민당 출입을 명받은 1988년, 증권거래소 뒤 여의도백화점에 있던 평민당사를 찾아가니 장영달 부대변인이 출입 신청을 받고 있었다. 그리곤 기자실에 가서 광주일보 김여송, 동아일보 이낙연 기자에게 명함을 교환하며 인사를 했다. 며칠 출입하면서 당 분위기를 보니 '주류 언론'에 시달리던 김대중 총재에게 두 선배는 일개 기자들이 아니었다.

김 총재는 이런저런 행사장에서 두 선배를 마주치면 자신의 승용차 옆자리에 태우고 출발하곤 했다. 차 안에서 김 총재는 아마도 가감 없는 민심을 전해 들었을 것이다. 특히 이낙연 기자의 선친은 김 총재도 잘 아는 호남의 원로 야당 당원이었다. 권노갑 고문 등 동교동 실세들도 이낙연 기자를 좋아했다. 권 고문은 어느 자리에선가 "이 기자는 항상 책을 들고 있는 모습이 인상적"이라고 했었다. 김인곤 의원 지역구였던 영광·함평에 공천을 받을 때도 김 총재와 권 고문 등의 요청이 있었음은 물론이다.

17대 총선을 앞두고 열린우리당이 창당됐으나 이낙연은

김대중 총재가 만들었던 새천년민주당을 지켰다. 경선에서 노무현 후보를 지지하고 당선인 대변인까지 맡았음에도 권력을 따라가지 않았다. 분당과 신당 창당에 명분이 없다고 생각했던 것이다. 선거유세 첫날 그는 함평군 해보면 문장사거리에서 청중을 휘어잡는 사자후를 토했다. 연설은 이렇게 마무리됐던 기억이 난다. "호남 사람들 그렇게 말랑말랑하게 보지 말란 말이여!"

당시 열린우리당 주도 세력은 정대철 김근태 등이 막판까지 주장한 통합신당을 외면하고 새천년민주당을 남겨둔 채 그 당에 '지역주의'라는 외피를 뒤집어씌웠다. 노무현 대통령에 대한 탄핵 후폭풍으로 수도권은 물론 광주와 전남까지 열린우리당 바람이 거세게 불었으나 그는 살아남았다. 열린우리당 창당 당시 '탈호남 전국 정당'이라는 깃발을 들었던 몇몇 인사들은 13년 후 안철수를 중심으로 국민의당을 만든다.

이번에 든 깃발은 '친호남 전국 정당'이었다. 당시 전남지사였던 이낙연은 이때도 "정치 생활을 하며 당적을 바꾼 적은 없다"며 신당 합류를 거부했다. 알다시피 열린우리당과 국민의당은 각각 4년과 2년 남짓 존재하다 흔적도 없이 사라졌다.

'인요한 혁신위'가 예상대로 별 성과 없이 끝났다. 내년 총선에서 국민의힘이 패배하면 윤석열 대통령의 레임덕은 가속

화될 것이다. 여권의 남은 카드는 한동훈 바람과 이재명 대표의 사법 리스크, 그리고 민주당의 분열 등이다. 따라서 이 대표가 총선의 키를 계속 쥐고 가면서 이낙연 전 총리가 의미 있는 신당을 꾸리는 상황이, 여권에는 최상이며 민주당으로선 최악의 구도일 것이다.

이 전 총리는 최근 신당에 대해 "마냥 시간을 끌고 연기를 피울 수는 없다"며 창당에 기운 듯한 발언을 했다. 그가 실제로 당을 떠나면 민주당은 '분당' 비슷한 충격을 받게 된다. 나아가 김부겸·정세균 전 총리가 함께 신당을 꾸리면 사실상 민주당 본류가 이동하는 것으로 이재명 대표에겐 치명타가 될 것이다.

그러나 민주당 안팎 신당 세력의 가장 큰 고민은 예컨대 '정권 심판'을 방해한다며 야권 지지층이 외면하는 가운데 중도층 견인도 생각만큼 이뤄지지 않은 시나리오다. 이 전 총리를 지지하는 원외 모임 '민주주의실천행동'이 "새로운 정치·정당 플랫폼을 만들기 위해 행동에 나선다"고 밝혔으나 원내 비명계 모임인 '원칙과 상식' 등이 여전히 창당 가능성을 부인하는 이유다.

정가에선 민주당의 병립형 선거제 회귀 여부, 공천관리위 구성과 공천 상황 등이 이 전 총리와 비명계의 신당 창당 트리거가 될 것이란 관측도 있다. 키를 쥔 이재명 대표와 이낙연 전 총리는 과연 어떤 선택을 할 것인가.

2023. 12. 11.

'이낙연 신당' 감상법

1979년 12.12 군사 반란에서 기원한 5공화국이 1981년 출범했고 1987년 6월항쟁으로 성립된 6공화국은 이번 윤석열 정권까지 벌써 8기를 맞고 있다. 이 두 공화국 42년간 창당된 숱한 신당 가운데 가장 기억에 남는 케이스는 1985년 2·12총선을 불과 한 달 앞두고 김영삼과 김대중이 손잡고 만든 신민당을 들 수 있다.

김영삼은 1983년 광주항쟁 3주기를 맞아 시작된 23일간의 단식으로 전두환 정권을 긴장시켰고 미국에 망명 중이던 김대중이 이를 적극 지지하면서 1980년 양김 분열은 극적으로 봉합됐다. 두 야당 지도자의 연대는 1984년 광주항쟁 4주기의 민추협 발족, 1985년 1월 18일 신민당 창당으로 이어졌다. 김대중은 총선을 4일 앞둔 2월 8일 김포공항을 통해 목숨을 건 귀국을 단행, 2·12총선 신민당 돌풍에 결정적 기여를 했다.

선거 결과는 가히 충격적이었다. 서울 14개 전 지역구에서 '선명 야당' 신민당이 당선됐고 '관제 야당' 민한당은 중선거구제였음에도 단 1곳만 살아남았다. 전두환과 추종자들이 만든

5공화국 체제는 이 선거 한 번으로 심각한 균열이 발생했으며 유세장에서 민심을 접한 민한당 의원들은 줄줄이 탈당, 신민당으로 당적을 옮겼다. 민한당은 결국 단 3명이 남는 군소정당으로 전락했고, 그나마 다음 13대 총선에선 단 한 명의 당선자도 내지 못해 정당 등록이 취소됐다.

\# 이낙연 전 민주당 대표가 연초 신당을 선보일 것이라고 공언했다. 민주당 현역 의원 누구도 신당을 지지하지 않는 걸 보니, 원외 그룹 혹은 이 전 대표 자신의 고독한 기획으로 보인다. 사실상 이재명 체제로 굳어진 민주당을 나가, 판을 한번 크게 흔들어 보려는 것일까.

갑작스러운 사태 전개에 이 전 대표를 지렛대 삼아 공천 불이익을 견제하고 당 개혁도 도모코자 했던 비명계와 친낙계 의원들은 당황하고 있다. 친낙계 의원들은 신당 불똥이 경선에 불리하게 작용될 수 있어 앞다퉈 반대 입장을 표명했고, 본선을 걱정하는 수도권 의원들은 계파 구분 없이 이 전 대표를 비난하거나 만류하고 있다. 실제 수백 표 차이로 당락이 결정되는 격전지 후보들에게 이낙연 신당은 존재 자체가 공포로 느껴질 수 있다.

\# '이낙연 신당'의 가능성은 제휴 세력과 노선 등 구체적 모

습이 드러나야 가닥이 잡힐 것이다. 신당에 대한 초반 여론은 호남에 비해 영남에서, 민주당 지지층에 비해 국민의힘 지지층에서 상대적으로 더 호감을 나타낸다. '제3세력'에 대한 열망일 수도, 야권 분열에 대한 기대감 때문일 수도 있다. 최근 나온 이 전 대표의 레토릭을 살펴보면 무당파 혹은 중도 세력을 주 타깃으로 설정한 듯하다.

이와 함께 사이사이 민주당의 정통성을 언급하는 것으로 보아 이른바 '진보-개혁세력의 재구성'도 염두에 두고 있음을 알 수 있다. 일단 '3당 체제'를 형성한 후 대선을 앞두고 민주당과의 합당이나 후보단일화를 겨냥하는 것 같다. 이 전 대표 입장에서 최상의 시나리오는 1985년 2·12 총선의 신민당 사례다.

물론 이 전 대표와 양김의 영향력은 비교 자체가 안 되는 것이나, 아마도 민주당 공천 후유증이나 이재명 대표의 '사법 리스크' 등도 고려하고 있을 것이다. 호남에선 민주당 외 다른 선택지가 하나 더 나오는 것에 대한 기대감이 일부 존재하나, 이낙연 신당은 이렇다 할 존재감 없이 군소정당으로 그칠 가능성도 있다.

신당이 야당 지지층이 우려하는 것처럼 야권 분열 역할만 할지, 민주당 정통성 회복의 한 단초가 될지 궁금하다. 부친과 마찬가지로 평생 민주당을 지켰고 그 자장 속에서 정치적으로 성장했던 '엄중 낙연'. 그의 일생일대 마지막 도전이 훗날 한국 정치사엔 어떻게 기록될까.

2023. 12. 18.

'73년생 강남 우파' 한동훈

국회의원들은 임기 4년을 전 후반기로 나눠 두 곳의 상임위에서 활동한다. 한 상임위에서 2년간 직을 수행하는 동안 상임위 회의와 국정감사, 예결산 심사, 정책토론회, 세미나, 소속 기관 및 유관단체 행사, 민원인 면담 등을 마주하게 된다. 평균적 학력에 회의장에서 졸지만 않으면 최소한 본인 상임위와 관련된 복잡한 현안과 다양한 해결 방안에 대해선 어느덧 전문가로 변신할 수밖에 없는 시스템인 것이다.

임기 중 두 곳의 상임위를 경험하게 되니, 3~4선 중진 반열에 오르면 자연스럽게 국정 전반을 꿰뚫게 된다. 이렇게 10~20년간 언론-시민단체의 견제와 감시를 견뎌 내고 유권자들과 동료 의원 및 소속 당원들의 마음을 얻게 되는 선량이 비로소 일국의 지도자 반열에 들어갈 수 있다. 이 그룹 내에서 또 치열한 경쟁을 거쳐 극소수의 당대표 혹은 대선후보로 부상하는 코스가 선진국들의 정치문화다.

우리도 오랜 기간 정치권에서 국민들과 교감하고 검증을 받아 대통령에 당선된 분들과 평생 다른 분야에 있다 갑자기 정치권에 호출돼 청와대에 들어간 분들 사이엔 국정 성과에 있어 일정한 편차가 존재한다. 국민들의 정치권 밖 '새 인물'에 대한 갈증과 선호는 일차적으로 현역 정치인들이 제 역할을 하지 못한 탓이나, 이승만, 박정희의 의회 경시에도 그 역사적 배경이 있다. 소위 '영도자' 입장에선 말 많고 절차만 까다로운 국회가 탐탁하지 않았을 것이다. 따라서 여론조작을 통한 '일하는 지도자와 훼방 놓는 국회'의 선명한 대비는 의회 따위는 무시하고 싶은 독재자들 입맛에 딱 맞는 구도였다.

정치권에 '한동훈'이라는 또 한 명의 스타가 화려하게 등장하고 있다. 불과 1년 7개월 전까지만 해도 '정권의 핍박'을 받아 한직을 떠돌던 검사가 느닷없이 집권당의 최고 지위에 오르고 대선후보 선호도에서도 선두권을 달리고 있다. 역시 다이내믹 코리아가 아닐 수 없다. 한동훈 전 법무장관이 국민의힘 비상대책위원장직을 맡기까지는 야당 의원들의 집중 견제에 '일전불사' 논전을 벌인 탓도 있으니 그의 등장은 일종의 '자의 반 타의 반'이라고도 할 수 있다.

어쨌든 윤석열 대통령 등 보수세력은 위기에 빠진 여권을 구할 기수로 한동훈을 선택한 셈인데, 무리수라는 비판도 많다. 우선 특정 정치인들과 말싸움에서 이기는 것(처럼 보였을 수 있다)과 의견이 다른 이들을 설득하고 여론을 모아 가는 정치는 그 차원이 다르다는 지적이다. 심지어 그는 인기 없는 현직 대통령의 최측근이며 보수언론에서도 '하필 또 검사냐'라고 지적하는 검사 출신이다.

국회의원이나 단체장을 단 하루도 경험하지 못한 전직 공무원에게 총선을 앞둔 집권당을 맡긴 대한민국 보수. 그들의 용기는 무모함일까 결단력일까. 하긴 여권 일각에선 '윤석열 시즌 2'를 기대한다는데 무슨 말이 더 필요하겠나.

민주당은 한 전 장관과 윤 대통령 부부와의 특수관계를 들어 '한동훈 비대위'가 '인요한 혁신위'의 실패를 복기할 것이라고 낙관하는 눈치다. 용산과 국민의힘이 여론의 가장 큰 비판을 받아 온 수직적 관계를 탈피하지 못하고 오히려 직할 체제가 될 것이란 전망에서다.

그러나 한국 정치를 누가 알겠는가. 1987년 6월항쟁으로 붕괴 위기에 몰린 12·12 군사반란 세력은 '6·29 선언'으로 기사회생한 바 있다. 한동훈 비대위원장도 윤 대통령과 모종의 극적인 상황을 전격적으로 조성할 가능성이 있다. 여권이 73년생 50대 초반의 '강남 우파' 한동훈을 앞세워 대대적 세대교체 바람을 일으킬 경우, 공천을 앞두고 계파별 신경전에만 집중하는 야당과 차별화에 성공할 수도 있다. 민주당이 마냥 손 놓고 있어도 될까, 정말?

2023. 12. 26.

민주당 분열에 대한 '소회'(所懷)

민족 대표가 모여 3.1 독립선언문을 낭독한 태화관은 세종로에 있던 최초의 궁중요리 전문점인 명월관의 종로 분점이었다. 태화관 터는 원래 매국노 이완용의 별장 자리였으니 역사적 아이러니다. 1925년 4월 17일 제1차 조선공산당이 극비리에 결성된 장소도 당시 장안 최고 청요리집인 아서원이었다. 또 자유당 2인자였던 이기붕이 해방 전 국일관에서 4년 정도 지배인을 지내는 등 정치인과 고급 사교장의 인연은 의외로 두텁다.

남산 자락의 '외교구락부'도 한국 정치사에 한 획을 그은 양식당이었다. 1987년 6월항쟁으로 직선제가 도입되자, 국민 70% 이상은 두 야당 지도자인 김영삼 김대중 중 한 분이 연말 대선에서 승리할 것임을 믿어 의심치 않았다. 그러나 멀리는 1960년대까지 거슬러 올라가는 양김의 라이벌 의식과 '상도동'(김영삼계)과 '동교동'(김대중계)의 단단한 인맥은 기어이 민주당을 분당 위기로 몰아넣었다.

6월항쟁의 동맹군인 재야와 당 안팎 단일화 추진 인사들의 단식이 잇따르는 가운데 DJ와 YS는 결국 외교구락부에 등 떠밀려 나타났다. 은은한 샹들리에 조명 아래 마주한 두 야당 지도자의 회동 결과에 국민들의 눈과 귀가 집중됐다. 배석자 없이 진행된 담판은 끝내 성과 없이 종료됐고 두 달 뒤 분열된 양김에 표를 던졌던 지지자들은 엄청난 분노와 허탈감을 오랫동안 이겨 내야 했다. 이후 우리 역사가 어떤 궤적을 그렸는지는 생각만 해도 착잡하다.

양김의 외교구락부 회동 당시 '동교동'을 마크하던 동아일보 이낙연 기자는 주차장에 대기하던 DJ의 차에 미리 타고 있었다. 전용차 기사와 친하게 지낸 덕이었다. 귀가하던 DJ는 이 기자에게 자신이 양보할 수 없는 여러 가지 이유 중 하나로 이른바 '지역 문제'도 꼽았다. 그리곤 "내가 물러서면 앞으로 25년간 호남에서 인물(대통령감)이 나올 수 없을 것"이라는 전망을 덧붙인다.

이낙연은 15년도 아니고 20년도 아닌, 분명 25년이라고 한 그의 말을 또렷이 기억했다. 그의 이 발언이 노태우 김영삼 김종필과 함께 DJ가 나서면 반드시 이긴다는 소위 '4자 필승론'을 위한 변명이었는지, 아니면 정치 9단 나름의 혜안에서 비롯된 일종의 예언이었는지는 알 수 없다. 어쨌든 DJ는 그 10년 후 우여곡절 끝에 청와대에 들어갔고 그로부터 정확히 25년 후인 2022년, 이낙연은 대권에 가장 근접한 호남 출신 정치인이었다.

호남은 영남과 함께 지난 수십 년간 대부분 특정 정당의 공천이 곧 당선이었다. 물론 이 같은 비정상이 지역 정치인들의 탓만은 아니다. 그러나 본인들이 당선에 유리한 기존 지형을 유지시키려 상당한 노력을 기울인 것은 사실이며, 동시에 스스로 전국적 경쟁력을 약화시키는 결과를 초래했다. 역시 '공짜점심'은 없는 법이다.

1987년 12월 들어 양김은 이미 패배의 냄새를 맡고 있었다. 선거를 앞두고 급거 귀국한 김경재, 정동채 등의 재미 언론인이 동교동을 찾아가 "선생님 이대로 가면 노태우 후보가 당선됩니다. 지금이라도 단일화 협상을 재개해야 되지 않습니까"라고 호소했다. 돌아온 답변은 '투- 레이트(너무 늦었어)'였다.

엊그제 이재명-이낙연 담판이 성과 없이 끝났다. 분열에 대한 책임론을 조금이라도 희석시키려던 만남이었으니 어쩌면 당연한 결과이리라. 1987년 양김처럼 두 사람의 논리에 각자 일리가 있어 해법도 쉽지 않다. 야권의 총선 전망에 적신호가 켜졌고 여권은 내심 반색을 할 것으로 보인다.

문득 칼 마르크스의 말이 떠오른다. "헤겔은 어디에선가 역사는 두 번 반복된다고 말한 적이 있다. 처음에는 비극으로, 다음에는 소극으로…."

2024. 01. 01.

'정치 테러'는 어떻게 발생하는가

\# 민주당 이재명 대표에 대한 테러 이후 원인을 둘러싼 설왕설래가 한창이다. 지난 2006년 박근혜 당시 한나라당 대표에 대한 커터칼 테러를 비롯, 대통령 직선제가 부활한 13대 대통령선거 때도 각 후보 진영은 테러 방지책에 골몰했었다.

한반도에 사람이 살기 시작한 이래 단일 장소에 최대의 인파가 모인 정치집회는 아마도 1987년 12월 13일 서울 보라매공원에서 개최된 평민당 김대중 후보의 유세였을 것이다. 최대 150만으로 추산된 그날 유세가 끝난 후 상당수 참석자들은 김 후보의 무개차를 따라 노량진과 제1한강교를 건넜다. 당시 필자도 그 군중 속에 있었는데, 유행가를 개사한 '대중은 김대중! 평민당 김대중!' 등의 노래를 수만 명이 한꺼번에 합창하며 동시에 발을 구르니 한강 다리가 위아래로 아찔하게 출렁거렸다.

어둠이 내리기 시작한 서울역 앞 대우빌딩을 지나면서 경호원들은 투명 방탄유리로 김대중 후보를 에워쌌고 서치라이트로 주변 건물 곳곳을 비추곤 했다. 지지자들은 "이제 '암살 시도'만 막으면 며칠 후 청와대에서 만날 수 있다"고 흥분하며 광화문을 거쳐 신촌네거리까지 행진했다.

\# 윤석열 대통령이 제1야당 대표와 마주 앉아 단 한 번도 국정을 협의하지 않은 것은 문제다. 상대를 정치적 경쟁자가 아니라 제거해야 할 범죄자로 취급했기 때문일 것이다. 사회통합을 이뤄야 할 정치 지도자들이 오히려 극단적 양극화를 조장하고 지지자들의 증오심을 증폭시키는 행위는 민주주의를 후퇴시킨다.

이른바 '팬덤 정치'에 기생해 온 정치권과 이를 추동하는 강성 지지층의 존재도 부산 테러의 주요 원인이다. 보수든 진보든 더 나은 대안을 내놓을 실력이 부족하니 상대방을 악마화하는 조악한 정치 쪽으로만 달려온 것 아닌가. 이재명 대표만 구속시키면 총선은 끝난다고 생각하는 듯하던 집권 세력은 그게 여의치 않으니 소위 '86세대 정치인'들의 도덕성을 집중 공격하는 쪽으로 방향을 틀고 있다.

그런데, 그래서 야당이 정권을 잃은 것 아닌가. 윤석열 후보에 표를 던진 유권자 중 상당수가 이 대표를 둘러싼 법적 시비와 86세대 정치인들의 약점을 몰라서 이후 대통령 지지를 철회했다고 생각한다는 것인지 의아하다. 윤 대통령 부부를 공격하는 일이 거의 유일한 총선 전략으로 비치는 민주당의 언행도 문제가 있다. 5년 만에 정권을 내놓게 된 성찰과 반성, 개혁 방안과 정책적 대안 없는 정치적 공세는 수권정당이 아닌 만년 야당 포지션이다.

주요 정치 지도자들에 대한 평시 경호시스템도 재검토가 필요하다. 그러나 지금 무엇보다 시급한 건 저질 유튜버들에 대한 방지책이다. 자극적 방송이 구독자를 더 끌어모으고 결국 돈이 되는 뒤틀린 환경 속에서 이들의 작태는 더욱 기승을 부리는데 사실상 아무런 규제가 없다.

"이재명이 벌인 자작극이다." "민주당의 정치쇼다." "김 여사가 보낸 자객이다." "대통령이 김건희 특검법 이슈를 덮기 위해 사주한 것이다." 2024년 대한민국에서 이게 말인가, 막걸린가. 극단적 유튜버들은 우리 사회를 체계적으로 분석할 수 있는 능력이 없으니 사안을 최대한 단순화시킨다. 예컨대 대통령 혹은 야당 대표만 사라지면 문제가 해결된다, 김정은만 없어지면 통일이 온다는 식의 표피적 유아적 언술을 이어간다.

이런 정치 유튜브에 심취한 한 극단주의자가 급기야 제1야당 대표의 목에 칼을 휘두른 것이 이번 사태의 본질 아닌가 생각된다. 여야는 자당에 유리한 유튜브든 아니든, 이들 3류 유튜버들을 민주주의의 공적으로 규정하고 대책을 마련해야 한다. 자고 나면 좌우 지도자들에 대한 테러 소식이 잇따랐던 '해방정국'의 무법천지를 돌아보자.

2024. 01. 08.

김웅과 이낙연-이준석 그리고 이상민

"저는, 지금의 국민의힘이 민주적 정당인지를 묻습니다. 제 답은 '그렇지 않다'입니다. 그래서 저는 국민께 표를 달라고 할 수 없습니다." 국민의힘 김웅 의원(초선·서울 송파갑)이 지난 8일 총선 불출마를 선언했다. 이유는 '우리 당이 바로 서기를 간절히 기원하기 때문'이라고 밝혔다. 탈당을 하거나 '이준석 신당' 등에 합류하는 일은 없다면서도 "우리 당이 보수주의 정당인데 여기서 더 우경화되면 사실은 남아 있기가 매우 어려울 것 같다"며 여운을 남겼다.

김 의원은 "전체적인 질서를 위해 개인이 어느 정도 희생될 수 있다고 하는 게 우경화의 가장 주요한 특징 중 하나"라며 그 예로 '채 상병 사망 사고' 수사를 맡았던 박정훈 대령에게 '항명죄'를 뒤집어씌운 것을 언급했다. 그는 기자회견에서 "우리 당이 가야 할 곳은 대통령의 품이 아니라 우리 사회 가장 낮은 곳"이라고 강조했다.

이어 "그것이 보수주의 정당의 책무이고 미래를 여는 열쇠"라며 "운동권 전체주의를 이길 수 있는 유일한 힘은 바로 민주주의"라고 강조했다. 그러면서 "저는 제가 할 수 있는 모든 것을 했고, 이제 제가 가진 마지막 카드(불출마)를 던진다"고 말했다. 김 의원이 소속 당에 요구한 것은 채 상병 사망 사고 대응 관련 사과와 홍범도 장군 흉상 이전 백지화, 그리고 '김건희 특검법' 수용 등이다.

그는 한동훈 비상대책위원장의 '불체포 특권 포기' 조건부 공천 기조를 비판하기도 했다. "체포동의안 제도는 17세기 초 제임스 1세 때 의회가 절대왕정을 상대해 첫 번째로 거둔 승리, 그 기념비적인 일로 그 제도를 고작 이재명 잡겠다고 보수주의 정당에서 그렇게 우습게 여기는 것은 저는 말이 안 된다고 생각합니다."

항상 그렇듯 총선을 앞둔 정치인들의 발걸음이 다시 분주해졌다. 여야를 막론하고 불출마를 선언한 의원도 여럿 나왔으나 김웅 의원은 민주당 오영환 의원(초선, 경기 의정부갑)의 경우처럼 특히 여론의 반향이 컸다. 김·오 두 의원 관련 기사에는 '사람을 다시 봤다', '꼭 다시 복귀해 우리 정치를 바꿔 나갔으면 좋겠다'는 댓글이 많았다.

이낙연 전 민주당 대표와 이준석 전 국민의힘 대표처럼 아예 둥지를 박차고 나와 신당을 만들겠다고 선언한 의원들도 나오고 있다. 이낙연 신당이든 이준석 신당이든, 혹은 이들을 포괄하는 통합신당이 만들어지든 이는 '정권심판론'에 힘입어 총선 승리를 낙관하던 민주당엔 악재가 될 가능성이 크다.

여론조사 전문가들은 "특히 수도권에서 민주당과 신당들이 '정권심판론'을 나눠 갖는다면 민주당 후보가 어려워지는 선거구가 적지 않게 생길 수 있다"고 예측했다. 그간 중도층에서 우위를 보여 온 민주당의 경쟁력이 하락할 수밖에 없기 때문이다.

여러 의원들이 불출마와 탈당 등 나름의 결단을 하는 와중에 지난해 12월 3일 민주당을 탈당, 지난 8일 국민의힘으로 입당한 이상민 의원은 꽤 특이한 경우다. 소위 '개딸 전체주의'를 강하게 비판하던 이 의원의 여당행에 대해선 "결국 '용산 전체주의'로 투항하느냐"는 비아냥도 나온다. 특히 민주당 쪽에선 여야를 넘나들던 그간의 행보를 거론하며 "당내 경선에 자신이 없으니, 여당으로 탈주한 것", "5선인 이 의원이 국회의장 한번 해 보려고 또 한 번 변절하는 것"이라고 힐난한다.

물론 이 의원은 "민주당과의 결별한 것이 아닌 이재명 사당, 개딸당과 결별한 것"이라며 "이재명과 공범자들이 얼마나 민심에 반하고 있는지 거울을 보고 성찰해 주기를 바란다"고 반박했다. 앞으로 한두 달, 또 다른 의원들이 어떤 명분을 내세우며 이합집산을 하는지 주시하다 총선에서 그에 합당한 평가를 해주자.

2024. 01. 15.

국회의원 50명 줄이자는 한동훈

이재명 대표의 피습 사태와 이낙연 전 대표의 탈당 및 신당 창당 등으로 야권이 뒤숭숭한 가운데 국민의힘 한동훈 비대위원장이 각종 정치개혁 공약을 잇달아 내놓고 있다. 한 위원장은 지난 16일 "총선 이후 여당이 내놓을 '1호 법안'은 현재 300명인 국회의원 정수를 250명으로 축소하는 개정안"이라고 발표했다.

국회의원 정원 축소는 정치개혁의 오랜 단골 메뉴다. 유권자들의 불신을 받는 한국 정치 탓으로 이에 대한 여론은 항상 긍정적으로 나오긴 하나 그렇게 단순한 문제가 아니다. 정치혐오에 기댄 포퓰리즘적 발상이라는 비판도 만만치 않기 때문이다. 민주당 박용진 의원은 "국회의원 숫자 줄여 50명 빼는 게 정치혁신이라면 과거 100명 줄이겠다고 한 안철수, 200명 줄이겠다던 허경영은 그야말로 정치 9단이고 정치 고수이자 정치개혁에 진심이었던 사람들"이라며 "기왕 하시는 거 국회의원 50명 한다 그러시지 그랬느냐"고 힐난했다.

최혜영 더불어민주당 원내대변인도 "의원 한 명이 대변해야 하는 국민 수가 많으면 대표성이 떨어지고, 국민 목소리를 제대로 반영하지 못할 우려가 있다"고 밝혔다. 이준석 개혁신당

정강정책위원장은 "정치에 염증을 느끼는 국민에 대해 소구하려는 것 같은데, 지금 국민들의 정치 염증을 만들어 낸 정당이 어디인가를 겸허히 반성해야 할 것"이라고 비판했다.

\# 우리 국회의원 수가 많다는 주장의 비교 근거가 연방제 국가의 연방의회라는 게 함정이라는 지적도 있다. 연방제 국가에서 연방의회는 외교와 국방을 집중해서 다루기에 의원 숫자는 그렇게 많을 필요가 없다는 것이다.

'21세기경제학연구소' 이승훈 객원 연구원은 SNS에 "연방제 국가는 주가 하나의 나라라 주별로 국회에 해당하는 주의회가 있기에 그 연방의회와 주의회 의원들을 모두 합해 한국의 국회의원과 비교해야 한다"며 "국회의원 정수 축소론은 국민 기만"이라고 일축했다. 그는 또 "한국은 강력한 대통령 중심제, 행정부 우위 국가로 대통령과 행정부의 전횡을 막기 위해 국회가 필요한데 국회의원을 더 많이 뽑지는 못할망정 국회의원을 지금보다 더 줄일 수는 없다"며 "국회의원 정수는 더 늘리는 것이 민주주의에 부합한다"고 밝혔다.

한국은 사실 통념과 달리 국회의원 숫자가 너무 적은 나라 중 하나다. 지난해 기준 우리나라의 의원 1인당 인구수는 17만 2,483명으로 OECD 36개국 중 미국과 멕시코 일본에 이어 네 번째로 많다. 의원 정수가 줄어들면 의원들의 기득권이 강해지고 대통령과 당대표 등 더 큰 권력과 자본 등에 의한 '관리'가 용이해진다.

학계에선 의원 정수는 늘리고 특혜와 특권은 폐지하는 게 바람직한 개선 방향이라고 입을 모은다. 현재 9명의 보좌진을 대부분의 선진국처럼 2~5명으로 줄이고 OECD 국가 가운데 세 번째로 높은 1억 5천만 원이 넘는 세비와 수당을 근로자 평균 수준으로 삭감시키자는 제안도 있다. 참고로 작년도 우리나라 근로자 평균임금은 연봉 4,668만 원이다. 그럼 지금처럼 너도나도 배지를 달려는 대신 공적 책임감이 있는 선량들이 선출될 가능성이 높아질 것이다.

앞서 한 위원장은 국회의원 특권 개혁 일환으로 국회의원 불체포 특권 포기, 금고형 이상 확정시 재판 기간 세비 반납, 당의 귀책 사유로 치러지는 지역의 보궐선거 무공천 등을 내세웠으나 '변죽만 울린다'는 지적이며 특히 '불체포 특권' 폐지는 이 제도의 역사성을 간과한 것이라는 반론이 나온 바 있다. 당 안팎을 달구고 있는 '김건희 여사 문제'에 소극적인 것도 한 위원장의 잇단 '개혁 발언'들이 여론의 반향을 크게 일으키지 못하는 주요 이유일 것이다.

2024. 01. 22.

'마리 앙투아네트'와 '카노사의 굴욕'

국민의힘 한동훈 비대위원장은 지난 23일 서천 화재 현장에 도착, 약 15분 동안 윤석열 대통령을 기다렸다. 이 시간 서천은 영하 6.3도에 눈바람도 거세 한자리에 서 있기도 어려운 날씨였다는 전언이다. 윤 대통령은 어깨를 툭 치며 친근감을 표했고 한 위원장은 허리를 90도 가깝게 깊이 숙여 인사했다.

이렇게 두 사람의 갈등은 봉합 수순으로 들어갔으나 미증유의 이번 파동에서 튕겨 나온 정치적 부담과 법적 시비는 당분간 이어질 전망이다. 일각에서 제기된 '약속 대련' 가능성이 매우 낮은 이유다. 유승민 이준석 나경원 김기현… 이번엔 윤 대통령이 '눈에 넣어도 아프지 않을 정도'라는 한동훈이었다. 소위 '친윤 그룹'이 그의 등판이 시기상조라는 동료 의원들에게 소리까지 질러 가며 만든 비대위원장이었으나 한 달도 안 돼 대통령 비서실장이 나서 사퇴하라고 요구한 것이다.

이쯤 되면 윤 대통령에겐 여당 대표가 어떤 존재인지 궁금하지 않을 수 없다. "당이 검찰 조직이냐"는 지적이 보수층에서조차 나온다. 김경율 비대위원의 서울 마포을 데뷔가 '사천'이라는 것인데, 원희룡 전 국토부 장관의 인천 계양을 출마 발표도 똑같은 사례였다. 그땐 왜 조용했을까. 김건희 여사 명품 가방 수수 문제를 집중적으로 제기해 온 김 위원만 타깃으로 찍혔다는 분석이 나온 배경이다.

한 위원장이 김 위원의 '마리 앙투아네트' 발언을 지적하기는커녕 오히려 거드는 듯한 것이 대통령실의 불만을 샀다는 관측이나 그 내용도 국민들이 걱정하실 만한 부분이 있었다고 생각한다는 수준이었다. 이 정도 언행이 총선을 앞둔 당정 수뇌부가 충돌한 초유의 사태를 불러온 배경이라니, 이낙연 새로운미래 인재영입위원장 말대로 '기괴한' 모습이 아닐 수 없다.

여당의 비대위원장은 행정부의 장관처럼 대통령의 부하가 아니다. 3권 분립의 원칙에 따른 대법원장과 국회의장처럼 고도의 자율성을 보상받는다. 선거칠에 대통령이 여당의 당무에 개입하면 사법 처리될 수도 있다는 선례를 남긴 장본인은 바로 윤 대통령이었다. 서울중앙지검장이었던 지난 2018년 박근혜 전 대통령이 20대 총선 때 새누리당 공천에 개입했다며 공직선거법 위반 혐의로 기소했고, 박 전 대통령은 징역 2년의 실형을 선고받았다.

모든 논란의 진원지인 김건희 여사의 디올 백 건 역시 더 복잡해졌다. '사과 불가론'과 '수사 불가피' 주장에 더해 '대통령 선물' 시비까지 불거진 것이다. 대통령실은 최근 김 여사가 받

은 명품 가방을 '대통령 부부에게 접수된 선물'로 규정하고, '관련 규정에 따라 보관하고 있다'는 취지로 설명한 것으로 알려졌다. 그러나 김 여사에게 백을 선물한 최재영 목사가 미국 시민권자라 해도 공직자윤리법이 규정한 '외교 관례상 어쩔 수 없이 수수한 선물'로 간주할 '동료 시민'들이 얼마나 될지는 의문이다.

P.S. 1 : 신성로마제국 황제 하인리히 4세가 교황 그레고리우스 7세의 명령을 무시하자 교황은 황제를 파문했고 황제는 알프스를 넘어 카노사로 달려갔다. 하인리히는 죄를 뉘우치는 자를 뜻하는 흰옷을 입고, 맨발로 성문 앞에 3일을 서 있었다. 황제는 교황 앞에 서서 애원했고 교황은 황제의 서약을 받아들여 사면했다. 1077년 1월의 일이다.

P.S. 2 : 이젠 그 누명이 많이 벗겨졌으나 루이 16세의 왕비인 '마리 앙투아네트'는 일종의 희생양이었다. 프랑스 혁명 지도부는 당시 적국이었던 오스트리아 출신인 그녀에게 누명을 씌웠다. 전임 루이 15세의 잇단 참전에 따른 재정 적자가 혁명의 문을 열었으며 그의 애첩 중 한 명인 뒤바리 부인이 막후에서 정치적 영향력을 행사했다. 뒤바리는 혁명 와중에 단두대에 목을 내놓았다.

2024. 01. 25.

전남도청 이전과 최창조 교수

오랫동안 우리 민족과 함께한 '풍수'가 일본 제국주의자들에겐 껄끄럽고 부담스러웠다. 조선과 만주를 '영원한 천황의 땅'으로 만들기 위해선 철도와 도로를 건설해야만 했다. 그러나 조선인들은 천둥소리와 시커먼 연기를 뿜어 대는 '쇠 마차'가 조상님의 안식을 방해한다고 여겼다.

헌병과 순사들의 감시 속에 '지맥'이 잘리고 조상 묘가 파헤쳐지자 곳곳에서 격렬한 반발이 일었다. 특히 전주와 공주의 양반들은 선영 근처에 철길이 지나는 것을 목숨 걸고 막았다. 이리와 대전이라는 신도시가 만들어진 배경이다. 조선총독부는 전래의 풍수를 '미신'으로 만드는 이데올로기 작업을 끈질기게 전개했다.

1960년대 박정희 대통령이 추진한 '조국 근대화' 작업의 동맥도 전국을 일일생활권으로 묶는 고속도로였다. 일제 강점기보다 더 대규모로 지맥이 잘리고 무덤들도 이장해야 했다. 새로운 장지를 찾는 과정에서 이른바 '명당'의 수요가 급증했고 '지관'들의 몸값도 덩달아 올랐다. 이런 환경이 계속되던 1984

년, 당시 전북대 최창조 교수의 '한국의 풍수 사상'이 세상에 나왔다.

중국 풍수서를 필사한 '비기'(祕記)들만이 통용되던 시절, 교수가 미신 취급을 받던 풍수를 학술적으로 정리했다는 것 자체가 화제였다. 그의 책은 총독부의 지원을 받은 무라야마 지준의 '조선의 풍수' 이후 우리 손에 의한 첫 풍수서이기도 했다.

학술서가 수만 권 단위로 팔리는 이례적 현상이 일어났고 우리 사회에 '풍수 열풍'이 불었다. 한자투성이의 굉장히 난해한 책이 몇 주 동안 교보문고 종합 순위 1위에 올라 그해 베스트셀러로도 꼽혔다. '학계의 불우·부진 분야를 후원한다'는 취지마저 무색했고 최 교수는 인지를 찍느라 팔이 아플 정도였다. 그때까지 '술'(術)로 치부되던 풍수가 당당하게 '학'(學)의 반열로 올라온 순간이었다.

그는 책에서 묏자리의 길흉을 판단하는 이른바 음택풍수(陰宅風水)에 반대하면서 "명당은 사람이 자연과 함께 만들어 가는 것"이라고 주장했다. 또 한국 자생풍수의 본질은 땅의 결함을 고치는 '비보'(裨補)라면서 "우리 풍수는 좋은 땅을 찾자는 게 아니라 병든 곳을 찾아 침을 놓고 뜸을 뜨자는 것"이라고 강조했다.

최 교수는 자생풍수가 신라 말 도선 국사에서 시작해 조선 건국 초기 무학대사, 그리고 조선 후기 홍경래를 거쳐 동학혁명의 전봉준 장군까지 이어진다고 봤다. 최 교수가 이처럼 묘지 풍수를 부정하자 '지관'들의 공격이 시작됐고 '풍수'를 폄하해 온 학계에서도 그를 무시했다. 모교인 서울대로 옮긴 지 4년 만에 교수 타이틀을 박차고 나온 이유였다.

전남도청 이전을 앞두고 도내 여러 지역이 치열한 유치운동을 벌이던 지난 1993년, 필자가 몸담았던 매체는 최 교수에게 장문의 기고를 받아 시리즈로 게재한 적이 있다. 풍수에 깊은 관심을 보였던 김원욱 편집국장이 지인인 최 교수에게 요청, 성사된 기획이었다. 당시 최 교수는 "무안 승달산과 목포 유달산, 영암 성황산 등 유불선(儒佛仙) 삼신산(三神山)의 중심점이자 서울의 북악(北岳)과 대응되는 무안 남악(南岳)이 바람직하다"고 콕 찍어 도청이 무안으로 이전하는 데 상당한 영향을 끼쳤다.

최창조 교수가 지난달 31일 오후 9시 향년 74세로 별세했다. "고인은 현대와 미래에 환경생태지식으로 활용할 수 있는 사상으로 풍수를 올려놓았다." 제자인 경상국립대 최원석 교수의 평가다. 그는 "땅을 어머니처럼 내 몸처럼 대하라는 고인의 사회적 메시지는 오늘날 기후 위기에 커다란 통찰과 울림을 던진다"고 강조했다. 최 교수는 '한국의 자생 풍수', '사람의 지리학', '땅의 논리 인간의 논리' 등 여러 저서를 남겼다. 전남도청 이전의 주역 중 한 분인 고인의 명복을 빈다.

2024. 02. 05.

민주당의 뜬금없는 '대선 패배 책임론'

예로부터 장수(將帥)는 용장(勇將), 지장(智將), 맹장(猛將), 덕장(德將) 그리고 운장(運將) 등으로 분류됐다. 용장은 힘이 세고 용감하며, 지장은 지혜로 적과 싸운다. 맹장은 힘도 세고 지혜도 갖추고 있는 장수를 말하며, 덕장은 무예가 출중하고 지혜도 있는 데다 부하를 통솔하는 힘이 뛰어난 장수를 말한다. 그러나 용장이나 지장, 맹장, 덕장보다 더 막강한 장수가 있으니 바로 운장(運將)이다.

운장의 개념은 병서에선 언급되지 않으나 유럽이나 일본에선 실제로 주요 전쟁에 운이 따르는 장군을 선발했다고 한다. 개인적 느낌이지만 윤석열 대통령은 용장, 이재명 대표와 한동훈 비대위원장은 지장, 노무현 대통령은 맹장, 김대중, 김영삼 대통령은 덕장에 가까운 캐릭터가 아닌가 여겨진다. 그럼 운장(運將)은? 문재인 대통령과 클린스만 감독이 떠오르는데 특히 클 감독의 멘탈은 가히 경지에 올라 있는 것 같아 감탄사가 나올 정도다.

'10년 주기설'을 깨고 5년 만에 정권을 내줬음에도, 그간

이렇다 할 분석과 반성 없이 지나갔던 민주당이 뜬금없는 '대선패배 책임론'으로 소란하다. 임혁백 당 공관위원장은 지난 6일 '선배 정치인'들과 '본의 아니게 윤석열 검찰정권 탄생의 원인을 제공한' 사람들의 자발적 용퇴를 요구했다.

친명계 중진 정성호 의원도 "임종석, 노영민 전 비서실장 관련해선 윤석열 정권이 들어선 데에 대해, 문재인 정부에서 가장 책임 있는 역할을 했던 분들이 책임져야 하는 게 아니냐는 일부 여론이 있는 것도 사실"이라고 말했다. 그간 친문 책임론은 주로 친명계 원외 인사들을 중심으로 나왔으나, 당 핵심 인사들까지 공개적으로 유사한 인식을 표출하자 친문 진영은 아연 위기감에 휩싸였다.

만약 임, 노 전 비서실장 등 문 정권 인사들에 대한 조치가 현실화되면 그간 내연하던 친명·친문 갈등은 전면전으로 비화된다. 당장 임 전 실장은 SNS에 '윤석열 정권 탄생 책임이 문재인 정부에 있다는 인식에 동의하지 않는다. 누가 누구를 탓하는 것은 (대선 배패의) 아픔을 반복할 수 있다'고 썼다. 일부 친문계 인사들은 아예 "이재명 대표는 대선 패배에 책임이 없느냐"고 맞대응했다.

친명-친문 갈등은 뿌리가 깊다. 2017년 대선 당시 이 대표

지지층 일각에선 경선 불복을 외치며 문 전 대통령을 강하게 비난했고, 2022년 대선에서도 일부 이 대표 지지자들이 문재인 정부가 이 대표를 도와주지 않는다고 불만을 토로했었다.

당 지도부는 힘이 세다. 공천이 아무리 시스템으로 이뤄진다 해도 이를 운용하는 건 사람이기 때문이다. 예컨대 특정 선거구를 2인 혹은 3인 경선으로 정하면서 특정인을 간접 지원하는 등 방법도 많다. 그래서 서로 당권을 쥐려는 것인데, 역시 문제는 스킬이다.

한동훈의 국민의힘은 수도권에 빈 선거구가 많고 영남도 야당 우세인 이른바 험지가 많아 민주당에 비해 다양한 행마를 구사할 여유가 있다. 그런 때문인지 내용이야 어쨌든 '386 자객 공천', '중진 험지 출마' 등 최소한 뭔가 애를 쓴다는 느낌은 주고 있다. 이에 비해 이재명의 민주당은 사실 여부와 관계없이 '반명을 몰아내더니 이젠 친문을 친다'는 뉘앙스를 광고하고 있다.

이재명 대표가 부랴부랴 진화를 시도하고 나섰으나 경선 결과에 따라 갈등 재현 가능성은 농후하며 이번에 그 빌미를 제대로 제공한 셈이다. 계파 갈등이야 어느 당이나 있는 것이고, 왕왕 세력 교체도 일어나는 것이지만 좀 더 매끈하게 진행할 순 없는지 오히려 지지자들이 더 걱정하는 눈치다.

가뜩이나 민주당이 우세를 보이던 중도층 상당수를 이낙연-이준석의 '개혁신당'이 가져가는 흐름에서 선거전 초반 구도는 이래저래 민주당에 불리한 쪽으로 돌아가고 있다.

2024. 02. 13.

1988년 '5·18 청문회', 그 후 36년…

1988년 13대 총선은 헌정사상 처음으로 여소야대 정국을 등장시켰고 곧바로 12·12사건과 80년 광주항쟁의 진상규명 요구가 봇물처럼 터져 나왔다. 1987년 6월항쟁으로 탄생한 6공화국의 기원이 바로 5·18의 투쟁과 희생이었기에 너무도 당연한 국민적 열망이었다. 이에 국회는 '5·18광주민주화운동 진상조사특위'를 가동했다. 광주 청문회가 시작되자 그간 폭동, 유언비어, 간첩 등으로 호명됐던 80년 5월의 실상이 공중파를 통해 처음 생중계됐고 시청자들은 그 충격적 실체를 접하고 경악했다.

당시 정상용·김영진 등 광주·전남 출신 특위 위원들은 엄청난 역사적 중압감을 느끼며 청문회에 임했다. 보좌진들은 국회 앞 맨하탄호텔에 방을 잡아 놓고 국방부 등에서 연일 쏟아지는 요구자료를 밤새워 분석, 질의를 준비했다. 필자도 종종 정리작업을 거들어 준 후 특종을 한 건씩 송고하곤 했다. 그때 정상용 의원실 보좌관이 지금 '5·18조사위'를 이끄는 송선태 위원장이다.

광주 청문회가 열린 지 올해로 무려 36년. 국회 청문회 등 9차례 공식 조사에서도 발포 명령자와 암매장 등 핵심 사안이 미완으로 남아 있는 작금의 상황은 참으로 고통스럽고 슬픈 일이다. 진실은 어디에 숨어 있고 규명이 지체되는 이유는 무엇일까.

당시 6공화국은 민주화 세력이 학살자들의 정당인 민정당과 합의해 만든 체제였다. 그들과 함께 진행한 광주 청문회 역시 한계가 있었다. 청문회가 열리던 바로 그 시각, 학살자들과 하수인들도 골방에서 은밀히 움직였다. 노태우 정권이 청문회 대응기구인 국방부의 '5·11 연구위원회'와 보안사의 '5·11 분석반'을 가동시킨 것이다. 이 조직에서 민감한 팩트를 삭제 왜곡했을 것이라는 의혹이 짙다.

앞선 전두환 정권도 1985년 총리실과 안기부가 주도한 '80위원회'를 만들어 5·18 기록을 조작한 것으로 알려져 있다. 김영삼과 김대중이 손잡고 만든 선명야당 신민당이 2·12 총선으로 제1야당에 올라선 직후였다. 광주 청문회에 대한 국민적 관심이 폭발하자 노태우 정권은 그해 11월 전두환의 사과 성명과 백담사 은둔 등의 미봉책을 내놓으며 상황 종결을 시도했다.

청문회는 교착 상태에 빠졌고 이듬해 벽두, 노태우 김영삼 김종필의 3당 합당으로 민자당이 출범하자 완전히 추진력을 잃고 말았다. 결국 12월 31일 전두환 증언을 끝으로 청문회 정국은 종료됐다. 진상규명과 책임자 처벌도 유야무야됐다. 법적 구속력이 없었던 특위의 한계였다. 이후 14대 대통령에 취임한 김영삼이 전두환·노태우 등을 전격 구속시켰으나 검찰 수사에서도 핵심 사안들은 여전히 어둠 속을 맴돌았다.

그마저도 15대 대통령 당선자인 김대중과 김영삼이 합의, 전두환 노태우를 '국민 화합' 차원에서 사면 복권시키고 이후 책임자들이 하나둘 사망하면서 진실은 미궁 속으로 빠져든 것이다. 돌아보면 학살자들과 하수인들은 너무 오래 권력 주변을 서성거렸고, 그사이 결정적 증거들도 하나둘 인멸, 왜곡돼 왔다.

2019년 출범한 '5·18조사위'가 그간의 활동을 정리하는 종합보고서를 작성 중이다. 그동안 광주공동체가 제안해 온 의견들을 보고서에 최대한 반영, 진상규명의 불씨를 계속 살려갔으면 한다. 반인륜, 반민주적 사안에 '역사의 공소시효'란 없기 때문이다. 광주시도 조사위의 결과 보고에 앞서 국가의 후속 조치 필요사항에 대한 시민 의견을 청취키로 했다.

당분간 새 조사 기구를 띄우기는 쉽지 않을 것이다. 그래서 여야가 한목소리를 내는 '5·18정신 헌법 수록'에 민주 개혁세력의 역량을 집중시키는 것이 중요해졌다. 완전한 진실 규명을 위한 동력 확보 차원에서도 그렇다.

2024. 02. 19.

민주당 '공천 파동' 배경과 전망

과거 김대중과 김영삼이 야당을 이끌던 시절, 공천 결과는 거의 토요일 퇴근 무렵 발표됐다.(당시 직장인들은 토요일 오전까지 근무) 곧이어 탈락자들이 빈 당사로 들이닥쳐 유리창을 깨고 집기를 부수며 격렬하게 항의하곤 했다. 그때는 이른바 '제왕적 총재'가 공천 전권을 휘둘렀으나 비주류에도 대략 40% 정도를 안배, 세력 간 견제와 균형을 유지했다.

그러나 계파가 유지되려면 정치자금이 필요했고, '금권정치'에 대한 폐해가 누적되자 이를 개선하라는 사회적 압력이 고조됐다. 정치권에 '시스템 공천'이 조금씩 자리 잡힌 배경이다.

민주당이 심각한 공천 파동에 휩싸였다. 예상보다 압승했던 지난 총선, 그때 청구된 영수증이 이제야 도착한 셈이다. 8년 전 문재인 대표에 의해 비대위원장으로 영입된 '짜르' 김종인은 이해찬, 강기정, 정청래 등 이른바 친노 후보들을 별 설명 없이 '그냥' 배제해 버린 적도 있다. 이처럼 공천권을 행사한 지도부의 정치적 책임은 기본적으로 총선 성적에 따라 좌우될 뿐이다.

현 민주당의 공천시스템은 2015년 '김상곤 혁신안'에서 기원한다. 허점 많은 ARS 여론조사나 불투명한 현역 컷오프 기준 등도 그때 만들어졌으나 이번처럼 잡음이 일어나진 않았다. 안철수와 반문 정치인들이 국민의당을 창당, 제 발로 걸어 나가 친문 주류가 굳이 무리할 이유가 없었기 때문이다.

2020년 총선에선 낙천 비문 후보들의 볼멘소리가 많았다. 당시 공천제도에 별 지적을 하지 않고 국회에 대거 입성한 친문계가 이번엔 격한 불만을 토로하고 있으니 격세지감이다. '아무리 그래도 박용진이 하위 10%라는 게 말이 되느냐'라는 지적이 많다. 안타깝게도 말은 된다. 지도부 입김이 들어갈 수 있는 정성 평가, 특히 '동료 의원들의 다면평가'라는 시스템 때문이다. 주류가 특정 의원들을 표적 삼아 점수를 낮게 주면 방법이 없다.

일부 지역에서 정체불명의 적합도 조사가 이뤄지고 '비선 개입' 의혹까지 제기되는 것에 대해선 지도부 해명이 나와야 한다. 비록 문제 있는 시스템이라도, 그래서 더 공정한 잣대와 투명한 과정이 필요하다. 예컨대 추미애는 되는데 임종석은 안 되고, 이재명 건은 야당 탄압이고 노웅래는 정당한 검찰 수사다? 설득력이 부족하다.

믿고 싶지 않은 얘기이나 "민주당의 총선 목표는 적당한 크기의 더 단단한 '이재명 민주당'"이라는 관측도 나온다. 만약 근거 없는 낭설이라면 상황을 여기까지 몰고 온 당 주류의 정치력 부재다. 거셌던 정권 심판 여론을 각종 헛발질로 이 정도 반전시키기도 쉽지 않다. 기본적으로 성남시나 경기도 단위의 선거만 치러본 측근들의 정무 역량 부족일 수 있다.

만에 하나 저 관측이 사실일 경우, 이 대표 등은 크게 착각하는 것이다. 리드하는 정당도 엄살까지 부려 가며 최후의 일각까지 총력전을 펴다 탈진하는 게 선거다. 적당히 승리하려는 정당에 표를 주고 싶은 유권자는 많지 않다. 근래 설 명절까지 앞서다 패배한 총선이 두 번 있었다. 이명박 심판 열풍에 안심하다 '박근혜 비대위'에 역전당한 2012년 민주통합당, 그리고 진박·친박·비박 감별하며 '옥새 들고 나르샤'하다 몰락한 2016년 새누리당이 그랬다.

적어도 지금까지의 분위기는 민주당이 그 경로를 밟고 있다. 각종 여론조사 흐름도 그렇다. 획기적 반전 카드가 나오지 않으면 '과반'은 고사하고 120석 안팎, 심지어 두 자릿수 의석 전망까지 나온다. 여권은 속으로 웃고 민주당 지지층의 고민은 깊어지고 있다.

P.S. : 1차 광주 경선에서 현역 교체 바람이 불었다. 이러다 호남은 대부분 초선으로 채워질 수도 있겠다. 현역 중에서도 될성싶은 재목은 키워야 한다. 중진이 있어야 호남 정치력 복원도 가능하지 않을까 싶다.

2024. 02. 26.

'5·18 北 개입설' 주장한 총선 후보

국민의힘 대구 중·남구 총선 후보로 확정된 도태우 변호사가 5·18 광주민주화운동에 대한 북한 개입설을 주장하고 신군부 민간인 학살을 사실상 부정했던 것으로 드러났다. 그는 탄핵 심판 사건에서 박근혜 전 대통령을 변호한 경력이 있다. 도 변호사는 2019년 2월 본인의 유튜브 채널에 '5·18이 북한과 무관하면 검증에 당당해야 한다'는 제목의 영상을 게재했다. 해당 영상에서 그는 "(5·18 민주화운동) 거기에는 북한 개입 여부가 문제 된다는 것이 사실은 상식"이라고 밝혔다.

도 변호사는 같은 해 1월 공개강좌에서도 "체세 부정적인 흐름이 북과 단 하나의 연결도 없다고 말할 수 있는 사람은 좀 사실을 무시한 것"이라며 5·18 북한 개입설을 되풀이했다. 나아가 "5·18을 학살로 규정하는 것은 허구적 신화에 가깝다", "양면성을 지닌 복합적 사건이었음이 분명히 공론화돼야 한다"는 등의 주장을 펼치며 5·18 광주민주화운동 당시 벌어진 신군부의 민간인 학살까지 사실상 부정했다.

그러면서 "'5·18 성역화'는 자유민주주의와 양립할 수 없고 헌법 질서를 무시한 '전두환 악마화'도 '5·18 성역화'와 궤를 같이 한다"며 이 같은 흐름을 반(反)민주주의, 반헌법적인 것이라고 규정하기도 했다. 이 정도면 아직도 우리 사회 일각에서 끈질기게 암약 중인 극우 집단과 거의 궤를 같이하는 '멘탈리티'라 할 수 있다.

정영환 국민의힘 공천관리위원장은 지난 8일 도 변호사에 대해 "후보가 되면 당의 전체 가치를 중요시해서 해나갈 거니까 문제없다고 본다"며 "(국민의힘은) 발언에 다양성을 중시하는 당으로 다양한 의견을 존중했다"고 설명했다. 정 위원장은 그의 발언을 심사 과정에서 몰랐느냐는 질문에 대해선 "충분히 검토되고 그렇게 (공천)됐다"고 강조한 후 공천 재논의 계획이 없느냐는 질문에 "그렇다"고 못 박았다.

공관위원인 장동혁 사무총장도 "후보자가 되기 전 어떤 사안에 대해 개인적인 의견을 가질 수 있다고 생각한다"며 "당의 공직 후보자가 된 만큼 당의 공식 입장을 고려하면서 정치 활동을 할 것으로 기대한다"고 말했다. 여당 공관위 두 고위관계자의 이 같은 황당하고 어이없는 발언에, 굳이 반론까지 해 가며 아까운 지면을 낭비할 필요는 없을 것이다.

도대체 이 사안에 대한 한동훈 비대위원장의 이른바 소신

과 원칙은 다 어디로 갔는지 모르겠다. 한 위원장은 지난 1월 광주를 찾아 "5·18 정신은 지금의 헌법정신에 정확히 부합한다"며 '5·18 정신 헌법전문 수록'을 적극 추진하겠다는 입장을 밝혔다. 한 위원장은 도 변호사의 발언이 헌법정신에 부합한다고 생각하는지 궁금하다.

정영환 공관위원장에 따르면 국민의힘은 소위 '다양성'을 중시하는 당이라는데, 그럼 지난번 허식 전 인천시 의장 건은 뭔가. 한 위원장은 지난 1월 '5·18은 DJ 세력·북이 주도한 내란'이라는 제목의 인쇄물을 시의원들에게 배포, 논란을 일으킨 허 전 의장에 대해 "5·18에 대한 저와 우리 당의 입장은 확고하다"며 당 윤리위 회부를 즉각 지시한 바 있다.

문제의 도 변호사는 박근혜 전 대통령과 연결된 후보라 이렇게 두루뭉술하게 넘어가려는 것인가. '5·18 정신'이 이렇게 한낱 선거판 흥정거리로 전락해도 되나. 국민의힘 공관위는 지난 8일 경남 밀양·의령·함안·창녕 후보로 공천했던 박일호 전 밀양시장에 대해 도덕성에 미치지 못한다며 그의 공천을 취소한 바 있다. 박 전 시장 뒤에는 정무적으로 배려해야 할 거물급 정치인이 없었던 것인가.

한 위원장은 자신의 '5·18 정신 헌법전문 수록' 공약이 총선용 말 잔치가 아니라면 문제의 도 변호사에 대해 응당한 조치를 취해야 할 것이다.

2024. 03. 11.

'백년의 고독'과 전남도청 분수대

'백년의 고독'과 전남도청 분수대

20세기 중반, 남미 문단을 대표했던 콜롬비아의 가브리엘 가르시아 마르케스. "절대 세상에 내놓지 말라"는 유지를 깨고 두 아들이 출간시킨 유작 '8월에 만나요'가 사후 10주기인 지난 6일 전 세계 동시 출간됐다. 마르케스는 남미의 역사, 토착 신화, 마술, 미신, 민담 등을 소설에 적용한 '마술적 리얼리즘'을 대표하는 작가. 황석영의 두 작품 '손님'과 '철도원 삼대'도 '마술적 리얼리즘' 계열로 분류될 수 있다.

1967년 대표작 '백년의 고독'을 발표한 마르케스는 1982년 노벨문학상을 수상했다. 어릴 적 들었던 외할머니 얘기에서 비롯된 이 작품은 1928년 10월 6일 외할머니 친정인 '시에나가'에서 실제 발생한 바나나농장 대학살이 모티브다. 미국의 다국적 과일 회사와 보고타 주재 미 대사관이 개입하고 콜롬비아 군부가 자행한 이 참사로 파업노동자 800~3,000명이 기관총을 맞고 사망했으나 최초 정부 발표는 군인 1명 포함 9명 사망이었다.

'백년의 고독'에서 시신들은 항구까지 바나나를 운반하던 열차에 실려 바닷가에 수장됐는데 유일하게 주인공만 시체 더미 속에서 기어 나와 걸어서 고향에 돌아온다. 그러나 학살 현장인 광장은 이미 정부에 의해 사라져 버렸고 아무도 그의 말을 믿지 않는다.

1980년 5월, 광주를 진압하고 공화국을 탈취한 신군부 반란집단도 전남도청 앞 분수대와 시계탑을 슬그머니 없애려 했다. 마지막 날 도청을 사수하다 스러져 간 시민군과 밤새 울음을 삼켰던 광주 사람들의 집단기억, 그 뿌리를 희석시키려 한 것이다. 다행히 분수대 철거는 무산됐고 시계탑만 엉뚱한 곳으로 옮겨졌다가 지난 2015년 돌아왔다. 시계탑에선 지금도 매일 오후 5시 18분 '임을 위한 행진곡'이 울려 퍼진다.

'5·18 북 개입설'은 신군부가 항쟁 당시부터 흘렸던 유언비어다. 마산 3·15 시위와 부마항쟁 때도 용공 분자 배후설을 조작했던 독재 권력의 질긴 습성이다. 그들은 당연히 '북 개입설'을 믿지 않는다. 1987년 6월항쟁과 현재의 6공화국은 광주민주화운동의 결과다. '유신과 5공 때가 좋았고 전두환은 영웅'이라고 여기는 극우 세력이 5·18을 부정하고 집요하게 흠집 내려는 것도 그래서다. 도청 분수대를 없애려 했던 시도와 본질적으로 같다.

\# 대통령실 황상무 수석이 지난 14일 기자들 앞에서 했다는 "(5·18 당시) 계속 해산시켜도 하룻밤 사이에 4~5번이나 다시 뭉쳤는데 훈련받은 누군가 있지 않고서야 일반 시민이 그렇게 조직될 수 없다"는 발언도 결국 '북 개입설'을 연상시킨다. 황 수석은 미제 개틀링 기관총이 불을 뿜는데도 우금치를 기어오르던 동학 농민군은 이해되는가. 경찰의 총알이 날아드는 경무대 앞으로 밀려들던 4·19 고교생들은 이해되는가.

만약 1980년 춘천에서 시위와 무관한 여고생이 계엄군 대검에 찔리고 신혼부부 머리가 공수부대 몽둥이에 터지는 모습을 본다면 춘천고를 다니던 황상무 학생 역시 공부만 하고 있진 못했을 것이다. 사람은 공포와 인내의 마지막 선을 넘어가면 목숨까지 걸고 일어서는 법이다.

5·18 폄훼로 공천이 취소된 도태우 변호사는 탄핵 당시 박근혜 전 대통령을 변호했고 소설가 이문열이 후원회장을 맡고 있다. 윤석열 대통령 멘토라는 신평 변호사와 홍준표 대구시장 등도 아끼는 인물이다. 일개 정치 지망생이 아니다. 이처럼 '5·18 북 개입설'은 아직도 보수층 일각에서 음습하게 이어지고 있다. 그만큼 '5·18의 전국화, 세계화'는 몇 걸음 더 가야만 한다. '5·18 공법단체'를 둘러싼 잡음이 안쓰럽고 한가해 보이는 이유다.

P.S. : 도 변호사 건은 국민의힘 내부적으론 박은식 비대위원이 해결의 단초를 열었다. 광주 동남을에 출마하는 그는 왜 여당에도 광주·전남을 대변하는 인물이 있어야 하는지 잘 보여줬다.

2024. 03. 18.

'윤-한 갈등'과 한동훈의 미래

\# 총선 정국의 키워드 중 하나인 윤석열 대통령과 한동훈 국민의힘 비대위원장 간 신경전이 심상치 않다. 이른바 '윤-한 갈등'은 총선 후 범여권 권력 지형과 차기 대권 레이스에 직결되는 문제로 그 결과에 따라 한 위원장의 정치적 미래도 좌우된다.

여권 전체를 공황 속으로 몰아넣었던 김건희 여사를 둘러싼 1차 윤-한 갈등. 비록 약속 대련 형식으로 마무리됐으나 '실전'이었다는 게 일반적 관측이다. 실제로 윤 대통령은 한 위원장의 사퇴를 원했고 총선 참패를 우려한 주변의 권유를 받아들여 이를 거둬들였다는 것이다. 당시에도 비례대표 공천 과정에서 갈등이 또 터질 것이란 말이 나왔고 예측대로 됐다.

\# 정치인들의 이합집산이 꼭 거대 담론으로만 이뤄지는 건 아니며 특히 권력 핵심들 사이에선 사소한 사안이 큰 갈등을 불러오는 트리거로 작용되곤 한다. 최근 여당 지지율 하락을 초래한 이종섭 호주 대사와 황상무 대통령실 수석 건은 비록 윤 대통령과 한 위원장 간 이견이 있었으나 그 차이는 해법을 둘러싼 방향이 아니라 속도의 문제였다.

그러나 비례대표 명단을 둘러싼 입장 차는 순식간에 2차 윤-한 갈등 수준으로 치달았다. 1차 갈등을 불러온, '디올백 사건'의 기시감이 들 정도다. 정가에선 공개 10여 분 전에야 비례대표 명단을 받아 본 윤 대통령이 불쾌감을 표시했다는 말이 돌았다. 친윤계는 특히 윤 대통령과 가까운 주기환 전 국민의힘 광주시당위원장이 당선권 밖인 24번에 배치된 것에 격앙된 반응을 보였다.

윤 대통령과 가까운 인사를 의도적으로 배제한 것 아니냐는 것이다. 그 불쾌감 강도는 주 전 위원장이 후보 명단 발표 직후 자진 사퇴한 것에서도 잘 드러난다. 비례 명단을 본 뒤 "내가 사람을 너무 믿었다"고 토로했다는 윤 대통령은 주 전 위원장을 정부 출범 후 첫 민생특보로 임명했다. 비례 최종 명단 확정 18시간여 만의 인사였다.

주 전 위원장은 윤 대통령이 검찰에 재임용된 2003년, 광주지검 검찰 수사관으로 처음 만났으며 '대통령의 20년 측근'으로 불린다. 전격적인 이번 인사도 한 위원장을 염두에 두고 보란 듯 이뤄졌다는 지적이다.

이번 갈등은 향후 여권을 흔들 수 있는 잠재적 뇌관이 될 것이다. 윤 대통령과 한 위원장뿐 아니라 이젠 친윤계와 친한

계까지 루비콘강을 반쯤은 건넌 모양새이기 때문이다. 윤 대통령의 남은 임기는 3년, 대통령제하의 2인자 입장에선 상당히 위험하고 긴 시간이다. 1980년 이후 보수정당의 2인자 출신 대통령들인 노태우, 김영삼, 박근혜 중 '현재의 권력'이 점찍어 후보로 만든 경우는 노태우뿐이다.

김영삼은 안기부가 자신을 사찰한다는 증거자료를 들고 청와대로 노태우 대통령을 찾아가 "내 손에 죽고 싶으냐"고 고성을 질러 가며 결국 후보를 쟁취한 바 있다.(YS는 실제 노태우를 감옥에 보냈다) 박근혜는 이명박 대통령 시절 친박계라는 사실상의 '당중당'을 강력하게 움켜쥔 끝에 대선으로 직행했다.

한 위원장은 지난달 관훈클럽 토론회에 나와 "4월 10일 이후 제 인생 꼬이지 않겠나"라는 선문답을 한 바 있다. 박정희 정권의 영원한 2인자 김종필도 '자의 반 타의 반' 외유를 두 차례나 다녀왔다. 그는 며칠 전 언론과의 인터뷰에선 "어떤 사람은 '총선 끝나면 유학 가 버릴 테니 지금 한동훈이 이야기하는 것들 소용없다'고 한다던데 저는 책임감 있는 사람"이라며 총선 직후 해외 체류설을 완곡하게 부인했다.

그러나 총선 후 한 위원장은 자신도 통제하지 못할 미지의 국면으로 들어가게 된다. 과연 그는 피아 구분 없이 조여오는 공격과 견제를 뚫고 끝내 국민의힘 대선후보를 거머쥘 수 있을 것인가. 막오른 총선 레이스에 가려진 또 하나의 관전 포인트다.

2024. 03. 25.

| '조국혁신당' 돌풍에 대한 단상

4·10 총선이 끝나면 아마도 이번 선거 최대 변수로 조국혁신당이 기록될 것으로 보인다. 창당 직후 가시화된 지지율 급상승은 1985년 2·12 총선 직전 김영삼과 김대중이 손잡고 만든 '선명 야당' 신한민주당 돌풍을 연상케 한다. 2심 유죄 선고로 대법원 판결을 기다리는 조국 대표, 그 '사법 리스크'마저 돌파해 버린 동력에 정가의 이목이 쏠리고 있다. 아무리 변화무쌍한 한국 정치지만 가히 역대급 다이내믹이 아닐 수 없다.

'지민비조가 아니라 비조지민'이란 말이 나온 지도 좀 됐다. 민주당 지역구 후보를 찍으러 투표장에 나가 조국혁신당 비례대표를 선택하는 게 아니라 조국혁신당 지지하러 간 김에 민주당 지역구 후보를 고를 것이란 얘기다. 여론조사 전문가들은 조국혁신당 지지층에 윤석열 정부에 비판적이나 이재명 대표도 선뜻 반기지 않던 유권자가 대거 합류한 것으로 보고 있다. 소위 '반윤·비명' 유권자들이다.

수도권은 물론 충청과 PK, TK 지역의 중도 유권자까지 가세했다는 것인데, 조국혁신당을 지렛대로 '진보·중도 연대'가 이뤄진 셈이다. 물론 그 바탕엔 강고한 정권 심판 여론이 존재한다. 이렇게 범야권 덩어리가 커지면서 접전지 민주당 지역구 후보 지지율도 동반 상승 중이다. 주로 수도권과 PK 지역이 그렇다.

조국혁신당 돌풍 배경으론 우선 타이밍이 거론된다. 창당 직후 이종섭 호주대사와 황상무 대통령실 수석 논란이 잇달아 터지자 정권 심판을 가장 선명하게 내건 그들이 주목받았다. 그동안 충분히 당했다는 조 대표를 향한 동정론도 있다. 조 대표가 정치 일선에 등장하자 유권자들은 이제 김건희 여사의 논문 표절과 디올백 의혹, 주가조작 그리고 한동훈 위원장의 딸 관련 시비에도 눈길을 보내게 됐다.

여권에 유리했던 '한동훈-이재명' 구도를 조국혁신당이 희석시킨 셈이다. 덕분에 한동훈 비대위원장 등장과 '비명횡사 공천' 등을 겪으며 속절없이 추락하던 민주당은 어부지리 기사회생의 변곡점을 마련했다. 지난해 '조국신당' 창당설이 나왔을 당시 이 같은 상황을 예상했던 전문가가 거의 없었다는 점을 돌아볼 때 정치는 역시 김대중 전 대통령 말대로 '살아 있는 생물'이다.

조국 대표가 창당하면 범야권이 '조국의 강'에 다시 빠져 분열될 것으로 예측했던 여권으로선 당혹스러운 결과일 것이다. 최근 한동훈 위원장의 거칠어진 발언도 이 같은 국민의힘 기류가 반영된 것으로 보인다.

조국혁신당을 둘러싼 여러 분석 가운데 한국 정치사 처음으로 민주당보다 왼쪽에 선 원내 교섭단체 출현 가능성을 예측한 것이 가장 흥미롭다. 조국혁신당이 무시하지 못할 세력으로 등장한 이유는 정의당 등 진보정당의 경향적 쇠퇴와도 관련 있으며 조국 대표 등이 그 공간을 흡수했다는 것이다. 그들이 민주당보다 더 진보적 정치세력을 갈망하는 유권자들의 기대를 반영하고 있다는 진단이다.

전통적 민주 진영은 지난 1988년 4·26 총선에서 김대중의 평화민주당과 김영삼의 통일민주당이 동시에 원내 교섭단체를 구성한 바 있다. 당시 양당은 김종필의 신민주공화당과 함께 광주, 5공 청문회를 도입했었다. 물론 조국혁신당 예상 의석수 10~15석은 교섭단체 20석엔 못 미친다. 그러나 민주당과 비례연합정당을 결성했던 시민사회 및 다른 제3 정당들과 연대한다면 불가능한 일은 아니다.

조국혁신당엔 문재인 정부 청와대에서 국정기록비서관과 국정홍보비서관을 지낸 조용우 당대표 비서실장(순천)과 윤재관

전략기획본부장(광주), 한겨레신문 기자 출신으로 김부겸 국무총리 비서실 공보실장을 역임했던 김보협 대변인(화순) 등 광주·전남 인맥이 요직에 있다. 조국혁신당 상징색엔 광주의 하늘을 뜻하는 '트루블루'가 들어 있다.

2024. 04. 01.

모윤숙과 김수임 그리고 '낙랑클럽'

1937년 '렌의 애가'를 출간한 이화여전 졸업생 모윤숙. 그녀의 자서전 '회상의 창가에서'(1968)는 해방공간 미시사를 담고 있다. 1947년 12월 15일 눈 오는 밤, 김활란 박순천 모윤숙 등 영어 잘하고 전문학교 이상을 나온 신여성 그룹이 창덕궁 인정전에서 '기생에게 외국 손님을 시중들게 하지 말자'는 결의를 한다. 이른바 '낙랑클럽'의 모태다.

모윤숙은 해방 후 이승만 노선에 선다. '미소공위'가 결렬되자 UN은 '한국위원단'을 파견했다. 단장은 인도 대표 메논. 모윤숙은 타고르에 대한 대화를 시작으로 그와 가까워진다. 당시 메논은 하지 중장 및 김규식의 영향으로 '남북협상을 통한 총선거' 입장에 기울어 있었다. 메논이 유엔소총회 보고를 위해 서울을 떠나기 불과 며칠 전, 모윤숙은 하지 중장과 저녁 약속이 있던 그를 이승만의 거처로 데려간다. 차라도 한잔하자고 떼를 쓰면서.

이승만에게 설득된 메논은 UN 한국위원단장 자격으로 남한 단독선거 승인을 요청한다. 이승만-모윤숙 콤비의 극적인 정치적 승리였다. 모윤숙은 "나와 메논 단장과의 우정 관계가 없었더라면 이 박사가 대통령 자리에 계셨다는 것은 생각할 수 없다"고 회고했다. 메논도 "나의 심정(heart)을 흔들었던 여성은 '매리언 모(모윤숙)'였다"고 썼다. '건국의 아버지는 메논, 어머니는 모윤숙'이라는 시니컬한 풍자도 이런 배경에서 나온 것이다.

미 CIC(방첩부대) 보고서엔 낙랑클럽과 관련된 샌프란시스코 '데일리 팰로 앨토 타임스' 1952년 9월 24일 자 기사가 인용돼 있다. '밤에는 한복으로 곱게 차려입고 불빛을 받으며 군 장성과 외교관들을 접대(entertain)하고 낮에는 한국군을 지원할 물품을 구하기 위해 미군 막사 문을 두드린다.' 낙랑클럽 멤버엔 비극의 주인공 김수임도 있었다. 이화여전 영문과를 졸업한 뒤 박헌영 최측근 이강국의 연인이었고 존 베어드 헌병사령관과 동거한 여인.

그녀는 월북한 이강국 지시에 따라 간첩 활동을 한 혐의 등으로 체포돼 6.25 발발 전후 수색 인근 한강 백사장에서 총살된다. 경찰이 들어갈 수 없는 베어드 저택의 김수임을 밖으로 불러낸 장본인은 '이화여전 기숙사 룸메이트'였던 모윤숙이었다.(김수임 후배 전숙희 증언) 20세에 도미, 라 시에라대학 교수가 된 김수임과 베어드의 아들 김원일은 어머니가 고문에 의해 간첩이 되었음을 증명하려 노력했다.

2001년 9월 공개된 미 정보장교 '조지 실리' 보고서엔 이강국이 미 CIC 요원으로 분류돼 있다. 이강국이 김수임을 통해 남한 정보를 빼 간 게 아니라 오히려 미군이 김수임과 연결된 이강국을 통해 북측 정보를 수집했을 가능성을 시사한 것이다.

\# 김활란 이화여대 초대 총장과 모윤숙 등 식민지와 해방공간을 살았던 이들에게 일면적 평가를 내리긴 어렵다. 부유층과 장관급 인사 부인들까지 가세한 낙랑클럽도 그렇다. '호동왕자와 낙랑공주' 설화에서 따 온 이름부터 예사롭지 않다.

민주당 수원정 김준혁 후보는 근현대사가 아닌 조선 후기사로 박사학위를 받았다. 그가 조회수에 민감한 유튜브에서 활동하던 시절, 아마도 총선 출마를 예상하진 못했을 것이다. 그래서 '이대생 성상납'이라는 자극적이고 단정적 표현을 했을 터인데, 명색이 원내 다수당에 과연 '검증'이라는 것이 있었는지 의문이다.

박광온 의원을 제친 김준혁 후보, 전해철 의원과의 경선에서 승리한 안산갑 양문석 후보의 부동산 논란을 지켜보면 제1야당 지도부가 강조했던 소위 '시스템 공천'에 회의감이 들 수밖에 없다. 두 '찐명' 후보 변수가 종반 총선 흐름에 어느 정도 영향을 끼칠진 알 수 없으나 선거 후 공천 제도부터 손봐야 한다는 평범한 야권 지지자들 목소리가 적지 않다.

2024. 04. 08.

보수의 패배와 '벌거벗은 임금님'

미당 서정주는 시 '자화상'에서 '스물세 해 동안 나를 키운 건 팔 할이 바람'이라고 했지만 "이번 총선에서 여당이 참패를 당한 건 팔 할이 '용산' 때문이었다"는 탄식이 여권 내에서도 나온다. 문자 그대로 역사적 패배였다. 4년 전 총선이야 팬데믹이라는 미증유의 사태 한가운데 있었다. 당시엔 여당인 민주당을 밀어주자는 흐름이 있었다. 그러나 이번은 변명거리도 마땅치 않다. 분명 한 달 전만 해도 국민의힘 과반수 전망이 적지 않았기 때문이다.

보수 지지층이 받은 충격은 지난 2002년 대선에서의 노무현 후보 당선에 버금가는 듯하다. 1997년 대선에서 김대중 후보가 헌정사상 최초의 정권 교체에 성공한 것도 큰 사건이었으나 당시 보수 진영은 이인제 변수와 DJP 연대, 그리고 IMF 환란 등을 거론하며 "5년만 참자" 모드로 돌입했었다. 패배를 인정하지도 받아들이지도 않았던 것이다. 그러다 노 후보에게 다시 정권이 넘어가자 패닉 상태에 빠졌는데 이번 총선은 바로 그때의 데자뷰라 할 만하다.

22대 총선은 대한민국 주류라 자부하는 보수층 사이에 '대한민국 주인인 우리가 주류에서 밀려날 수도 있구나'에서 '이미 우리는 주류에서 밀려났다'라는 자각이 지난 탄핵 사태에 이어 뼈저리게 각인되는 계기가 될 것으로 보인다. 보수와 진보 50 대 50 구도가 분명해진 것이다.

보수는 현재 박근혜 전 대통령 탄핵 이후 광범위한 리 빌딩 과정이 진행 중이다. 시대 변화에 따른 노선을 제시하고 새로운 지지층도 흡수해야 한다. 성공하면 다시 주류로 복귀할 수 있고 자연스럽게 민주당의 변화도 추동된다.

그러나 윤석열 대통령은 당선 이후 기존의 정치 문법으론 도저히 이해 못 할 언행을 계속해 왔다. 승리 연합의 한 축인 이준석 대표를 축출하면서 스스로 권력 기반을 허문 이후 유승민, 안철수, 나경원 등 당내 비주류 리더들을 차례로 무력화시켰다. 야당을 대화 파트너로 인정하지 않은 채 시대착오적 '공산 전체주의', '반국가 세력' 등의 이념 공세를 펴는가 하면 미국과 일본까지 중국과의 대화를 새로 조율하는 상황에서 유독 우리만 냉랭한 대중 관계를 이어 가는 등 미일 일변도의 협소한 외교정책에 갇혀 있다.

날로 악화되는 민생 현안에 이렇다 할 성과를 보여 주지 못

한 가운데 김건희 여사 문제 등에 대해선 끝내 사과를 안 하면서 오만과 아집, 불통 이미지를 쌓아왔다. 전문가들은 이 같은 바닥 여론에 이종섭 대사와 황상무 수석 건, 그리고 조국혁신당 등장이라는 3각 파도가 덮치면서 민심 폭발로 이어졌다고 진단한다.

도대체 윤 대통령은 왜 이러는 걸까. 무엇보다 기존 정치인들을 잠재적 피의자로 보거나 이견보다는 '일사불란'을 선호하는 '검찰주의자' 성정 때문이라는 지적이 있다. 일리 있는 분석이다.

나아가 윤 대통령의 조언 그룹 중 이른바 '뉴라이트'들의 존재에도 주목하지 않을 수 없다. 그들 중 일부는 철없던 젊은 시절 한때 '반전 반핵, 양키 고홈'을 외치며 '위수김동 친지김동'(위대한 수령 김일성 동지·친애하는 지도자 김정일 동지)을 중얼거렸던 부류다. 그들이 거대 담론에 약한 윤 대통령 같은 여권의 평생 관료들에게 특정 패러다임을 제시했을 가능성이 있다. 정치권에 들어온 운동권 출신들은 여야를 막론, 적과 아군을 가르기 좋아하고 '프로파간다'(선전 선동)에 능하다.

현 정부는 대선 당시 표 차이나 의석수로 볼 때 1987년 민주화 이후 최약체 정권이다. 윤 대통령은 우선 이걸 아는 게 중요하다. 그리고 자신만큼 정치 경험이 일천한 대통령도 없었다. 이것도 무겁게 인식해야 한다. 최약체 정부에 정치 경험도 없는데 그립은 역대급이니 자꾸 문제가 불거지는 것이다.

극좌에서 전향한 분들은 상대방을 대화 상대 아닌 없애야 할 악으로 보던 습관을 유지하는 경우가 있다. 공격 타깃만 바뀐 셈이다. 이런 사람들의 거친 전략을 따르다 자신이 벌거벗었다는 사실을 윤 대통령만 모르는 격이 된 게 아닌가 성찰해 봤으면 한다.

윤 대통령에게 남은 임기 3년은 국가적으로 매우 중요한 시기다. 시급한 과제도 산적해 있다. 아무리 맘에 안 들어도 민주당과 이재명 대표는 국정의 주요 파트너다. 거대 야당과의 협치 없이 해결할 수 있는 일도 거의 없다. 만나서 대화를 해보고 합의 가능한 현안부터 신속히 처리해야 한다.

천하의 김대중도 당내 비주류에 40%를 배려했다. 당시엔 제왕적 총재였는데도 그랬다. 그뿐인가? DJ는 야당의 이회창 대표는 물론 자신을 죽이려 했던 전두환을 몇 번이나 청와대로 불러 현안에 대한 의견을 구했다. 심지어 노태우는 정적이었던 김영삼 김종필과 아예 합당까지 했고 노무현도 임기 중반, '야당 주도 대연정'을 당시 박근혜의 한나라당에 제의한 바 있다.

왜 대통령이 사법부 영역인 재판 결과를 예단하고, 미리 그 부담과 수고를 감수하려 하는가. 야당 인사들에 대한 재판은 법원에 맡기고 대한민국은 미래로 가야 한다. 그게 보수와 진보 모두 윤 대통령에게 바라는 민심일 것이다.

2024. 04. 15.

지지율 23% 찍은 날 이재명과 통화한 尹

대통령 탄핵과 개헌까지 가능한 200석. 이번 총선에서 유권자들은 그보다 불과 8석 모자란 의석을 범야권에 몰아 줬다. 8석은 의원 정수(300석) 기준 2.6%다. 국민들이 윤석열 대통령에게 그간의 국정 기조를 바꾸라고 요구한 것이다. 그러나 지난 16일 국무회의에서 내놓은 윤 대통령의 총선 관련 발언은 뜻밖이었다. 근본적 반성과 전환을 기대한 여론과 달리 부분적 보완에 그칠 것임을 분명히 한 것이다. "올바른 국정 방향을 잡고 실천하기 위해 최선을 다했다"는 자찬도 빼놓지 않았다.

어떤 친윤 의원은 소셜미디어에 '지난 총선에 비해 의석은 103석에서 108석으로 5석 늘어났고, 민주당과의 득표율 차는 8.4%p에서 5.4%p로 줄어들었다'고 썼다. 4년 전에 비해 선전했다는 취지다. 정권의 성패는 고사하고 국가의 미래가 우려되는 시각이었다. 대통령 취임 때 물려받은 여소야대와 대통령 중간평가인 총선에서의 패배, 그로 인한 여소야대는 그 정치적 의미가 전혀 다르기 때문이다.

이제 국민들은 대통령이 새로 구성된 국회를 존중하고 협치를 하는지 주시할 것이다. 지난 2년간 공천권을 의식하던 여당 의원들도 '용산'보다는 차기 정권 재창출에 관심을 보일 수밖에 없다. 여론 지형과 당정 관계가 총선 이전과는 완전히 달라지는 것이다. 이준석 개혁신당 대표는 "선거 때문에 국정 기조를 바꾸는 일은 없다"는 대통령실 관계자 발언에 대해 "대통령도 선거에 당선되었기에 권력이 나오는 것"이라며 정치의 본질을 새삼 거론했다.

이틀 후인 19일 국회 본청 246호에선 국민의힘 원외 조직위원장 간담회가 열렸다. 4·10 총선에서 낙선한 120여 명이 오전 10시부터 세 시간 동안 침통한 표정으로 자리를 지켰고 36명이 발언에 나섰다. 서울 중-성동갑에서 나섰던 윤희숙 전 의원은 "돌이켜 보면 갑자기 지지율이 휘청하는 순간이 있었다"며 "이종섭 전 호주대사와 '대파 논란'이 각각 불거졌을 때인데 그때 당은 아무런 수습도 안 하지 않았느냐"고 지적했다.

서울 광진을에서 낙선한 오신환 전 의원은 "이준석 대표가 당대표에서 쫓겨나는 과정이나 전당대회 과정에서의 비민주성 등이 누적되면서 심판받은 게 아닌가 생각한다"라며 사실상 윤 대통령을 겨냥했다. 인천 연수을에 출마했다 고배를 마신 김기홍 전 후보는 "이재명·조국 같은 사람에게조차 우리가 패배했다. 그런 상황을 만든 것에 국민께 정말 죄송하다"며 5분 남짓

한 발언 시간 내내 눈물을 쏟았다. 그러면서 18일 27%, 19일 23% 등 윤 대통령의 국정운영 지지도가 최저치를 경신하는 여론조사 결과가 잇따라 발표됐다. 윤 대통령이 국정운영 기조나 태도를 획기적으로 바꿔야 한다는 목소리가 다시 높아졌다.

경남 김해을에 출마했다 낙선한 조해진 의원은 기자회견을 갖고 "죽어 봐야 지옥을 아느냐는 말이 여기저기서 들린다"며 "이대로 가면 대통령이 망하고 국민의힘이 망하고 대한민국이 망한다. 탄핵을 피하고 민주당의 국정농단을 막는 길은 민심을 업는 것뿐"이라고 호소했다. 최창렬 용인대 특임교수도 "20% 대로 지지율이 떨어진 것은 조기 레임덕이 온 거라고 봐야 한다. 윤 대통령이 바뀌지 않으면 더 떨어질 수 있다"고 경고했다.

이처럼 여권 안팎에 위기감이 확산되자 '용산'이 움직였다. 윤 대통령은 19일 오후 3시 30분부터 약 5분간 민주당 이재명 대표와 통화를 하면서 "다음 주에 형편이 된다면 용산에서 만나자"고 제안했다. 윤 대통령은 이번 만남을 '국정 쇄신'의 계기로 만들 수 있을까? 돌아보면 서울 강서구청장 보궐선거 참패 때도 말뿐이었다. 국민이 두 사람의 회동을 주시하고 있다.

2024. 04. 22.

시대의 '척탄병', 홍세화 선생을 기리며…

근대 유럽의 수류탄은 지금보다 훨씬 크고 무거웠다. 그래서 '척탄병'으로 불리는 병사가 따로 있었고 적진 바로 앞까지 기어가 수류탄을 던졌다. 시어질 때까지 수염 풀풀 날리는 척탄병으로 살겠다던 홍세화 선생이 지난 18일 1년여 암 투병 끝에 별세했다.

선생은 평생 그 약속을 지키려 노력했다. 고인과 입장이 달랐던 사람들도 일관성만은 인정한다. 마지막 실천의 자리도 제22대 총선 사전투표소였다. 죽음을 며칠 앞둔 선생은 어떤 세상을 꿈꾸며 비틀거리는 몸을 이끌고 한 표를 던졌을까.

1947년 서울에서 태어나 서울대 외교학과를 졸업한 선생에겐 '남민전'(남조선민족해방전선) 전사, 빠리의 택시운전사, 작가, 언론인, 진보신당 대표, 장발장은행장, 가장자리 변방인, 소박한 자유인 등 숱한 호칭이 있다. 선생은 김대중 정부가 들어서자, 남민전 사건의 정치적 난민 20년 만인 1999년 6월14일 귀국할 수 있었다.

그리고 며칠 후 부인인 박일선 씨와 망월동 옛 5·18묘역을 찾아 박정희 유신독재에 가장 격렬하게 저항한 남민전, 그 시절 동지 김남주 시인 무덤에 참배했다. 많은 사람들이 선생을 추모하며 그가 우리 사회에 남긴 가치들을 기리고 있다. 필자는 선생이 박근혜 정부 시절 언론에 기고한 '영남패권주의와 민주주의의 퇴행'이라는 글을 더하고 싶다.

광주학살 책임자인 전두환의 호를 따서 공원 이름을 붙이거나 단체로 큰절을 올리는 사람들은 시민이 아니라 신민이다… 그런 행태들에 대해 영남인들 대부분은 쪽수 많고 힘센 패권 세력의 일탈적 권능에 속하는 양 넘어가고 비영남인들 또한 그렇게 받아들이도록 길들여져 있는 게 아니라면 과연 무엇 때문일까?

설령 일시적으로 지지를 철회했다가도 초원복집 사건 때 경험했듯이 영남 패권에 위협을 느끼는 순간 '우리가 남이가!'가 강력하게 작동한다… 영남의 패권적 지역주의와 호남의 저항적 지역주의를 동렬에 놓을 수 없음에도 이를 싸잡아 한꺼번에 비판하는 것은 영남패권주의를 온존시키는 기회주의에 지나지 않는다.

'영남패권주의'에 대한 위 시각엔 반론도 존재할 수 있다. 그러나 선생은 강준만 교수 이후 지역 문제를 정면으로 응시하고 자신의 의견을 내놓은 몇 안 되는 지식인이었다. 선생은 문재인 정부에 대해서도 부동산, 미투, 산업재해 등 불편한 질문엔 침묵하면서, 국민청원게시판으로 '상소'나 받는 '임금님'이라고 비판했다. 586 운동권에겐 '제대로 공부한 것도 아니고, 돈 버는 게 얼마나 어려운지도 모르는 민주 건달'이라고 직격했다.

10여 년 전부턴 "언제 적 홍세화냐" 같은 말이 나왔다. 선생이 보수와 진보를 모두 공격하던 시기와 우연히 일치한다. 당연히 영향력도 점차 소멸돼 갔다. 물론 시간이 지나면 선생과 '남민전 동지'들의 생각도 낡아지고 오류가 드러날 수 있다. 세상 이치다.

그럼에도 빠리의 택시운전사가 '똘레랑스'(관용)라는 화두를 던진 지 29년이 지난 지금, 과연 대한민국 공동체가 얼마나 달라졌는지는 한 번쯤 성찰해 볼 대목이다. 아나키스트이자 사회주의자를 자처했던 홍세화 선생. 이제 그는 일요일 새벽이면 차를 몰고 가족이 있는 파리의 도심을 30년 전 그때처럼 자유롭게 달리고 있을까. 그랬으면 좋겠다.

"토요일 밤 다들 신나게 놀다 잠들어서 일요일 새벽의 파리는 텅 비어 있지요. 떠오르는 태양에 서서히 자태를 드러내는 도시가 얼마나 아름다운지. 내 고단한 운명과 대조돼 그때는 연방 주먹으로 눈물을 훔치며 달렸었죠. 콩코드 광장을 지나 센강을 건너 생제르맹 대로로, 바스티유를 거쳐 레퓌블리크를 지나 개선문까지." 며칠 전 언론에 소개된 택시 운전사 시절의 고백에 가슴이 먹먹해진다. 삼가 홍세화 선생의 명복을 빈다.

2024. 04. 29.

민형배 의원의 경우

1992년 대선에서 필생의 라이벌, 김영삼에 패한 김대중은 정계 은퇴를 선언하고 영국행 비행기에 오른다. 그가 1995년 정계 복귀와 함께 새정치국민회의를 창당하자 정치권이 요동쳤다. DJ가 1971년과 1980, 1987, 1992년에 이어 다섯 번째 대권 도전에 나서면서 광주에선 다시 김대중 바람이 불었다. DJ와 호남, 참 질기고도 애잔한 관계였다.

필자는 당시 전남도청 기자실에서 나이·입사 시기가 같아 편하게 지내던 한 동료와 1997년 대선을 조망했다. 그는 천형(天刑)과도 같은 '호남 대 비호남 구도'를 거론하며 완곡하게 'DJ 불가론'을 제기했다. 정권 교체가 모든 가치에 앞선다는 '정권 교체 우선론'이었다. 얼마 후 유시민은 '97년 대선 게임의 법칙'이라는 책을 통해 '조순 대안론'을 내놓았다. 궤를 같이하는 논리였다.

나는 '상황이 어렵다고 DJ를 우회하면 지역 문제가 고착화되고 70~80년대 민주화운동의 정통성, 그 깃발도 흔들리게 될 것'이라고 우려했다. 결국 김대중은 40.27%를 득표, 38.74%

의 한나라당 이회창에 1.53% 포인트(39만 557표) 차로 당선돼 정부 수립 이후 최초의 수평적 정권 교체를 기어이 이뤄 냈다.

그러나 한나라당을 탈당한 국민신당 이인제 변수(19.20% 득표)나 IMF 사태, DJP(김대중-김종필)연대 등이 아니었다면 불가능했던 기적과도 같은 결과였으니 당시 민형배 기자의 주장도 충분히 일리가 있었다. 우리는 그때 입사 7~8년 차, 아직 미숙하지만 겁 없이 뛰어다니던 시절이었다.

민 기자는 이후 시민운동, 교수, 대통령 참모, 구청장, 국회의원으로 변신했고 전남대에 있을 땐 필자의 학위 논문 작성에 조언도 해주는 등 인연을 이어 갔다. 민 의원은 지난 대선을 앞두곤 상당 기간 40%대 지지율을 보이던 이낙연 대신 광주 현역 중 처음으로 '이재명 대안론'을 들고나왔다. '대세를 의식하지 않는' 나름의 소신은 1995년 그 시절을 다시 떠올리게 했다.

총선 후 민주당 전략기획위원장으로 임명된 민 의원은 "반성도 사과도 없는 청산의 대상에게 '협치'와 '타협'을 명분으로 끊임없이 반격의 기회를 제공하는 것을 민주주의라고 생각하는 건 심각한 오해"라며 강력한 대여투쟁을 주장했다. 또 "협치라는 단어를 머릿속에서 지워야 한다"며 "민주당의 정치의 대상은 여당이 아니라 야권에 표를 준 주권자임을 기억해야 한

다"고 강조했다. 역시 민 의원다운 선명한 입장이긴 하다.

그러나 그의 발언은 윤석열 대통령에게 협치를 촉구해 왔던 그간의 이재명 대표와 민주당 스탠스와는 엇갈린다. 총선에서 대승한 제1야당 고위 당직자가 이 시점에 굳이 써야 할 표현이었는지도 의문이다. 총선에서 드러난 유권자의 뜻을 받들자는 것인데, 그 승리의 이면도 좀 들여다봐야 한다. 이번에 254개 지역구 총득표율은 민주당 50.5%, 국민의힘 45.1%로 5.4%포인트 차였다.

이 수치는 다음 대선에서 2.8%의 중도 유권자만 여당으로 가도 민주당이 지난 대선처럼 또 석패한다는 것을 의미한다. 총선 국면에서 민주당 선거대책본부장 역할을 했던 용산의 그 분이 다시 대통령 후보로 나오는 것도 아니다. 윤 대통령은 집권 이후 민주당의 협치 요구를 거부하다 민심의 쇠몽둥이를 맞았다. 민주당에 흠이 없어 여당이 심판당한 게 아니라는 전문가들의 지적도 차고 넘친다. 박용진 사례와 양문석 김준혁 건 등은 씁쓸한 후과를 남겼고 앞으로도 고비마다 '이재명 민주당'의 아킬레스건이 될 소지가 있다.

총선에선 정권 심판 프레임이 모든 이슈를 집어삼켰으나 이젠 입법 권력을 쥔 야당도 심판 대상이 될 수 있다. 21대 국회에서도 민주당은 몇 가지 숙원 과제를 밀어붙였으나 결국 거여(巨與) 프레임에 휘말려 정권을 내놓았다는 분석이 있지 않은가. 민 의원의 인식처럼 문재인 정부와 민주당이 '해야 할 일을 안 한 탓'도 있지만 부동산 정책 등에서 무리하다 역풍을 맞은 대목도 간과할 수 없다. 임기 말까지 40%대를 유지하던 문 전 대통령 지지율과 4년 만의 보수정당으로의 정권 교체 간극 사이에는 이처럼 다양한 이유들이 존재할 것이다.

총선 민심이 요구한 입법 과제를 달성하면서도 한편으론 폭주라는 인상을 줘선 안 되는 게 현재 민주당이 처한 엄중한 상황이다. 전략기획위원장은 바로 그런 고차방정식을 풀어내야 할 자리다. 그는 당 안팎의 강온론을 세심히 살펴 적시에 최적의 대안을 내놓아야 하는데, 이를 위해선 본인의 언행은 되도록 신중을 기하는 게 나을 것 같다.

물론 민주당엔 협치를 배신으로 간주하는 강성 팬덤이 존재한다. 그러나 민 의원은 자기 논리로 말하고 글을 쓸 수 있는 몇 안 되는 정치인이다. 유일한 재선이라 국회에선 광주를 대표하기도 한다. 경우에 따라선 지지층을 설득해야 할 수도 있는 위치에, 어느덧 선 것이다. 훗날 그가 선명하면서도 품 넓은 '큰 정치인'으로 유권자들에게 기억됐으면 좋겠다.

2024. 05. 07.

김대중과 '평민연' 그리고 우원식

\# 박종철 치사사건으로 막이 오른 1987년. 5공 군사독재는 범국민적 6월항쟁으로 정권이 흔들리자 계엄령 카드를 빼 들었다. 실제 군 투입 일보 직전까지 갔으나 1980년 광주의 악몽을 떠올린 미국이 반대하고 군부 일각에서도 심각한 우려를 보이자 막판에 포기한다. 대신 전두환 집단은 대통령 직선제를 받아들이고 재야에 있던 김대중을 사면 복권시켜 당시 야당을 이끌던 김영삼과 경쟁 구도를 만들었다.

정권의 예상대로 김영삼과 김대중은 1980년에 이어 다시 각개약진으로 노태우 김종필과 함께 대권을 향해 달려갔다. 70%를 웃도는 야권 지지 유권자들이 제1야당 후보에 표를 몰아줄 것으로 기대한 김영삼. 호남과 수도권의 우위로 노태우(TK) 김영삼(PK) 김종필(충청)과의 대결에서 유리할 것이라는 이른바 '4자 필승론'의 김대중.

6월항쟁 기간 중 '국민운동본부'로 집결했던 재야 세력도 양김 분열의 파괴적 후과를 고스란히 떠안는다. 문익환 등 김대중에 대한 비판적 지지(비지)와 계훈제 등 야권후보 단일화파(후단), 독자적 민중후보 백기완(독후) 세 조각으로 갈라진 것.

이 중 '비지' 그룹이 80% 정도로 압도적 다수이긴 했으나 그해 12월 대선 결과와 이후 우리 역사가 얼마나 먼 길을 우회해 1997년 평화적 정권 교체를 이뤘는지는 모두 아는 바다.

3등으로 패배한 김대중은 단일화 실패와 정권 교체 무산 책임을 떠안다시피 하며 빗발치는 정계 은퇴 압력을 받는다. 이때 김대중은 누구도 예상하지 못한 승부수를 던지며 위기 탈출을 시도했다. 바로 자신이 이끌던 평민당에 '비지' 그룹을 수혈, 완전히 새로운 당으로 탈바꿈시킨 것으로 1988년 2월 문동환, 임채정, 이해찬, 김학민 등 민주화 운동가 98명이 결성한 평화민주통일연구회(평민연)가 그 대상이다.

'평민연'은 지분 50%를 보장받고 들어왔는데, 첫 재야 세력의 제도권 집단입당이었다. 평민연 대표 박영숙은 김대중이 대선 패배로 총재직을 사퇴한 상태여서 평민당 총재권한대행으로 1988년 제13대 총선을 지휘, 예상을 뛰어넘는 결과를 얻었다. 국회의원 선거제도가 소선거구제로 바뀐 뒤 처음 치러진 4·26 총선에서 헌정사 처음으로 '여소야대' 이변이 연출된 것. 김대중은 제1야당 총재로서 정치 입문 이후 처음으로 정국 주도권을 쥐게 된다.

이해찬의 회고는 현대 정치사의 중요 변곡점이었던 당시 상황을 세밀하게 보여 준다. "광주항쟁부터 시작해서. 그쪽(호남)

이 정당으로 발전하지 못하면 굉장한 레디컬리즘으로 흘러가기가 쉽다. 이렇게 되면 정치적으로 심각한 불균형과 진공이 오겠다 싶어서 평민당을 살려 나중에 (민주세력) 재통합을 시도해야 한다는 생각을 했다."

"당시 김대중 총재가 재야 사람들과 같이 안병무 박사 집에서 한번 만나 저녁을 했는데, 그때 (평민당에서) 의원들이 다 떠나니까 교섭단체 유지하기도 힘든 지경까지 내려갔었다…. 김대중 총재가 '여러분들이 들어와서 같이한다면 정치를 더 하겠지만, 대선 떨어지고 의원들도 다 떠나고 아무도 도와주는 사람이 없으면 나도 정치를 못 한다. 같이 정당을 할 것인지, 아니면 할 수 없이 당이 무너지는 것을 볼 수밖에 없이 포기할 것이냐를 빨리 결정해 주면 좋겠다' 그렇게 요청을 했다."

민주당 국회의장 후보로 선출된 우원식도 평민연 출신이다. 그는 연세대 재학 시 유신철폐 활동을 하다 강제 징집됐고 전두환 치하에선 3년 형을 선고받은 바 있다. 22대 국회엔 윤호중(구리) 김현(안산을) 등이 평민연 입당 동기다. 당 주류가 무리하면서까지 밀었던 추미애 대신 그가 승리한 것에 대해선 민주당에 면면히 흐르는 '민주주의 DNA'가 극적으로 표출됐다는 분석이 적지 않다.

2024. 05. 20.

'반민특위 해체'… 75년 만의 사과 요구

1948년 10월, 제헌국회에 '반민족행위특별조사위원회'(반민특위)가 설치된다. 초대 위원장은 김상덕. 영화 '파묘'에서 풍수사 최민식이 사용한 바로 그 이름이다. "민족을 위해 음지에서 고생하셨던 독립운동가를 감히 소환해 보고 싶었습니다." 반민특위에 대한 장재현 감독의 '오마주'다.

김상덕 위원장은 중경 임시정부 시절 문화부장이었다. 1918년부터 독립운동을 시작한 이래 외길 인생을 걸었던 그는 3·1운동의 불씨가 된 2·8 독립선언의 주도자 중 한 사람이기도 했다. 반민특위가 활동을 시작하자 이미 군과 경찰 요직에 있던 친일 세력의 역공이 시작됐다. '국민 화합이 요구되는 이 시점에 민족 처단을 주장하는 놈은 공산당의 주구다.' 그 대열 맨 앞에 국내 정치 기반이 허약한 이승만 대통령이 있었다.

일제 강점기 때 독립운동가들을 고문 치사케 했던 친일 경찰 노덕술이 킬러를 고용, 김상덕 위원장과 반민특위 위원 암살 계획을 세웠고 화신백화점 박흥식이 자금을 지원했다. 그러나 이 천인공노할 범죄는 실패했다. 살인청부업자가 친일파 자금으로 이런 일을 할 수 없다며 돌연 자수했기 때문이다.

대한민국임시정부기념사업회 김정륙 고문은 바로 그 김상덕 위원장의 아들이다. 1935년 중국 난징에서 태어난 김 고문은 임시정부에서 활동하던 아버지를 따라 이곳저곳 옮겨 다니며 성장했다. 그 과정에서 어머니와 갓난아이였던 막내 여동생은 굶어 죽었고 네 살이던 김 고문은 누나와 함께 고아원에 맡겨졌다. 중국 땅 곳곳을 쫓겨 다닌 임시정부 요원들의 삶, 그 간난신고(艱難辛苦)의 실상이다.

어느 야심한 밤, 대통령 경호팀이 반민특위 위원장 관사 안팎에 배치되고 곧 이승만이 모습을 드러냈다. 이승만-김상덕 독대였다. '노덕술은 반공투사이니 풀어주라. 경찰들 건드리지 말자.' "1949년 5월 말쯤, 이 대통령이 관사로 찾아와 문교부 장관으로 임명하겠다며 아버지를 회유했어요. 아버지께선 '민족의 등에 비수를 꽂은 매국노들을 감춰주는 대가로 흥정하자는 거냐'라며 매우 화를 내셨어요. 이 대통령이 잔뜩 불쾌한 표정으로 나가는 모습을 보고 '반민특위가 큰 곤욕을 치르겠구나' 직감했어요."

며칠 뒤 반민특위는 서울 중부경찰서 무장 경찰들의 습격으로 와해됐고, 다음 해 6·25가 터지자 김상덕은 북한 정치보위부 직원 2명에 의해 납북됐다. 이후 김 고문은 '월북 빨갱이 아들'이라는 명에를 안고 신문 배달과 공사장 일용직 등을 전전했다. 그에 대한 감시는 1990년 아버지인 김상덕 위원장에게 건국훈장 독립장이 추서된 뒤에야 끝이 났다.

친일 경찰이 반민특위를 공격한 날이 6월 6일이다. 국민들이 매년 6월 6일 반민특위 피습을 기억하니 이승만 대통령이 하필 이날을 현충일로 정한 것 아니냐는 의혹은 그래서 나온다.

올해 6월 6일은 특별한 날이었다. 오후 2시, 명동 롯데백화점 건너편 반민특위 터(현 스탠포드호텔)에 백여 명의 시민들이 모였다. '반민특위·국회프락치 기억연대'가 주최하고 민족문제연구소와 항일독립선열선양단체연합, 우사김규식선생기념사업회, 시민모임 독립, 청년백범 등이 후원한 행사였다. 참석자들은 나석주 의사 의거 현장(현 하나금융그룹 명동사옥, 동양척식회사 터)과 조선 귀족회관 터, 이재명 의사 의거 현장(명동성당 입구, 이완용 암살 시도 터), 이완용 집터 등을 돌아보았다.

이어 명동 가톨릭회관 1층 강당에서 열린 '반민특위 강제해산 75년 기억행사'는 300석 좌석이 거의 찬 가운데 진행됐다. 김정륙 고문과 이학영 국회부의장도 끝까지 자리를 지켰다. 사회를 맡은 방학진 민족문제연구소 기획실장은 "반민특위가 제헌국회 의원들로 구성됐으니 내년 기억행사부터는 국회에서 열려야 한다"고 강조했다. 행사를 마친 참석자들은 당시 중부서 터 앞에서 기자회견을 열었다. '반민특위 명예회복' '경찰청장 공식 사과' 등의 구호가 메아리쳤다.

김상덕 위원장 납북 당시 먼발치서 아버지를 떠나보낸 열다섯 소년은 어느덧 구순을 맞은 노인이 됐다. 김정륙 고문은 "더 늦기 전에 헌법기관을 파괴하고 민족정기를 짓밟은 데 앞장섰던 경찰의 사과가 필요하다"고 역설한다. "나중에 뵈면 용서를 빌어야겠죠. 못난 자식을 두셔서 지금까지도 제대로 평가받지 못하고 있다고 말이에요."

이번 22대 국회 개원식엔 반민특위 유가족들이 초대되고, 우원식 국회의장의 연설에 반민특위 관련 발언이 포함될 예정이다. 반민특위 관련자 후손의 삶을 다룬 다큐멘터리 영화 '여파'의 국회 시사회도 예고됐다. 가을엔 반민특위와 국회 프락치 사건에 대한 학술토론회가 국회 공식 행사로 개최되고 '반민특위·국회프락치 기억연대'의 국회 사단법인 설립도 추진된다. 2024년은 반민특위 해체 이후 75년 만의 역사적 해로 기록될 것이다.

역사는 때로 무심한 것 같고 때론 시간이 좀 걸리더라도 이렇게 반드시, 엄중한 청구서를 보내온다.

2024. 06. 10.

신정훈 행안위원장의 1985년 기억

1983년 필리핀 야당 지도자 아키노가 3년간의 미국 망명을 마치고 귀국하다 마닐라 공항에서 암살당한다. 범인은 현장에서 마르코스 독재정권 군인들에게 사살돼 진실은 미궁에 빠졌다.

당시 미국에 망명 중이던 김대중도 1985년 2월 8일 그의 암살을 걱정하던 미국 정치인들에게 둘러싸여 야당 총선 지원을 위해 귀국한다. 서울 지역 대부분의 경찰 병력과 30여만 명의 인파가 김포공항 인근에 운집한, '뉴스위크' 표지 제목대로 '폭풍의 귀국'이었다. 그리고 나흘 뒤 치러진 2·12 총선에서 신민당은 5대 도시에서 압승, '관제 야당' 민한당을 흡수했다. 정치권이 요동치자 학생 운동도 새 길을 모색한다.

같은 해 4월 17일 고려대에서 '전국학생총연합'(전학련)이 결성되고, 전위적 투쟁조직인 '민족통일민주쟁취민중해방투쟁위원회'(삼민투)도 각 대학에 뿌리내린다. 내란을 일으킨 전두환 쿠데타군에게 전남도청을 함락당한 지 다섯 해 되는 5월 16일. 성균관대 학생회관에 서울대 함운경과 고대 신정훈 등이 모여 '서울 미국문화원 점거'를 결의한다.

그리고 23일, 사전 약속대로 인근 5개 지점에 대학별로 모여 있던 학생들은 낮 12시 5분이 되자 롯데호텔 건너편 미문화원 정문을 향해 전속력으로 내달렸다. 길을 잃은 6명을 제외한 서울 지역 5개 대학생 73명이 순식간에 2층 도서관을 점거하고 바리케이드를 쳤다. 그리고 창밖으로 구호를 외쳤다. "광주학살 책임지고 미국은 공개 사과하라!"

왜 5·18의 직접 당사자인 광주 지역 대학생들은 이날 문화원에 진입하지 않았을까. 신정훈은 필자에게 "당연히 논의가 있었다"고 귀띔한 적이 있다. 거사 얼마 전, 광주에 파견된 그는 동참을 권유했다. 그런데 분위기가 서울과 달랐다. 미국에 사과를 요구하자는 신정훈의 얘기에 냉소를 보인 것이다. "이삿짐 트럭에 기름통과 신나를 가득 싣고 돌진, '광주 미문화원'과 함께 산화하겠다는 그룹까지 있다는 겁니다."

반란군의 몽둥이와 총칼에 선배와 친구들의 머리가 깨지고 창자가 터져 죽어 가는 걸 지켜본 그들이다. 미국의 신군부 지원이 광주학살 원인이라는 인식이 부른 이 극단적 테러리즘은 천만다행으로 결행되진 않았다. 신정훈은 이들의 동참 대신 두 도시의 문화원을 동시에 '점거'하자고 약속했다. 통화용 암호는

'무등산에 올라가자'였다.

원래 거사 일은 22일. 그러나 약속 장소에 모인 학생들은 문화원 근처에 쫙 깔린 경찰을 보고 기겁한다. 황급히 철수한 후에야 롯데호텔에서 열린 '한미 안보협의회' 때문이라는 사실을 알게 된다. 이 같은 혼란 속에 'D데이 23일'은 광주에 제때 전달되지 않았고, 이후 신정훈은 광주 운동권으로부터 험한 욕을 들어야 했다.

서울 미문화원 점거는 국내외적으로 엄청난 반향을 일으켰다. 1982년 부산 미문화원 방화 때와 달리 5·18의 미국 책임을 공론화하는 데 극적으로 성공한 것이다. 신정훈은 "미국이 더 이상 신군부를 뒷받침할 수 없게 만든 계기였다"며 "이후 미국의 한반도 정책은 민주화와 문민화 등 이른바 '저강도 전략'으로 급격히 선회했다"고 짚었다.

당시 전두환 정권은 미국과 학생들의 '대화'를 반대했고 즉각 진압경찰을 투입하려 했다. 맘만 먹으면 30분 내로 종료될 작전이었으나 미국의 주권이 미치는 곳이었고 미국 정부가 강력히 반대했다. 1979년 이란 혁명으로 친미 팔레비 왕조가 무너져 중동 헤게모니가 밑뿌리부터 흔들렸던 미국이었다. 자신들의 작전 통제권하에 있던 20사단의 광주 이동을 승인한 원죄가 있던 워싱턴. 그들은 내연(內燃)하던 한국의 반미감정을 관리할 필요가 있었다.

'미국놈들 몰아내자'가 아니라 '사과하라'였고 비록 무단 점거였으나 인질이나 방화는 없었다. 강제진압 와중에 사상자라도 발생하면 미국이 떠안게 될 정치적 부담은 컸다. 미국은 학생들과 11차례 대화를 이어갔고 단식하던 학생들은 사흘 후 제 발로 걸어 나와 전원 연행됐다. 미국이 5·18 진상규명을 요구한 학생들을 대화 실체로 인정한 순간, 광주에서 피를 뿌리며 집권한 전두환 정권은 사실상 몰락의 길로 접어든 것이다.

구속된 학생들은 이후에도 재판거부·묵비권·변호인단 전원 사임 등 소위 '재판 투쟁'을 전개하며 학생 운동사의 한 획을 그었다. '수괴'였던 함운경(국민의힘 마포을 조직위원장)은 "변호사에게 알아보니 미문화원을 점거하면 10년은 징역 산다고 했는데 누구 하나 빠지겠다는 사람이 없었다"고 회고했다. 학살에 더해 탄압과 왜곡으로 광주가 치를 떨고 있을 때 그나마 함께 외쳐 준 사람들이 요즘 이런저런 비판도 듣곤 하는 '86세대', 그들이다.

당시 문화원 건물은 경찰이 에워싸고 있었다. 민주당 신정훈 의원(나주·화순)이 경찰청을 소관 기관으로 둔 국회 행정안전

위원장이 됐다는 소식에 문득 39년 전 그날들이 떠오른다. 강제징집 당한 후 말년휴가 나왔던 필자도 그때 문화원 건너편 롯데호텔 앞에서 역사적 순간을 지켜봤다.

2024. 06. 24.

'호남정치 복원'과 '정치 9단' 박지원

'호남 정치 복원'이 지역사회 화두가 된 지 꽤 됐다. 김대중 이후, 호남이 한국 정치 변방으로 조금씩 밀려나다 최근엔 민주당에서조차 존재감이 없어졌다는 얘기다. 상당 부분 사실이다. 다소 추상적이기까지 한 '호남 정치 복원'이 지역 총선 후보들의 공약이 될 정도다.

문제를 해결하려면 우선 왜소해진 까닭부터 알아야 한다. 정치인들에 대한 분발 촉구로 해결될 일은 아니다. 핵심은 경쟁이 없기 때문이다. 각급 선거 때마다 얼마나 많은 후보들이 선거판으로 돌진하는데, 경쟁이 없다니? 공천 경쟁 말고 본선 경쟁 말이다. 대한민국에서 본선 경쟁 없는 대표 지역이 호남과 TK(대구·경북)다. 이 두 곳에선 '공천 곧 당선'이 거의 상식이다. 그렇게 된 데는 물론 나름의 배경과 역사가 있다.

본선이 없는 셈이니, 정당에선 굳이 경쟁력 있는 후보를 내세울 필요가 없다. 정당 공천에 고정된 원칙이 따로 있는 것도 아니다. 그래서 계파가 절대적이고 충성도도 중요하다. 그 결과는? 호남과 TK 의원들에겐 '지역 디스카운트'가 존재한다.

이들의 능력이 다른 지역 동료들에 비해 결코 부족하지 않음에도 그렇다. 은연중 '유사 비례대표' 비슷하게 보는 시각인데, 당사자는 물론 그들을 뽑은 유권자들까지 어쨌든 찜찜한 일이다.

견제 기능이 잘 안 보이는 지방의회, 낮아지는 투표율, 체제 내로 흡수되는 일부 시민단체… 두 지역이 공통으로 겪는 이같은 증상들도 일당 지배라는 한 뿌리에서 나온 쓴 열매다.

같은 영남이어도 PK(부산·경남)는 TK와 다르다. 이번 총선도 비록 여당이 승리하긴 했으나 내용은 차이가 있다. 밤새 치열한 접전을 벌이다 간발의 차로 승부 난 지역구만 10여 곳이 넘는다. 창원·진해 선거구에 나선 민주당 황기철 후보는 총투표자 10만 1,703명 가운데 불과 497표 뒤져 눈물을 삼켰다. 전국 최소 득표 차였다.

이런 지역에서 당선된 후보들은 자연스럽게 어깨 힘이 들어간다. 노무현과 문재인이라는 정치 거물이 나오는 이유다. 당대표나 대선후보급이 계속 배출되는 토양이기도 하다. 호남 정치가 복원되려면 수도권이나 PK처럼 여야가 박빙 승부를 펼치는 상황이 와야 한다. 그게 아직은 시기상조라면 '제3정당'이 출현해 2파전, 혹은 국민의힘까지 포함한 3파전을 벌이는 것도 대안이 될 수 있다.

마침 조국혁신당이 호남에서 민주당과 의미 있는 지지율 경쟁을 벌이고 있다. 그 당이 다수 지역구에 후보를 내는, 명실상부 대중정당의 면모를 갖추는 데 성공할 경우 아마도 이번 지방선거부터 본격 참전하게 될 것이다. 호남에선 치열한 전면전, 비호남에선 민주당과 후보단일화를 하는 것도 바람직한 방안이다. 그렇게 되면 각 정당이 모두 본선 경쟁력 있는 후보를 엄선하지 않을 수 없고, 그 과정에서 전도유망한 신진 정치인도 배출될 것이다. 소위 '호남정치 복원'의 정도(正道)다.

'정치 9단' 박지원 의원이 지난날 민주당을 나와 안철수의 국민의당에 입당할 당시 이런 원대한 비전도 품지 않았을까.

박지원 의원이 얼마 전 KBC 광주방송과 인터뷰를 했다. "10월에 곡성·영광·정읍에서 기초단체장 재선거가 있을 것이다. 진보 세력이 함께 가야지 민주당과 조국혁신당이 경쟁을 하면 옳지 않다고 본다… 조국 대표가 지난 총선에서 '지역구는 민주당, 비례대표는 조국혁신당'이라고 한 약속을 최소 4년은 지켜 줘야 된다… 진보 세력의 절체절명 과제는 정권 교체다. 민주당과 조국혁신당, 시민사회단체는 다 뭉쳐서 정권 교체 가능성이 가장 큰 이재명 대표를 대통령 만드는 데 힘을 합쳐야 한다."

야권 일각엔 이 대표로 정권 교체가 가능할 것이냐는 의문도 있으나 그건 다른 주제이니 일단 넘어가자. 그러나 범야권은 물론 민주당 입장에서도 그를 부동의 단일 주자로 세우는 것이 전략적으로 꼭 바람직 한 것인지는 의문이다. 차기 대선은 3~4파전으로 가다 단일화를 거쳐 여야 1 대 1 진검승부를 벌일 가능성이 높다.

이번 여야 전당대회도 4파전 국민의힘과 '어대명' 민주당을 향한 시선은 대조적이다. 이재명 단일체제의 민주당은 이미 흥행에서부터 밀리고 있다. 미리 보는 2027년 대선 분위기일 수 있다. 박 의원이 만약 이번 국회에 등원하지 않았고, 그래서 현재 이런저런 눈치 볼 필요가 없는 입장이라면 이렇게 말했을 가능성이 있다.

"이재명 대표 말고 이렇다 할 야권 대선후보가 없다면 만들어서라도 경쟁을 시키고 막판에 단일화 국면을 열어 줘야 해요. 여기서 이 대표가 단일화 주인공이 된다면 정권 교체 가능성이 더 높아지고 결과적으로 야권 전체가 승리하는 것 아닙니까." 무려 1980년 뉴욕 한인회장 선거 때부터 유권자의 심리를 주시해 온 '천하의 박지원'이 최근의 미묘한 정치 흐름을 정말 모르고 있을까?

아무리 생각해도 이번 총선에서 해남·완도·진도 유권자들이 부지런한 지역 일꾼을 얻는 동안, 야권은 백전노장 전략가 한 분을 잃은 것 같다.

2024. 07. 01.

문청(文靑) 우상호와 '막다른 골목'

\# 더불어민주당 우상호 전 비대위원장을 처음 본 것은 지난 1987년 6월항쟁 전야였다. 당시 필자의 사무실은 이대 정문 쪽에 있었는데, 잠시 시간을 내 연대 캠퍼스에 갔던 것. 도서관 앞 집회에서 그가 마이크를 잡고 있었다. 그즈음 대학가 총학생회장들은 주로 '비장한' 검은색 두루마기를 입었는데 '우상호 회장님'은 평상복이었다.

"자, 주목들 해 보세요. 이 전단 뭉치를 들고 지하철 환승 통로로 가는 겁니다. 그곳은 평소 인적이 드문 곳이니 이렇게 두리번거리다(두 눈을 가느다랗게 뜨고 손바닥을 펴 눈썹 위에 대는 시늉) 사람들이 몰려오면 살짝 놓고 자리를 뜨는 겁니다. 아주 쉽죠?" "와하하하… 예~~!" 무려 37년 전 기억인데, 이상하게 잊히지 않는 장면이다. 총학생회장이 저런 구체적 멘트까지? 암튼 집회 분위기는 밝았다.

전두환 정권의 4·13 호헌 조치 철회와 대통령직선제 개헌을 위해 1987년 봄 야당과 시민단체, 학생운동권, 종교계 인사들은 '민주헌법쟁취국민운동본부'를 조직한다. 그리고 6월 10일

전국적 항쟁에 돌입한다고 선언했다. 우상호는 그 집회를 알리는 유인물 살포 방법을 설명한 것이다. 운동권 중심이었던 총학생회를 학생 대중이 참여하는 조직으로 바꾸는 데 성공한 그였다. 당시 기성 언론에선 '정치권은 연대 총학생회 선거에서 민주주의를 배우라'는 기사가 나오기도 했다.

"운동권만이 아닌 일반 학우와 연대하고, 서울을 넘어 대전과 광주·부산 등 전국 100만 학도가 단결할 수 있다면? 나는 학생 운동 혁신이 일종의 내 사명이라고 생각했다. 소수가 아닌 다수의 지지와 참여를 이끌어 내는 것, 이것이 내 목표였다." 돌아보면 그는 1999년 11월 김대중에게 영입돼 시작한 제도권 정치에서도 이 원칙을 크게 벗어난 적이 없었던 것 같다.

연세대 운동권 지하지도부가 우상호에게 총학생회장에 출마해 달라고 권유한 것은 1987년 벽두였다. 그는 연탄보일러가 얼어붙은 냉골 자취방에서 밤잠을 설치며 고민했다. 며칠 후 수년 동안 적어 둔 시 노트와 원고들을 화장실로 들고 가 라이터로 불을 붙였다. 시인의 꿈을 포기한 것이다.

강원도 철원 '촌놈'인 우상호는 집안 형편으로 누나와 두 형이 대학 진학을 포기했다. 대학에 들어갈 때도 어머니가 친척들을 찾아다니며 겨우 입학금을 마련한 그였다. 입학 후 우상호가 문을 두드린 '연세문학회'는 지도교수 박두진 선생과 기형도, 원재길, 성석제, 박래군, 공지영, 나희덕 등이 복작이던 곳. "한때 내 삶과 미래의 전부였던 습작 시들이 불타는 모습을 지켜보는데, 갑자기 울컥 눈물이 흘렀다. 밖에는 겨울비가 내렸고 자취방엔 한 자루 촛불이 흔들리고 있었다."

1987년 6월항쟁은 이 같은 결단들이 모이고 모여 박종철 이한열의 비극을 딛고 기어이 대통령 직선제를 쟁취하는 데 성공한다. 총선 불출마를 선언했던 우상호는 지난달 20일 국회에서 '민주당 1999~2024' 출판기념회를 가졌다. 그는 "당이 의장 후보 선거로 시끄러워져 몇 마디 했다가 왕수박으로 몰렸다"며 쓴웃음을 지었다. 그러면서 "나 같은 사람도 있어야 당이 안 깨지고 정권 교체에 도움된다"고 강조했다. 야당과 지지자들이 한 번쯤 새겨볼 만한 조언들이다.

우상호는 박근혜 전 대통령 탄핵 당시 야당 원내대표였다. 민주당 의원들이 찾아낸 국정농단 정보를 모아 적기에 이슈를 제기하고 다수의 여당 의원들을 만나 설득을 거듭한 그는 탄핵의 막후 지휘자 중 1인이었다. 그는 이렇게 운명처럼 '6월항쟁'과 '대통령 탄핵'이라는 2대 역사적 사건의 주역 중 한 사람이 된 것이다.

"광장과 제도권이 손을 맞잡고 우리 사회 민주주의가 한 단계 발전하는 길을 만들 수 있다 생각하고 정치인이 됐는데, 그토록 원하던 답을 찾았던 것 같습니다." 우상호는 지금도 촛불과 탄핵이 진보만의 전유물이 아니고 대한민국 미래를 걱정하는 사람들이 진영을 넘어 함께 이룬 것이라고 강조한다.

국회가 제때 상황을 정리하지 못해 탄핵안을 부결시켰다면 유혈사태와 계엄령 가능성까지 우려됐던 급박한 순간이었다. 우상호는 탄핵 찬성 입장으로 돌아선 여당 의원 명단을 당시 추미애 대표에게조차 비밀에 부쳤고 앞으로도 공개할 생각이 없다. 그에 대한 이 같은 여야 의원들의 신뢰가 없었다면 탄핵 가결은 불투명했을 것이다. 우상호에게 들어온 '대외비' 정보는 절대 밖으로 새 나가지 않는다. 그래서 동료들이 붙여 준 별명이 '막다른 골목'이다.

그는 정치인에게 왜 정치를 시작했냐고 물어보란다. 그리고 그 목표를 위해 무엇을 할 계획이냐고 다시 물어야 한단다. 이 두 질문에 답을 못하면 그냥 '정치업계'에 취직한, 정치 자영업자라는 얘기다. 선출직이나 공직자가 아닌 대통령 부인이 정치에 개입하고 여사의 사적 메시지가 공개돼 정국을 흔드는 초현실적 상황이 전개되는 요즘. 영원한 문청(文靑), 우상호가 정치업계에 건네는 우직한 '상도의'가 도드라져 보인다.

2024. 07. 15.

민주당 초선, 권향엽·전진숙의 경우

미 의회에서 인턴을 했던 한국인 청년이 오리엔테이션에서 들었던 상원 의원의 연설 내용이다. "여러분은 미국 정치의 미래입니다. 여러분 중 대통령과 장관, 상·하원 의원이 나옵니다. 저도 20여 년 전 여러분처럼 인턴이었고 청년 당원이었습니다. 여러분의 미래가 저이고, 꿈 많은 청년 시절의 제가 바로 여러분입니다."

서유럽 정당들은 정치교육의 한 축을 담당한다. 정당 가입 나이도 14~16세로 낮다. 정당은 청소년 당원들에게 정당의 구조, 법안 발의 방법, 청소년에게 필요한 정책 청취 등의 교육을 제공한다. 영국과 독일엔 수십만 명의 청소년 당원이 활동한다. 스웨덴과 핀란드에서 30대 여성 총리가 나올 수 있는 배경이다. 우린 아직 군사정권과 '3김(김대중 김영삼 김종필)시대' 풍토가 완강히 남아 있어 정당 경력을 인정하는 데 매우 인색하다.

'짜르' 김종인은 최근 방송에 나와 "내가 국민의힘 가서 이름도 바꾸고 할 적에 '청년의 힘'이라는 것을 당 내부에 따로 두자고 그랬다"며 "거기에서 청년들을 교육시켜 지자체 선거에도 내보내고 점차적으로 국회의원 후보감도 나오게 하자고. 그런데 내가 나오고 난 다음에 다 없어지더라"고 말했다. 동석한 진수희 전 의원도 "제 생각도 정당은 인재를 영입하는 데가 아니라 키워 내야 되는 곳"이라고 공감했다.

김종인이 "우리나라는 정치가 잘못된 게 뭐냐 하면 선거 때만 되면 사람을 여기저기서 주워다가 만들어 놓는 것"이라고 지적하자 진수희는 "4년 지나면 그 사람들이 개혁 대상이 돼 그냥 또 버려지는, 이거는 진짜 문제"라고 말했다.

\# 새 인물을 원하는 풍토는 역사적 배경이 있으니 당 지도부나 유권자 탓만 할 일은 아니나 그것도 정도가 있어야 한다. 정치는 법을 만들고 예산을 다루며 정부를 운용하거나 감시하는 고난도 전문직이다. 아무래도 청년 시절부터 몸에 배야 상대 말을 경청하고 갈등을 조정하는 데 능하다. 정치의 본질이다. 정치인이 한 시간 회의에 50분을 자기 말만 해선 안 된다.

정당에서 잔뼈가 굵은 인재는 국정 현안과 다양한 해결 방안을 꿰고 전문가를 알아보는 선구안이 있다. 공동체의 비전을 가다듬어 왔고, 이를 자신만의 문법으로 설득할 수 있는 능력도 있다. 따라서 평생 전문직이나 공직에 있다 정치에 뛰어든 분들은 대단한 용기이며 다선까지 가면 정말 뛰어난 능력이라고 봐야 한다.

 준비되지 않은 리더는 본인도 조직도 불행하게 만든다. 하물며 대통령이라는 최고위 선출직은 말해 무엇하나. 요즘 우리는 그 '아스트랄'한 후과를 목도하고 있다. 링컨도 "대선주자의 준비 없는 출마는 국민을 기만하는 것과 같다"고 일갈한 바 있다. 각 정당엔 많은 청년 당직자들이 꿈을 키우고 있다. 자치단체와 지방의회 그리고 국회 보좌진에도 젊은 인재들이 많다. 김종인의 지적처럼 당에서 키운 인물을 새로 내놓으면 그게 '뉴페이스'다.

 돌아보면 지역감정과 용공 콤플렉스에 시달리던 김대중 전 대통령도 뉴페이스를 참 좋아했다. 이훈평 전 의원 사례가 생각난다. 그는 중앙대 재학시절인 1963년 6대 총선 때, 권노갑 고문과 함께 목포상고 선배인 DJ를 돕기 시작 평생 곁을 지켰으나 번번이 영입 인사들에게 밀렸다. 1996년 15대 총선을 앞두고도 이종찬 천용택 임동원 김한길 추미애 천정배 신기남 정동영 김민석 등이 화려한 스포트라이트를 받으며 입당하자 "아… 이번에도 틀렸구나"라고 씁쓸해했다.

 이때 D일보 기자가 이훈평의 사연을 기사화, 출입 기자들 사이에 동정여론이 나오면서 가까스로 비례 16번을 받을 수 있었다. 그러고도 3년 후에야 (청와대에 들어간 김한길 덕에) 배지를 승계했는데, 그가 DJ를 만난 지 36년 만의 일이었다.

민주당 권향엽 의원(순천·광양·곡성·구례을)은 1987년 김대중이 창당한 평민당에 입당한 이래 순천 지역위와 중앙당, 청와대 등에서 차근차근 성장한 정통 당료 출신이다. 민주당은 1955년 창당됐으나 김영삼의 통일민주당이 1990년 민정당과 합당하자 평민당이 민주당 계열의 중시조쯤 되는 위상을 갖게 됐다. 초선인 권 의원의 이력은 그가 민주당 본류 중 본류임을 말해 준다.

역시 초선인 민주당 전진숙 의원(광주북을)은 광주에서 여성운동을 하다 광주 북구 의원으로 정치를 시작한 이후 광주시 의원과 청와대 행정관을 역임하며 한 걸음씩 내디뎌 온 토박이 인재다. 물론 정치권엔 각계 전문가도 필요하나 민주주의 선진국처럼 언젠간 우리도 권향엽·전진숙 같은 이력의 선량이 다수가 돼야 한다. 광주·전남에선 DJ 참모를 제외하면 주승용 전 국회부의장이 대표적 선례고 현역으론 서삼석, 신정훈 의원이 있다.

좀 넓게 보면 재선 민형배, 김원이 의원과 초선 정진욱(광주동남갑), 정준호(광주북갑), 조계원(여수을), 김문수 의원(순천·

광양·곡성·구례갑)도 범주에 넣을 수 있다. 권·전 두 의원 등이 앞으로 좋은 평가를 받아 국회 상임위원장이나 광역단체장급 이상으로 컸으면 한다. 정치발전의 한 바로미터이기도 하다.

2024. 07. 22.

여운형이 '절명'(絶命) 순간 남긴 말

1947년 7월 19일 오후 서울운동장에선 조선올림픽위원회의 IOC 가입 축하 기념으로 한국과 영국의 친선 축구 경기가 열린다. 당시 군정청 체육부장이던 여운형은 오전 일정을 마치고 경기를 참관하기 위해 옷을 갈아입으러 자택을 향했다. 운명의 오후 1시, 서울 혜화동 로터리에서 트럭 1대가 갑자기 그가 탄 자동차를 가로막았다. 이어 한지근이라는 청년이 나타나 2발의 총탄을 발사, 선생의 복부와 심장을 관통시켰다.

여운형은 병원으로 호송 중 사망했고 당시 선생을 지켰던 고경흠은 그가 마지막으로 건넨 말이 "조국…" 그리고 "조선…"이었다고 전한다. 향년 62세. 그는 1929년 중국에 있을 때 두 차례를 포함, 총 11번의 테러를 당했는데 세계 정치 테러사에 전무후무한 기록일 것이다.

선생은 다섯 번째 테러 때 "나에겐 다른 길이 없다. 죽어도 이 길을 가야 한다"고 일갈했다. 걱정하는 자녀들에게도 "혁명가는 침상에서 죽는 법이 없다. 나도 서울 한복판에서 죽을 것이다. 아버지가 길바닥에 쓰러지더라도 너희들을 울지 말고 일어나서 싸워야 한다"며 마치 앞날을 예견하듯 당부한 바 있다. 미군정에서 헌병을 경호원으로 붙여 주겠다고 제의하자 "내가 어찌 대중으로부터 스스로 격리되겠느냐"며 거절했다.

발인식은 다음 달 3일 광화문 근로인민당사 앞에서 거행됐다. 해방 이후 최대 인파인 60여만 명이 서울 장안을 메웠고 애도의 물결은 전국으로 확산됐다. 흰옷을 입고 나온 시민들로 시내가 하얗게 뒤덮인 가운데, 행렬은 영결식장인 서울운동장을 향했고 베를린 올림픽 금메달리스트 손기정 등 체육인들이 선생의 관을 운구했다.

그의 시신은 포르말린으로 방부 처리돼 쇠로 만들어진 관에 안치됐다. 미군정 사령관 하지가 미국에 육각 수은관을 특별 주문해 마련한 것이다. 통일이 되는 날 다시 장사를 지내기 위함이었다.

선생이 서거하자 미군정이 야심 차게 추진하던 '좌우합작위'는 동력을 상실했고 제2차 '미소 공위' 역시 결렬된다. 남북에서 단독정권을 추진하던 이승만과 김일성 세력 그리고 한 줌의 친일파를 제외한 대다수 민중이 민족의 앞날을 우려했다. 이후 남북은 '북진통일'과 '조국해방전쟁'을 외치는 암울한 상황으로 치달았다.

해방공간의 숱한 암살 사건이 그렇듯 한지근을 사주한 세력도 끝내 밝혀지지 않았다. 선생의 암살 배후로는 이승만, 김구, 박헌영, 김일성 등 해방정국 유력 플레이어들이 두루 거론됐고 모두 나름의 근거도 있었다. 미군정은 당시 여운형을 남조선 민정장관으로 추대하려 했고 이는 단독정부를 구상하던 이승만으로선 절체절명의 위기였다. 심지어 이승만은 미 헌병에 의해 사실상 가택연금 상태였다. 이 같은 정황 때문에 이승만 계열 사주설이 상대적으로 많이 나왔다.

선생은 1990년 북한에서 '조국통일상'을 받았고 대한민국은 2005년 건국훈장 대통령장에 이어 2008년 대한민국장을 수여했다. 선생의 둘째 딸 여연구는 북한 최고인민회의 부의장을 역임했고 1991년 11월 25일, '아시아의 평화와 여성의 역할에 관한 토론회' 참석차 45년 만에 서울을 찾아 우이동 선생의 묘소를 참배했다. 조선민주여성동맹 위원장이던 셋째 딸 여원구도 2002년 8월 14일, 8·15 남북 공동행사 '민족통일대회'에 북측 대표단원으로 56년 만에 서울을 방문 역시 부친 묘소를 찾았다.

여연구의 서울 방문을 계기로 1992년 선생 서거일에 '몽양 여운형 선생 추모사업회'가 발족됐고 매년 추모행사를 거행해 왔다. 지난 19일 오전 우이동 몽양 선생 묘소에서 77주기 추모제가 거행됐고 오후엔 혜화동 피격 현장에서 추모행사, 이어 20

일 오후 양평 몽양기념관에서 추모문화제가 엄숙히 진행됐다.

독립운동의 거인으로 시대를 앞서간 민족 지도자 몽양 여운형. 쏟아지던 폭우도 거짓말처럼 그친 혜화동 로터리에 100여 명의 시민이 모여 겨레와 조국을 온몸으로 껴안고 스러져 간 선생을 기렸다. 이부영 전 열린우리당 의장과 이학영 국회부의장, 장영달 전 우석대 총장, 조성두 흥사단 이사장, 정대화 전 상지대 총장 등이 절절한 추모사를 했다.

필자가 지켜본 혜화동 추모행사는 최근 남북이 '압도적 힘에 의한 평화'와 '적대적 2국가론'을 외치는 안타까운 정세 탓인지 시종 선생의 혜안과 민족을 향한 가없는 애정을 안타까워하는 분위기에서 진행됐다. 어느 누가 '귀축영미'(鬼畜英米)에서 '숭미'(崇美)로 맥락 없이 갈아탄 친일파들의 기일을 이렇게 기리겠는가. 역사는, 이렇게 무섭고 엄중한 것이다.

선생이 절명한 7월 19일은 이승만 전 대통령이 망명지 하와이에서 쓸쓸히 눈을 감은 날이기도 하다. 두 사람은 청년 시절 '황성 기독교 청년회'에서 찬송가를 함께 부르던 관계였다. 두 분 사이에 '구원'(舊怨)이 있다면 부디 푸시고 남북의 평화와 번영 그리고 통일을 향한 겨레의 기원을 들어주셨으면 한다.

2024. 07. 29.

'테러리스트 김구'와 중추원 참의

'팔길이 원칙'과 공영방송 BBC

1982년 4월 영국과 아르헨티나 사이에 '포클랜드 전쟁'이 발발했다. '해가 지지 않는 제국' 영국은 2차대전 이후 대부분의 식민지를 잃고 파산 상태에 있었다. 가히 국가의 운명을 걸고 마지막 자존심을 세우려 한 이 전쟁에서 영국 공영방송 BBC는 '영국군'과 '영국함대'에 '우리'라는 표현 대신 '영국군', '영국함대', 정부의 입장은 '영국 측'이라고 보도했다.

발끈한 마가렛 대처 총리는 "BBC는 영국인들의 수신료를 재원으로 한다. 적인가 아군인가"라며 압박했다. 정부 각료들도 BBC가 호칭 문제뿐 아니라 아르헨티나와 영국을 같은 비중으로 보도하고, 영국 내 반전 경향을 과장 보도한다고 비판했다. 심지어 대처는 "포클랜드로 아들을 보낸 영국 어머니의 눈물을 생각하라"며 국민들의 애국적 감성선까지 건드리며 격노했다. 이에 대해 BBC는 "아르헨티나 어머니들도 눈물을 흘리고 있다"고 언급한 후 "객관적 보도 입장을 살리고 전 세계 시청자들에게 혼란을 주지 않기 위해 '우리'가 아닌 '영국'이라는 표현을 쓴다"고 자신들의 입장을 차분하게 밝혔다.

BBC는 작년에도 팔레스타인 가자지구 무장 정파 하마스를 '테러리스트'라고 부르지 않아 정부와 충돌한 바 있다. 그랜트 샵스 영국 국방장관은 "BBC가 도덕적 나침반을 찾아야 한다"고 공개 주문했다. 이에 대해 존 심슨 BBC 국제뉴스 편집자는 "사람들에게 누구를 지지해야 하고 누구를 비난해야 하는지, 누가 좋은 사람이고 누가 나쁜 사람인지 알려 주는 건 BBC의 역할이 아니다"라고 일축했다.

　그는 이어 "우리는 영국과 다른 국가 정부들이 하마스를 테러 조직이라고 부르며 비난했다는 사실을 계속 보도하는데, 중요한 건 우리가 그것을 우리의 목소리로 말하지 않는다는 점"이라며 "우리의 역할은 시청자들에게 사실을 제시하고 그들이 스스로 판단하도록 하는 것"이라고 설명했다. 심슨은 "BBC는 객관성을 위한 높은 기준을 유지하고 있으며 이것이 바로 영국과 전 세계가 매일 우리가 말하는 것을 보고, 읽고, 듣는 이유"라고 부연했다.

　# 1945년 영국에서 처음 고안된 '팔길이 원칙'이라는 개념이 있다. 정부 또는 고위공무원이 공공지원 정책 분야 등에서 어느 정도 거리를 두고 지원은 하되, 그 운영에는 간섭하지 않음으로써 자율권을 보장하는 것을 말한다. 제대로 된 민주주의 국가라면 대부분 작동되는 문화 산업 분야의 주요 원칙이다.

만약 방송 정책 책임자로 나서려는 사람이 '팔길이 원칙'을 왼팔(좌파)과 오른팔(우파)의 길이를 같게 하라는 뜻으로 알고 있다면 우선 자신의 시각부터 교정해야 한다. 이같이 소위 '좌우 균형'이라는 인식도 비민주적 사고인데, 아예 '좌파를 배제하겠다'는 식의 전체주의적 발언을 한다? 그럼 임명권자가 인사 검증 단계에서 탈락시켜야 한다.

누군가 '좌파로 기운 방송 문화계와 영화계를 바꾸겠다'는 소신을 피력한다면 그건 그것대로 존중받아야 한다. 단, 공직에 나설 것이 아니라 시민 운동이나 우파 영화 제작자, 혹은 유튜버로 나서면 된다. 이승만 전 대통령을 다룬 '건국전쟁'의 흥행에서 보듯 후원자도 적지 않을 것이다. 사상검증과 블랙리스트 작성, 좌(우)파 배제 등은 여야, 좌우, 보수 진보, 내편 네편을 떠나 방송 문화 정책에 대한 몰상식, 나아가 인권 침해로 규정하고 단호히 선을 그어야 한다.

김기춘 전 청와대 비서실장과 조윤선 전 문화부 장관이 문화계의 '(좌파) 블랙리스트' 사건으로 각각 징역 2년과 1년 2개월을 선고받은 게 불과 몇 개월 전이다. '(우파) 블랙리스트' 작성 지시 건으로 최승호 전 MBC 사장도 재판을 받고 있다. 이처럼 공직자의 민간에 대한 사상 검증, 블랙리스트 작성은 '자유'민주주의 사회에서 중형에 처해지는 범죄다.

누군가 청문회에 나와 5·18 민주화운동을 폄훼한 지인의 SNS에 '좋아요'를 누른 이유를 묻자 '좋아요 연좌제', '지인 연좌제' 아니냐고 반문하고 "앞으로는 특히 제가 공직에 임명된다면 소셜미디어에서 '좋아요' 표시를 하는 것에 조금 더, 손가락 운동에 조금 더 신경을 쓰겠다"고 조롱식의 응수를 한다면? 보수와 진보를 떠나 이 같은 인식을 대놓고 드러내는 공직 후보자는 없었다.

예우받아야 할 민주화 역사와 추모의 대상인 사회적 참사도 정쟁 대상으로 상대화시켜 버리는 '공영방송'을 상상할 수 있는가. 민주주의 발상지 영국의 세계 최초 공영방송 BBC를 우리 언론환경과 비교하는 건 아직 무리일지 모른다. 그러나 언제까지 그들을 부러워만 할 수도 없는 일이다. 정권만 바뀌면 도돌이표처럼 반복되는 장면을 이젠 정말 그만 보고 싶다.

아마도 지금 여야가 야당과 여당일 때 했던 주장을 기억해내면 쓴웃음이 나올 것이다. 이 희비극을 끝내는 방법을 찾아볼 때도 됐다.

2024. 08. 05.

유인태와 이재명 그리고 김민석

민주당 원로인 올해 일흔여섯 유인태 전 국회 사무총장은 아직도 여야 가리지 않고 시원하게 쓴소리를 던진다. 그는 낙천적인 호인이다. 1974년 민청학련 사건 당시 모진 고문 끝에 사형을 선고받고는 '하도 어이가 없어' 웃었다. "미친 놈들, 그게 무슨 사형감이냐." 방청석에서 졸고 있던 모친은 정작 아들의 선고 내용을 듣지도 못했다. 청와대 정무수석 때 노무현 대통령이 주재하는 회의에서도 가끔 졸았던 것을 보면 졸음도 유전인 듯하다.

2016년 공천에서 '컷오프'되자 "저의 물러남이 당에 도움이 되길 바란다"며 깨끗이 승복했다. 구차한 것을 싫어하는 성품 탓이다. 유 전 총장이 민주당 전당대회를 겨냥, 한마디 했다. 이재명 후보로선 정봉주 후보가 수석 최고위원 되는 걸 바라지 않을 수 있다는 것이다. "한때 정봉주는 '미권스'(정봉주와 미래권력들)라고 민주당에서 제일 큰 팬덤을 거느렸던 친구이고 이 후보보다 나이로도 좀 위이기 때문이다."

'BBK 주가조작' 발언으로 기소된 정 후보는 2011년 12월, 징역 1년을 확정받고 홍성교도소에 수감됐는데 당시 전당대회에 나오려는 대표와 최고위원 후보 모두 홍성으로 '접견'하러 갈 정도로 실제 팬덤이 막강했다. "그때 정봉주를 '알현'하려고 하면 안민석, 정청래 이런 친구들이 나서 교통정리를 했다." 유 전 총장은 이어 "최고위원 후보들이 다 힘껏 뛰게 자유 경쟁의 판을 만들어 줘야지, 자꾸 개입하는 게 확장의 길은 아니다"라며 "누가 1등이라는 게 뭐가 그렇게 중요하냐, 그거(대표 옆에) 앉나, 저기 앉나 그놈이 그놈"이라고 일갈했다.

유 전 총장이 워낙 큰 판만 봐서 그런지, 이 대목에서 필자의 시각은 좀 다르다. 결론부터 말하면 '이재명'은 지금 변신하고 있으며 김민석 후보를 대놓고 지지하는 것도 같은 맥락으로 분석된다. 오는 18일 탄생할 '2기 이재명 대표'는 '중도 확장'으로 타깃을 바꾸려 할 것이다. 물론 2027년 3월 3일로 예정된 21대 대선 승리를 위해서다. 총선에서 비명계를 정리했고, 당권도 압도적으로 장악하면서 '이재명의 민주당'이라는 1기 목표를 거의 달성했기 때문이다.

'1기 이재명 대표'의 위상은 안팎으로 불안했다. 그래서 정청래 의원을 수석 최고위원으로 지원했고 정청래는 이재명의 정치적 호위무사 역할을 충실히 해냈다. 곧 시작될 2기는 이제 외연을 확장할 수 있는 인물이어야 한다. 이재명은 그 적임자로 김민석을 낙점한 것이다. 이 전 대표는 지난달 20일 지지자들 앞에서 "왜 이렇게 김민석 표가 안 나오냐"고 반문했고 그때부터 김민석은 정봉주를 앞서기 시작했다.

지난해 3월 이재명은 당 정책위의장에 김민석을 발탁한 바 있다. 당시 김 의원은 '민주당 정책 르네상스 10대 방향'을 발표했는데 역대 민주당 정부 정책에 대한 '비판적' 계승이 주 내용이었다. 김 의원은 "김대중 정부 햇볕정책을 북핵이 존재하는 현재의 관점으로 진화시켜 새로운 외교 안보 정책을 재정립하겠다"며 "소득주도성장과 부동산 정책 등 과거 민주당 정부 실책을 자성하고 이승만·박정희·노태우 정부의 정책도 수용하겠다"고 밝힌 바 있다.

이 같은 파격적 중도 확장 어젠다에 이재명 대표가 크게 공감했다는 후문이다. 최근 눈길을 끈 이재명의 몇 가지 정책 스탠스도 그와 무관치 않을 것이다.

적지 않은 사람들이 김민석의 예리한 정세 분석력을 인정한다. 정몽준의 '국민통합 21' 합류와 피선거권 상실 등 2002년부터 시작된 18년간의 길고도 파란만장한 원외 시절 가끔 그를 인터뷰한 적이 있는데 돌아보면 그의 정국 전망은 별다른 오차가 나지 않았다. 1985년 서울대 총학생회장에 당선된 김민석은 전국 대학 총학생회 연합체인 '전학련' 의장으로 활동하

다 서울 미문화원 점거 농성 사건 배후 조종 등의 혐의로 3년간 징역을 살았다.

　수감 중이던 1987년 작은형이 교통사고로 사망하자 김수환 추기경의 노력으로 귀휴 조치를 받았고 이때 조문객으로 찾아온 김대중과 첫 대면을 한다. DJ는 대통령이 여당 총재를 겸하던 시절인 2000년 그를 새천년민주당 총재 비서실장으로 임명하는 등 각별히 챙겼다. 민주화운동 경험이 없고 민주당 뿌리인 '동교동'과도 이렇다 할 고리가 없는 이재명으로선 김민석의 상징 자산이 필요할 수 있다.

　김민석이 이대로 수석 최고위원이 된다면 2001년 당내 대선 후보 여론조사 2위, 2002년 38세 여당 서울시장 후보 이래 제2의 정치적 황금기를 맞이하게 된다. 무려 22년 만에 찾아온 기회다. 그러나 지금 민주당은 역사상 유례없는 '사당화 논란'으로 견고한 박스권 지지율에 갇혀 있다. 입 가진 사람들은 대부분 현재의 '민주당'과 '이재명'으론 정권 교체가 쉽지 않다고 지적한다.

　과연 김민석이 이재명의 기대대로 정권 교체를 위한 중도 확장 전략에 일정한 성공을 거둬 자신의 이름값을 할 것인가. 차기 대선정국의 또 다른 관전 포인트다.

2024. 08. 12.

| '김경수 현상', 그 이면(裏面)

1948년 대한민국 정부 수립 이래 최초의 '선거에 의한 정권 교체'가 일어난 1997년 대선은 수많은 변수가 얽힌, 문자 그대로 한 편의 드라마였다. 여당인 신한국당 이인제 후보의 탈당과 독자 출마, 초유의 IMF 사태 그리고 'DJP연대'(김대중-김종필)….

1996년 15대 총선을 통해 정계에 입문한 이회창은 신한국당 총재에 취임하며 대권주자로 급부상했다. 감사원장 임명과 국회의원 공천 등 시종 YS(김영삼)에 의해 키워진 인물이었다. 그런 그가 대선 국면에서 이른바 '3김 청산'을 내세우며 DJ와 JP는 물론 현직인 김영삼 대통령까지 적으로 돌려 결국 그를 탈당하게 만든다. YS로선 DJ보다 이회창의 당선이 훨씬 내키지 않은 상황으로 몰린 것이다.

그래도 대선 레이스가 시작되자 김종필은 같은 보수 진영의 이회창과 손잡을 가능성이 유력했다. JP 측근들 대부분도 이회창과의 연대를 준비하고 있었다. 그해 가을 어느 날, 경부고속도로를 달리던 JP의 승용차가 갑자기 방향을 틀었다. 자신이

내민 후보 단일화 핵심 조건이 이회창 측에 의해 최종 거부당했다는 소식이 전해진 것이다.

승용차가 향하던 곳엔 이회창이 기다리고 있었으니, 사실상 그 순간 12월 대선 향방이 반쯤은 정해진 셈이다. 대선 결과 DJ는 이회창을 불과 1.6%포인트 차로 앞서 승리했고 국민신당 이인제의 득표율은 19.2%였다. 정치건 인생이건, 이같이 '그땐 몰랐고 그리 큰 변수도 아니었으나' 지나 보면 드러나는 결정적 순간이 있다.

한 원외 정치인의 복권을 둘러싸고 가히 '현상'이라 할 정도의 갑론을박이 며칠간 정가를 흔들었다. 노무현 대통령의 마지막 비서관이자 문재인 대통령의 최측근이면서 정치권에 이렇다 할 비토세력이 없는 김경수 전 경남지사. 경남 고성에서 태어난 그는 서울대 인류학과에 입학한 후 수원 소재 부품공장에서 일하다 손가락을 크게 다쳤다. 학생운동 과정에서 세 차례나 옥살이를 한 김 전 지사는 전남 신안 출신 대학 후배와 만나 '선거엔 절대 나서지 않는다'는 조건으로 결혼한다.

노무현 대통령이 부엉이바위에서 뛰어내린 운명의 그날 새벽, 자고 있던 문재인 변호사에게 비보를 전한 장본인이기도 하다. 그리고 이 충격적 사건을 계기로 결혼 약속은 깨진다.

"바보 노무현의 정신을 지키기 위해선 어쩔 수 없었다." 정치권의 '김경수 복권'에 대한 득실 계산이 난무한다. 날도 덥고 하니, 여야 정객들에게 희망을 주거나 고무시키는 점 위주로만 정리해 본다.

우선 윤석열 대통령으로선 조윤선 전 문체부장관과 안종범 전 청와대 경제수석, 원세훈 전 국정원장 등에 대한 무더기 사면 복권과 구색을 맞출 수 있었다. 이와 함께 여야의 한동훈, 이재명 대표를 한꺼번에 견제하는 '망외(?)의 소득'도 있을 것이다. 한동훈 입장에선 김경수 복권을 둘러싸고 윤 대통령과 각을 세우며 차별화하는 효과를 얻었고 여당도 '이재명 일극 체제'가 흔들릴 수 있다는 기대를 걸어 보게 됐다.

민주당 친명계는 그가 PK의 새 구심점이 돼 이재명의 대선 레이스 '페이스메이커' 역할을 해 주면 더 이상 바랄 게 없을 것이다. 이 대표도 일단 "후보가 다양하고 많을수록 좋다"고 반겼다. '일극 체제'니 '사당화'니 하는 여권과 당내 비주류의 비판을 희석시킬 수만 있다면 그리 나쁠 건 없을 것이다. 물론 비명계와 친문계 등은 그에게 당내 비주류의 구심점, 나아가 차기 대선에서 이재명 대표와 자웅을 겨뤄 볼 수 있는 역할을 기대하는 눈치다.

이처럼 김경수에 대해 친명계는 이재명의 '보완재', 비명계는 '대체재'로 각각 바라본다. 심지어 한 보수성향 정치 평론가는 '정계 개편'을 염두에 둔 윤석열 대통령의 '빅 픽처'라고 주장한다. "옛날에 3당 합당, DJP연합 등 다양한 사례가 있었다. 이재명 대표의 집권을 저지하기 위해 좀 합리적인 친문 세력까지 껴안아야 한다는 그런 포석이다."

　천하람 개혁신당 원내대표는 몇 걸음 더 나간다. "기본적으로 친문인 윤 대통령이 본인의 정치적 보험으로써 친문 집단을 생각하고 계신 것 아닌가." 국민의힘과 친문이 합쳐지는 정계 개편이 될 수도 있고, 국민의힘이 정말 대통령 말을 안 듣는다면 친문이 하나의 '플랜B'(대통령 탈당 후 친문과 결합)가 될 수 있다는 것이나 이러저런 시나리오 모두 본인들의 기대와 희망으로 보면 된다.

　당초 계획대로 연말께 독일에서 귀국할 예정인 김 전 지사는 복권이 확정된 후 소셜미디어에 "저의 일로 많은 분들께 심려를 끼쳐드려 다시 한번 진심으로 송구하다는 말씀을 드린다"고 밝혔다. 이어 "걸어온 길을 돌아보고, 더 성찰하는 시간을 보내겠다. 복권을 반대했던 분들의 비판에 담긴 뜻도 잘 헤아리겠다"고 덧붙였다.

몸을 한껏 낮춘 반성과 성찰 기조다. 김경수를 둘러싼 정치권의 이례적 관심은 그만큼 우리 정치에 '빈 공간'이 많고 김 전 지사가 이를 메울 수 있는 유력 조건을 갖추고 있다는 반증일 것이다.

2024. 08. 19.

호남과 민주당 그리고 '노스탤지어'

광주 서중·일고와 고대법대를 나와 1969년부터 1975년까지 동아일보 기자로 뛰어다닌 임채정 전 국회의장. 1975년이라면? 맞다. 유신정권을 강타한 동아일보 사태가 일어난 해다. 그는 '동아자유언론수호투쟁위원회' 상임위원으로 앞장서서 저항했고 해직당한다.

광주항쟁 이후엔 문익환 목사 등이 이끌던 민주통일민중운동연합(민통련) 상임위원장 등으로 전두환 군사정권에 맞서다 1988년 김대중 총재가 이끄는 평화민주당에 입당한다. '민통련'은 1985년 김근태의 민청련 등 25개 재야 단체가 총결집, 제도권 정당 이상의 위상과 영향력을 가진 조직이었다. 고문단이 무려 함석헌, 김재준, 지학순 등이었다.

임 전 의장이 90년대 중반 어느 자리에서 필자에게 건넨 말이다. "서울 노원을에 출마한 13대 총선 때, 그래도 민통련 상임위원장 출신이라 유권자들이 좀 알아볼 줄 알았는데 전혀 모르더라고…." 그는 낙선했고 14대 총선에서 재검표 끝에 신승했다. 아무리 5공 정권에 비판적 유권자라도 민통련 간부가 누구인지 어찌 알겠는가. '임채정'은 운동권이나 언론, 그리고 일부 정치 고관여층 사이에서만 돌던 이름이었다.

광주 광산을에서 재선을 한 민형배 의원이 민주당 최고위원 경선에서 안타깝게 탈락했다. '이낙연 대세론'이 호남을 휩쓸던 2021년 초, 민 의원은 광주매일신문과의 인터뷰에서 광주·전남 현역 의원 중 최초로 '이재명 지지'를 선언한 바 있다. 이 인터뷰는 지역 정가에 충격을 던졌고 이낙연 전 총리 지지자들의 항의로 한때 지구당 업무가 마비될 정도였다.

이른바 '검수완박' 정국에서 단행된 탈당 역시 비판적 여론도 거셌으나 민 의원 입장에선 '당을 위해서'였다. 그럼에도 복당까지 무려 1년이 걸렸다. 그런 민 의원이 최고위원단에 들지 못했다. 호남, 특히 광주·전남 정치 이슈가 더 이상 전국 단위 화제로 부각되진 않는다는 증거다. 민형배가 걸어온 길을 타 지역 민주당 지지자들이 잘 알지 못하거나 알더라도 큰 의미를 부여하지 않는다는 얘기도 된다.

제1 야당에 '적지 않은' 지분을 갖고 있다고 생각하는 민주당 광주·전남 지지자들로선 당혹스러운 결과일 것이다. 선거 기간 상당수 지역 언론이 '민주 광주시당 당보' 비슷한 논조의 기사를 내놓은 것도 같은 맥락으로 이해할 수 있다.

\# 평민당이 창당된 1987년 이래 37년간 호남은 민주당의 모태이자 아성이었다. 김대중 노무현 문재인 정권을 탄생시켰다는 자부심도 있다. 그런데 80, 90년대 내내 민주당과 지지자들의 비원(悲願)은 '전국 정당화'였다. 특히 호남의 열망은 더 강렬했다. 그리고 참여정부 이후 민주당은 정말 전국 정당으로 단단하게 성장했다.

어느새 대구·경북을 제외한 전국에서 민주당 후보가 당선권에 들지 못하는 지역도 완전히 사라졌다. 그만큼 민주당은 당세가 커졌고 당원도 전국적으로 확산됐다. 민주당의 덩치가 1987년의 평민당에 비해 몰라보게 커진 것이다. 특히 수도권은 인구가 가장 많아 다수의 당원이 몰려 있다. '민주당은 수도권 정당'이라는 말도 그래서 나온다.

이와 함께 민주당의 조직과 논의구조가 근본적으로 바뀌기 시작한 것도 벌써 10년이 넘는다. 수권정당을 위해선 불가피한 변화일 것이다. 수도권에 산재한 평민당 이래의 고참 당원들 위상도 상대적으로 약화됐다. 다양한 영역의 젊은 당원들이 대거 민주당의 문을 두드린 탓이다. 이젠 민주당과 호남이 좀 더 '성숙한' 관계로 재정립돼야 할 차례다.

호남 몫 최고위원이라는 말 자체가 '지역당' 시절의 레토릭일 수 있다. 호남에 절실한 지역 발전 방략 역시 정치권에 기대는 것은 한계가 있다. 국민의힘과 민주당 모두 전국 정당이다. 소외, 낙후라는 이유만으로 '알아서' 특정 지역에 자원을 집중시켜 줄 순 없다. 광주시와 전남도, 그리고 지역 국회의원·산학연이 머리를 맞대고 '정부가 움직이지 않으면 안 될 정도의' 명분과 지혜를 짜내야 한다.

물론 링커 역할을 할 큰 정치인은 필요하다. 광주·전남에서 대선후보와 당대표 최고위원 등을 만들고 싶으면, 충청이나 부산·경남처럼 될성싶은 인물을 여야 가리지 말고 키워야 한다. '싹쓸이'와 '물갈이'가 능사는 아니다. 이번 선거에서도 드러났듯 수도권 향우들도 호남과 언제나 이해가 일치하진 않는다. 향우들의 2, 3세는 정서적으로 이미 수도권 유권자다.

성인이 된 자녀를 놓아주지 못하면 서로에게 도움이 안 된다. '의대생 학부모회'같이 남들 보기 민망할 뿐이다. 호남이 키운 민주당이 '대견할 정도로' 성장했듯 호남의 품과 시야도 더 넓어질 때가 됐다고 본다. 1987년 김대중의 '조선대 10만 집회'와 광주·전남 노사모가 일으킨 기적의 '광주 경선', 그리고 문재인의 '우다방 번개'도 이젠 아름다운 기억으로 남겨 놓아야 한다.

'희미한 옛사랑의 그림자'는 고즈넉한 저녁, 문득 떠오르는 추억일 뿐이다. 어려운 여건에서도 최선을 다한 민 의원의 투혼에 위로와 격려를 보낸다.

2024. 08. 21.

'테러리스트 김구'와 중추원 참의

뜨거웠던 8월을 돌아보니, 두 쪽으로 나뉜 광복절 행사가 기억에 남는다. 1948년 정부 수립 이후 처음 있는 일이다. 독립운동을 연구·기념하는 독립기념관 관장에 뉴라이트 계열 추정 인사가 임명된 것에 광복회 등이 발끈한 탓이다. 뉴라이트 사관은 상대적으로 독립운동을 격하하고 일제 시대 경제발전과 문명화를 강조한다.

노르웨이 오슬로대 박노자 교수는 "뉴라이트 운동의 본질은, 다수 시민들의 명시적 또는 묵시적 요구에 의해 노무현 정권이 추진해 온 친일 진상 규명에 대한 보수 기득권층의 조직적 대응이라 해도 과언이 아니다"라고 짚었다. 일부 전향 마르크시스트들이 논리를 제공했으며 지금은 많이 극복됐으나, 과거 서구 중심주의적 편향에 사로잡힌 일부 구미권 및 일본 마르크스주의자들이 '아시아적 생산 양식으로 정체된 지역은 식민화가 아니면 스스로 근대로 나아갈 수 없었을 것'이라고 바라봤다는 것이다.

이 같은 '식민지 근대화론' 시각에서 보면, 조선에 근대 자본주의를 이식하고 문명화시킬 수 있었던 세력은 일본제국 외에 없었고 따라서 친일은 '문명화를 위한 애국'으로 쉽게 둔갑 된다는 게 박 교수의 논지다.

실제 뉴라이트 운동이 본격화된 건 노무현 정부 시기인 2004년 11월. 서울 명동에 운동권 출신 70여 명이 모여 자유주의연대를 출범시켰고 당시 동아일보 정치부장이던 이동관 전 방통위원장이 '뉴라이트'라는 타이틀을 붙여 그대로 굳어졌다.

서울대 경제학과 안병직 명예교수의 '중진자본주의론', 북한 공작원과 잠수정을 타고 월북해 김일성을 만난 김영환 씨 등이 펴낸 '시대정신' 등이 이념적 기반이었고 주 구성원들은 '위수김동'(위대한 수령 김일성 동지)을 외치던 전향 'NL파'였다. 그 후 이명박 정부에서 반짝했던 뉴라이트는 일본 우익 시각과 겹치는 식민지 근대화론을 주장하다 고립됐고 윤석열 정부 들어 다시 목소리를 내고 있다. 식민지 근대화론은 지난 80년대 한국의 몇몇 경제사 연구자들에 대한 일본의 파격적 연구비 지원으로부터 시작됐다.

한편 건국절 논란은 2006년 서울대 경제학과 이영훈 교수가 동아일보에 기고한 칼럼에서 비롯됐고, 이명박 정부가 2008년 '대한민국 건국 60년 기념사업위'를 출범시키면서 사달이

났다. '건국 60년'이라는 얘기는 대한민국이 1948년 8월 15일 건국됐음을 의미한다. 이는 해방 후 63년간 통용되던 '임정 법통론'을 흔드는 논리로 1945년 광복절을 1948년 건국절로 대체하자는 주장으로 이어졌다.

그러나 이승만 전 대통령은 오히려 1919년 건국론을 내세웠고 여운형 등 중도·사회주의 세력은 1948년 건국론을 얘기했다. '3·1운동으로 대한민국을 건립했고, 이제 민주 독립 국가를 재건한다'는 제헌헌법 전문 역시 최근 보수 진영이 재평가 중인 바로 그 이승만이 강력히 요구한 것이다. 건국절 논쟁에 범보수 세력조차 의견이 갈리는 이유 중 하나일 것이다.

'1948년 건국절' 주창자들은 나름 비장하다. 특히 전향 운동권의 경우 무모함과 안쓰러움 면에선 사회주의로의 변혁을 외치던 젊은 시절 모습과도 오버랩된다. 역시 사람은 쉽게 변하진 않는 것 같다. 이승만 초대 대통령 이래 우리 공화국이 쌓아 온 국민적 공감대와 헌법 정신을 근본적으로 바꿔 보려 한다는 점에서 소수집단 특유의 '컬트' 분위기도 엿보인다.

개인적으론 개천절과 임시정부수립기념일, 광복절, 제헌절 등이 있는데 굳이 진영 갈등만 조장하는 건국절까지 제정할 필요가 있는지는 의문이다. 참고로 일본의 '건국 기념의 날'은 우리 개천절 비슷한 날이다. 아무튼 기관의 목적과 정반대 쪽 인물만 기막히게 골라 임명하는 이 정권 스타일이야 이미 익숙해진 풍경이긴 해도 이번 독립기념관장 인사는 유독 튄다. 보수쪽 학계도 '저분이 대체 누구냐'라고 반문했다는 것이니 결과적으로 인사권자의 남루한 안목만 도드라진 셈이다.

뉴라이트 측의 독특한 시각과 연구는 자유다. 그러나 본인들 소신은 '식민지 근대화 기념관' 같은 곳을 만들어 웬만하면 그곳에서 펼치는 게 좋을 듯하다. 우리 국민의 '반일 정신병'(일부 뉴라이트가 사용하는 비속어)이 완치되기도 전에 자신의 철학과 상반되는 기관에 슬그머니 들어간다? 최소한 학문하는 분들의 자세는 아닌 것 같다.

뉴라이트 역시 계보별로 시각이 다양하다. 그런데 각 주장들의 함의와 후과(後果)를 이해하는 사람이 '용산'에 과연 몇이나 될지 궁금하긴 하다. 있기는 할까? 만약 식민지 근대화론이 주류가 되고 '1948년 건국절'이 제정된다면 "증조부가 제국 시기 중추원 참의를 하셨다"고 대놓고 자랑하는 사람도 나타날 수 있다. '테러리스트 김구'(지난달 출간된 뉴라이트 계열 도서)와 달리 조선총독부를 도와 반도의 '문명개화'에 앞장선 애국자 아닌가.

P.S. : 제2차 세계대전 때 나치 강제수용소 타자수였던 99세의 푸르히너 할머니가 지난달 20일 독일 연방법원에 의해 살인방조·미수 혐의로 유죄 판결을 받았다.

2024. 09. 02.

오세훈과 박형준 그리고 강기정

오세훈 서울시장이 지난달 23일 "수도권·영남권·호남권·충청권 4개 지역을 선정, 4개 강소국 프로젝트를 통해 1인당 국민소득 10만 달러 시대를 열자"고 제안했다. 부산 동서대에서 열린 한국정치학회 주관 '서울-부산시 특별대담회' 자리였다. 오 시장은 미국, 싱가포르, 아일랜드, 두바이 등을 예로 들며 국가를 구성하는 각 지역이 재량껏 전략을 펼칠 때 경제적으로 더 부강해질 수 있다고 역설했다. 이를 위해 전국을 4개 초광역권으로 재편, 각 도시가 지역별 전략을 구사할 수 있도록 해 한국 사회를 '퀀텀 점프'시켜야 한다는 것이다.

사회학을 전공한 박형준 부산시장도 이날 비수도권 지방자치단체의 목소리를 대변했다. "'인 서울'이라는 말이 자연스러운 용어로 자리 잡는 동안 기업과 자본, 인재는 서울로 몰리고 지역은 상대적으로 퇴락의 길로 접어들어야 했습니다. 이 때문에 부동산 격차 확대, 교육 불평등 확대, 청년층의 과도한 수도권 집중 등이 뒤따랐습니다." 박 시장은 새로운 국가 경영 모델로, 함께 살고 함께 나아간다는 의미의 '공진 국가'를 제시했다. 수도권과 지역이 경쟁 관계 속에서 서로의 진화를 촉진해야 균형발전이 이뤄진다는 논리다.

지방 거점을 성장시켜 지역 경쟁력을 살리자는 오 시장의 주장과도 맥락이 같다. 고려대 동문인 두 시장이 수도권 일극 문제에 공감하고 지방분권을 확대해야 한다는 데 의견을 같이한 건 어쨌든 반길 일이다. 그러나 오 시장은 지난달 9일엔 이명박 정부 이후 12년 만에 서울 그린벨트 해제를 발표한 바 있다. 그는 "청년, 신혼부부 등 미래 세대를 위해 주택 공급을 확대할 것"이라고 밝혔다. 발표 이후 그린벨트 후보지들의 부동산은 들썩이고 있다.

그린벨트 해제가 서울 과밀화를 부추겨 지역 균형발전에 저해된다는 것은 상식이다. 오 시장이 '서울 개발'과 '지역 균형발전'이라는 상충되는 주장을 펴는 이유는 잠재적 대권주자인 그의 위상과 관련 있을 것이다. 이 정권은 인수위 당시 '지역 균형발전 특위'까지 만든 그 정부가 맞는지 의아할 정도로 초기부터 수도권 대학 증원에 이어 수도권 공장 신증설까지 허용한 바 있다. 지역 균형 정책은 지역 문제를 넘어 대한민국 생존에 직결된 문제임에도 '수도권 초집중과 지역 소멸 가속화 정책을 폐기하라'는 비수도권 목소리는 오늘도 허공을 떠돌고 있다.

그래도 부산은 비빌 언덕이라도 있다. 엑스포 유치 실패 직

후인 지난해 12월 6일 윤석열 대통령은 부산을 방문, 가덕도 신공항 등의 확실한 재추진을 약속했다. 부산 시민을 위로하는 차원에서 마련된 '부산 시민의 꿈과 도전 격려 간담회' 자리였다. 윤 대통령의 특이 발언은 그 행사에서 나왔다. "가덕도신공항을 비롯한 인프라 구축은 부산만을 위한 것이 아니라 부산을 축으로 영호남 남부권 발전을 추진하고 전국 균형발전을 통한 우리 경제의 도약을 위한 것입니다."

'참여정부'의 수도이전 드라이브 이후 모든 정부에서 각종 균형발전 정책을 발표했으나, '부산을 축으로 영호남 남부권을 발전시키자'는 주장은 필자가 과문한 탓인지 처음 듣는 이론이다. 자칫 부산이 발전하면 광주가 발전하고 영남이 발전하면 호남도 덩달아 발전한다는 말씀으로도 들리는데, 이게 정말 현실화되면 아마 학계부터 놀라고 흥분할 것 같다.

광주광역시가 지난 2~3일 국회에서 더불어민주당·조국혁신당과의 정책 협약, 국민의힘과의 정책전달식을 통해 지방정부-국회-정당 간 협력 시스템을 마련했다. 강기정 시장은 "민주당의 '기본 사회 모델'과 '에너지 대전환' 등 당의 새로운 사회 비전을 펼치는 데 광주가 실증의 공간이 되겠다"며 "광주가 민주주의의 표준이 됐듯이 기본 사회와 에너지정책을 실현하는 데 앞장서 대한민국의 새로운 발전 동력을 만들겠다"고 밝

했다. 광주시는 나아가 '팀 광주 국회의원 및 명예시민 위촉식'을 열어 위촉패와 명예시민증을 전달했다. 6명의 여야 '팀 광주 의원'은 모두 광주 지역구 의원이 없는 국방위와 환경노동위 소속이다.

물론 민·군 통합공항 이전, 대한민국 제1호 노사 상생형 모델인 '광주형 일자리' 고도화, 정부 계획보다 5년 빠른 2045 탄소중립 이행 등 현안 추진을 위한 자구책이다. 전국 지자체 최초로 시도된 이번 행사는 국회 경험이 있는 강 시장의 아이디어다. 행사장에서 마주친 강 시장은 "우린 정말 죽겠는데 뜬구름 잡는 얘기나 하고…."라며 최근의 정국 상황을 에둘러 비판했다.

이틀간 진행된 행사들은 충분히 의미 있고 참신했으나 마땅히 기댈 곳 없는 광주시의 안간힘, 필사적 몸부림이라는 측면도 들여다봐야 한다. 특정 당 일색인 광주는 '용산'이나 중앙정부에 깊은 얘기를 나눌 변변한 창구가 없다. 하다못해 손잡고 함께 울기라도 해 줄 '실세' 한 명 찾기 힘들다. 오세훈 박형준과 대비되는 강기정의 안쓰럽기까지 한 이틀간의 동분서주, 고군분투 세일즈 행보가 여야 정치권을 움직여 어떻게든 결실을 좀 맺었으면 좋겠다.

2024. 09. 09.

김충조와 '법창야화' 그리고 '여순사건' 上

지금은 재개발 등으로 많이 사라졌으나 10여 년 전만 해도 서울의 오래된 한식당엔 김충조 전 의원의 낙관이 찍힌 잉어 그림이 더러 걸려있었다. 여수고와 고대법대를 나와 5선을 했던 그 김충조 맞다. 식사 후 남은 음식만을 재료로 그린 잉어였는데 화단 쪽에서도 알아주던 솜씨였다. 그는 정치를 잠시 쉴 때도 낙원상가 인근에서 화실을 운영하며 그림을 그리곤 했다.

고시를 준비하던 그가 세상에 이름을 알린 계기는 1975년 발생한 '허봉용 밀수 사건'이었다. 밀수 수사를 받던 '제7 삼양호' 선장의 고문 상처가 면회에서 드러났고 이에 흥분한 아들이 세관 청사에 난입, 직원을 살해하면서 사건은 시작됐다. 여수는 이후 두 달여, 시가 전역을 휩쓴 검거 선풍에 떨어야 했다. 이 기간 중앙일간지 1면은 거의 매일 대검 특수1과장 김병리 검사가 이끄는 '여수지구 밀수 폭력 특별수사본부'발 기사로 장식됐다.

당시는 부산을 비롯 봉녕·마산·목포 등 남해안 대부분의 항구에서 암암리에 밀수가 이뤄졌던 시기였다. 그 규모도 덩치 큰 부산이 당연히 많았다. '여수 한 달 치가 부산 하루 나절 물량'이라는 말까지 나올 정도. 그럼에도 '밀수는 여수'라는 세론이 조성됐고 심지어 '여수 시민 80%가 밀수에 가담했을 것'이라는 추측성 기사까지 제목으로 달렸다. 여수 사람들은 분노했다.

8월 5일 여수 세관원 살해 후 1개월 만인 9월 11일 김치열 검찰총장은 남해안 일대 해상 밀수조직에 대한 일망타진을 지시했다. 그러나 이미 여수는 나흘 전부터 여수세관에 들어온 김병리 검사 수사팀이 강도 높은 수사에 돌입한 상태였다. 수사본부는 9월 12일 1차 중간 수사 결과를 발표했다. 여수항을 중심으로 암약해 온 5~6개 파 40여 명의 계보를 파악하고 1차로 속칭 갈매기파 두목 박동화 등 4명을 관세법 위반 혐의로 구속했다는 것이다.

여수 밀수조직은 자유당 때부터 뿌리내린 것으로 알려졌으며 쓰시마의 소위 '이즈하라 특공대' 출신이 대부분이었다. 수사반은 밀수조직의 총두목 격인 허봉용 등 10여 명의 두목급과 운반 담당 18명, 브로커 12명 등 40명을 수배선상에 올렸다. 9월 22일 허봉용을 비롯한 5개 파 두목 4명 등 모두 82명을 구속하는 선에서 1차 수사가 종료되고 순천지청장을 단장으로 하는 새로운 합동수사반이 편성됐다. 비호세력인 공무원에 대해선 전혀 손을 대지 않았다는 여론에 따라 이번엔 칼날

이 공직사회를 향한 것이다.

공무원에 대한 2차 수사에선 현직 경찰서장을 비롯 공무원 10명이 구속되고 경찰과 세관 직원 167명이 교체되는 초유의 인사 파문을 가져왔다. 이렇게 여수를 발칵 뒤집어 놓았던 사건은 일단 막을 내렸다. 이 기간 서너 집 건너 한 명씩 불려 가고 조사받고 구속되고 파면당하고 인사조치 당했던 여수는 문자 그대로 '불 꺼진 항구'가 됐다.

\# 있어선 안 될 살인사건이 일어난 건 사실이라 불만을 속으로 삭이던 여수 시민들은 2년 후 모 방송의 라디오 드라마 '법창야화'에서 황당한 상황을 접한다. TV 보급률이 낮았던 당시의 라디오는 요즘 티브이와 스마트폰을 합친 정도의 영향력이 있었다. '안개 낀 여수항'이라는 제목으로 진행된 문제의 드라마에서 여수는 온통 밀수와 치정, 그리고 음모의 도시로 둔갑됐다. 미처 아물지 않던 상처에 소금이 가마니 채 뿌려진 것이다.

여수 영취산 흥국사에서 시험 준비를 하던 열혈 고시생 김충조도 분개했다. 그리곤 지역일간지 ○○일보에 광고료 1년 분할 조건으로 무려 3단 광고를 게재한 데 이어 청와대에 탄원서도 제출했다. 여수 사회단체들이 모두 몸을 사렸던 분위기여서 혼자 결행한 것이다. ○○일보 박경하 여수지사장은 "마땅히 우리가 해야 할 일을 젊은 고시생에게만 떠넘겨 면목이 없다"며 나중에 본인 월급으로 광고료를 막아 줬다. 이처럼 지역 여론이 계속 악화되자 당초 60회 분량이던 해당 드라마는 40회로 종방되고 말았다.

아직도 여수 하면 밀수라는 단어가 떠오르는가? 그럼 '허봉용 사건'과 '법창야화' 때문이라고 보면 된다. 당시 정권이 여수 밀수조직만 콕 찍은 것은 박정희 대통령의 DJ(김대중)와 호남에 대한 악감정 때문일 것이라는 의심도 나왔다. 만약 이 추측이 사실이라면 여수로선 일종의 배신감이 들 만했다. 박정희가 군복을 벗고 윤보선과 맞붙은 1963년 5대 대선 때 '가난한 농민의 아들'이라던 박 후보에게 고향인 경북보다 더 많은 표를 몰아준 지역이 바로 여수권을 포함한 전남이었기 때문이다. 당시 박정희는 불과 15만 6,026표 차로 당선됐는데 전남에서만 28만 4,912표 앞섰다.

그런데 당시 여수를 휘감던 감정은 공포에 대한 '기시감'이 더 컸다. 나이 든 여수 분들은 지금도 '허봉용 밀수사건'을 '여순사건' 이후 최대의 충격적 사안으로 기억한다. 바로 그 '10·19 여순 사건'이 다음번 칼럼의 주제다.

2024. 09. 23.

김충조와 '법창야화' 그리고 '여순사건' ⑦

1948년 10월 19일 밤 10시. 여수읍 신월리에 주둔한 국군 제14연대 정문 근처에서 몇 발의 예광탄이 발사된다. 이를 신호로 부대 내 좌익계열이 무기고와 탄약고를 접수, 제주도 출동을 위해 지급된 수천 정의 M1과 99식 소총 등을 탈취한다. 무기고 장악이 끝나자 인사계 지창수 상사가 마이크를 잡고 "전 장병은 연병장에 집결하라"고 소리친다. 광주·전남 근현대사 최대 비극인 '14연대 주둔군 반란'의 시작이었다.

이 사건은 14연대 남로당 특정 계열에 의해 발생했다. 중앙당과의 교감도 없었다. 이들이 사건 초기, 지도선이 다른 좌익 장교들마저 다수 사살한 것도 이 때문이다. 그들이 같은 남로당원이라는 사실을 몰랐다. 반란군이 "지금 인민군이 38선을 돌파, 남하 중이다. 제주 출동 반대, 악질 경찰과 보수 반동 처단"이라고 외치며 쏟아져 나오자 전남 동부권의 남로당원들도 얼떨결에 모습을 드러냈다.(남로당은 미군정에 의해 불법화된 1947년까지 남한 최대 정당이었고 전국 조직이 있었다) 뒤늦게 소식을 접한 서울의 남로당 중앙은 경악했다.

반란이 진압된 직후, 문교부 시찰단원으로 현지에 도착한 김영랑 시인 앞엔 거의 전소된 도심과 좌우익이 무슨 뜻인지도 모르는 1만 명이 넘은 양민 사상자가 있었다. 진압군의 함포 사격으로 까맣게 탄 종고산과 구봉산 앞에서 독립운동가였던 김 시인은 "우리가 어찌 다시 하늘의 도움을 바랄 수 있단 말이냐…"고 통곡했다. 당초 반군 지도부는 제주로 가는 선상에서 봉기, 북으로 도피하려 했으나 여건이 맞지 않아 포기하고 부대 내 거사로 방향을 틀었다. 그리곤 진압군에 밀려 지리산으로 들어갔다.

위기감을 느낀 신생 이승만 정부는 군에 대한 대규모 숙정 작업을 벌였다. 이 과정에서 남로당 군사책(격)이던 박정희도 사형이 구형됐으나 채병덕 김정렬 등 일본 육사 인맥과 정일권 백선엽 등 만군 인맥의 도움으로 가까스로 목숨을 건졌다. 14연대 남로당계 장교와 여순 일원의 남로당원들도 정보가 없었던 '무장봉기'. 하물며 지역민들에겐 마른 하늘의 날벼락이었다. 그럼에도 이 사건은 공식적으로 50년간 소위 '여순반란'이었다.

주객이 완전히 뒤바뀐 이 명칭은 사건 당시 자신의 세발자전거(좀 사는 집이었던 듯)가 불탔다며 철없이 울던 여섯 살짜리 김충조에 의해 1997년이 돼서야 바로잡혔다.

\# 김영삼 정부 시절인 1997년. 15대 국회에서 3선 중진이 된 김충조는 '여순반란'을 '14연대 반란'으로 해 달라는 국회 청원을 주도했다. '대구 10·1'과 '제주 4·3'도 모두 사건으로 불리는데 유독 '여순 10·19'만 반란으로 통용된 것은 확실히 문제가 있었다.(학계 일각에선 세 사건 모두 '항쟁' 성격이 있다고 강조하나 논점이 다른 주제이니 생략한다)

순조롭게 진행되던 정명(正名) 작업은 국방부 장관이 개입하면서 제동이 걸렸다. '14연대 반란'이 맞고 궁극적으론 그렇게 불리겠으나, 군의 사기 문제도 있고 하니 우선 순화된 이름으로 시작했으면 좋겠다는 주문이었다. 고심하던 김충조의 절충안은 '여수·순천 10·19사건'이었다. 그때부터 국가의 모든 공식 표기가 바뀌었으며 교과서도 하나둘 새 명칭을 사용하기 시작했다.

16대 국회 때 김충조가 발의하기 시작한 '여수·순천 10·19사건 진상규명 및 희생자 명예회복에 관한 특별법'도 이후 다섯 번의 시도 끝에 20여 년 만인 2021년 드디어 국회를 통과했다. 그간 많은 의원들이 각고의 노력을 기울였음은 물론이다. 그러나 아직도 저변엔 '여순반란'이라는 입말이 끈질기게 이어진다. 급기야 최근 검정을 통과한 고교 한국사 중 '한국학력평가원' 등 5종의 교과서가 여순사건을 또다시 '반란'으로 표현한 사실이 드러났다. 이에 지역 시민사회가 들끓고 광주·전남 시도의

회와 제주도의회가 공동성명을 내는 등 파문이 이어지고 있다.

'여순사건'의 충격과 피해가 얼마나 컸으면 이후 여수에서 반정부 집회가 일어난 것은 그로부터 39년이 지난, 그나마 1987년 6월항쟁 말미에 김충조 등이 주도한 '6·23 시위'였다. 1980년 광주항쟁이 전남 일원으로 확산될 때도 동부권은 침묵했다. 공권력에 대한 '공포 유전자'가 이어진 탓일 것이다.

여수와 순천은 '여수 엑스포'와 '정원박람회' 등으로 상처를 치유하며 지난 70여 년 덧씌워진 억울한 굴레를 겨우 벗어나고 있다. 역사 문제에서 교과서는 매우 중요하다. 교과서를 집필하는 분들은 이 같은 여수·순천의 76년 쌓인 아픔과 염원을 깊이 헤아려 주셨으면 한다. 국회도 문제의 심각성을 인식하고 우선 이번 국정감사부터 엄중히 대처해야 한다. 특히 해당 지역구 의원들은 교과서 집필 전 과정을 매년 주시할 필요가 있다.

P.S. : 30일 국회에선 주철현·조계원·김문수·권향엽·문금주·박정현·양부남 의원이 주관하는 토론회가 개최된다. '여순사건' 희생자·유족 지원 방안과 조사 기한 연장, 역사 왜곡 방지 방안 등이 논의될 예정이다.

2024. 09. 30.

영광 재보궐선거, 1990년과 2024년 ㊤

대한민국은 캘리포니아 면적의 4분의 1 조금 못 미친다. 이 좁은 땅에 어디서 '태어났느냐'에 따른 사회 문화적 차별과 정치 경제적 불이익이 아직도 남아 있다면? 거의 '세상에 이런 일이' 수준이다. 어떤 분들은 호남에 대한 차별·비하가 섞인 '훈요십조'(고려)와 '택리지'(조선) 등을 거론한다. 원래 전라도는 그랬다는 얘기다. 그러나 '훈요십조'는 민간 차원의 정서가 아니라 지배층 내부의 권력투쟁 부산물로 보는 것이 더 사실에 부합한다.

학계 일각에선 훈요십조가 왕건에 투항한 경주 세력이 권력 실세 중 하나인 나주 그룹, 그리고 마지막까지 저항한 차령 이남 '후백제 정체성' 견제용으로 왕건 사후 조작한 '위서'라고 추론한다. 조선 중기 호남 사대부를 초토화시킨 이른바 '정여립 역모 사건'도 서인 기득권의 경계심을 불러일으켰을 개연성이 있다. 무엇보다 택리지 저자인 이중환이 호남 땅을 한 번도 밟아보지 못했다는 사실은 허망한 희비극이다. 결국 위 문건들은 '21세기 교양'과 '유사 인종주의'(호남차별) 사이에서 도덕적 혼란을 겪는 분들의 정신건강을 위무하는, 알리바이로 보면 될 듯하다.

\# 자유당 시절 전남 광양 출신으로 호남 사투리를 쓰던 민주당 조재천 대변인이 대구에서 3선을 했다. 지금으로선 상상도 못 할 일이다. 김대중(DJ)도 1961년 강원도 인제 국회의원 보궐선거에서 당선됐다. 1963년 대선에서 호남은 윤보선보다 박정희에게 더 많은 표를 줬고 특히 박 후보는 전남에서 자신의 고향인 경북보다 높은 지지율을 기록했다. 따라서 이 같은 사례를 보면 1960년대까지만 하더라도 반인권적 호남차별과 영호남의 극단적 표 쏠림 현상은 없었음을 알 수 있다. 하물며 고려와 조선이라니?

정치에서 지역감정이 동원된 첫 사례는 1963년 9월 19일 대구 수성 천변이었다. 5·16 쿠데타 후 처음 치러진 5대 대선 유세에 대구 출신 공화당 이효상 의원이 연단에 섰다. "이곳은 신라의 찬란한 문화를 자랑하는 고장이건만 그 긍지를 잇는 이 고장의 임금은 여태껏 하나도 없었다. 박정희 후보는 신라 임금의 자랑스러운 후손이며, 이제 대통령으로 뽑아 이 고장 사람으로 천년만년 임금으로 모시자."

대구의 애향심을 저열한 차원으로 건드린 그의 연설에 박수와 환호가 터져 나왔다. 사실상 '영남 패권주의'가 시작된 순간이었다. 선거 공신 이효상은 훗날 국회의장까지 올랐다. 박정희와 DJ가 맞붙은 1971년 대선은 '영호남 갈등'이 본격화된 계기였다. 이번에도 공화당 의장이던 이효상이 나섰다. "경상도 대통령을 뽑지 않으면 우리 영남인은 개밥에 도토리 신세가 된다."

간첩 잡으라고 만든 중앙정보부도 "김대중이 정권 잡으면 경상도 전역에 피의 보복이 있을 것"이라는 마타도어를 퍼뜨렸다. 박 정권은 상대적으로 '유권자가 많은' 영남을, 지역주의로 이용하려 작심한 것이다. DJ가 '4대국 안전보장론' 같은 정책 선거로 바람을 일으키자 영남 일원엔 갑자기 '전라도여 단결하라'('경상도여 단결하라'가 아님)는 벽보가 등장한다. 그러자 DJ 참모들은 어느 날 캠프에서 사라진 '선거 귀재' 엄창록을 떠올렸다. 영화 '킹메이커'가 주인공으로 다룬 엄창록은 당시 정보부에 납치됐다는 것이 정설이다.

박정희는 1년 후 소위 '10월 유신'을 선포했고 '의회주의자' 김대중은 조금씩 제도권 밖으로 밀려난다. 그리고 DJ는 박정희와 전두환의 '필요에 의해' 어느새 사상이 의심스러운 사형수이자 '교활하고 과격한' 전라도 출신 반체제 선동가가 된다. 이후 인사·개발에서의 영남 편중, 저곡가 정책에 따른 호남 농민의 대규모 탈농과 수도권 빈민층 형성, 1980년 광주항쟁에 대한 정권의 적반하장 심리전 등을 거치며 호남차별 정서는 민간에 뿌리내린다.

적어도 여기까진 지역 차별의 일방적 피해자였던 DJ는 그러나 1987년 대선 국면에선 소위 '4자 필승론'에 따른 평민당 창당을 강행한다. 망국적 지역 갈등에 편승한 이 통한의 결정으로 그는 정권 교체를 무산시킨 책임을 떠안게 됐고 심지어 지역감정의 화신으로까지 몰리게 된다. 스스로 자초한 어이없는 반전이자 자해극이었다.

1990년 1월 노태우 김영삼 김종필은 비호남 연대인 '3당 합당'을 전격 선언한다. 김영삼의 대변신이자 보수화였고, DJ는 기존 호남차별 정서에 고립 구도까지 더해져 대권에서 훨씬 멀어졌다. 바로 그해 11월, 전남에선 영광·함평 국회의원 보궐선거가 치러진다. 이때 DJ는 누구도 예상 못 한 후보를 공천하는데 바로 경북 칠곡 출신 이수인 영남대 교수였다. 명분은 '지역감정' 해소와 '동서 화합'.

당시 필자가 근무한 매체의 정치 라인은 김원욱 부국장과 위정철 부장 그리고 조일근 차장이었다. 공천 내용에 깜짝 놀란 회사는 선거 기간 현지에 본사 기자 두 명을 상주시키기로 결정한다. 가서 이 '희대의 선거판'을 밀착 취재하라는 지시였다.

P.S. : 삼가 고 조일근 선배의 명복을 빕니다.

2024. 10. 07.

영광 재보궐선거, 1990년과 2024년 ㊥

출장 명령을 받고 당시 평민당을 출입하던 필자는 민자당 마크맨이었던 동기 김인배 기자와 영광 읍내에 허름한 여관방을 잡았다. 그리곤 보름 동안 두 지역을 헤집고 다녔다. 사실상 민자당 조기상, 평민당 이수인 후보의 맞대결로 압축된 선거전은 전국적 관심사가 됐다. 충격적인 평민당 공천이 가져온 결과였다.

서울에서도 언론인들이 몰려들고 선거 직전 창당한 민중당도 후보를 출마시켜 이우재 장기표 이재오 김문수 등 당 핵심들이 영광을 찾았다. 평민당 선대본 대변인은 당시 전남도지부 당직자였던 박광태였다. 이 후보에 대한 영광·함평의 정서는 '평생 지역에서 밥 한번, 아니 오줌 한번 눈 적 없는 후보'였다. 곳곳의 다방들에서도 온통 그 얘기였다. "아무리 그래도… 해도 너무한 거 아니여?"

평민당은 긴장했다. 상대인 조기상은 만만치 않은 후보였다. 영광에서 태어나 경기고와 서울대 정치학과를 졸업한 그는 70년대까지 야당에서 활동하다 1980년 민정당에 입당한 후 재선을 했고 정무 제1장관까지 역임한 중진이었다. 그러나 김대중 총재로선 숙고 끝에 띄운 승부수였고 결코 물러설 수 없는 한판이었다. 대권에 오른 1997년까지, 아니 집권 기간에도 포기하지 않고 집요하게 추진한 이른바 '동진정책'의 대표적 사례이기도 했다.

결국 DJ가 직접 나섰다. 그는 법성포 '청수장'에 방을 잡아 놓고 선거 기간 영광·함평의 전체 면을 훑으며 공개집회를 이어갔다. 유세가 끝나면 반드시 한 시간 이상 입구에 서서 유권자의 손을 일일이 잡고 눈을 맞추는 것도 잊지 않았다. 특히 영광 '우시장 유세'가 가장 큰 규모였다. 그는 시장 안팎을 가득 메운 청중을 향해 사자후를 토했다. 힘을 낸 이수인이 조기상을 추격하는 분위기로 조금씩 바뀌기 시작했다.

후보 캠프와 영광·함평 읍내를 도는 일상이 계속되던 어느 날. 함평으로 차를 몰고 가다 신광면 어디쯤인가 밭갈이하는 농민들이 눈에 띄었다. 문득 취재하기 편한 읍내 유권자들만 접촉했다는 자성이 들었다. 밭 한가운데 퍼질러 앉아 이런저런 얘기를 나눠 보니 그분들은 읍내 유권자들과 선거를 바라보는 시각이 좀 달랐다.

"이수인이 된다고 뭐가 크게 달라질리야 있겠소만… 우리가 그 뭐시냐… '지역감정' 때문에 평민당을 찍는 게 아니라는 걸 이렇게라도 해서 다른 지역 양반들에게 보여 주고 싶으신 거 아니겠어라우? 총재님이?" 기억이 다 나진 않지만 얼추 이런 얘기였다. 후보가 지역 사람이 아니라 서운하지만 '크게 보고' 이번 한 번은 대구 사람 밀어주겠다는 것이다. 정교한 논리나 세련된 단어를 구사하진 못해도 세상 돌아가는 이치는 가늠하고 있었다.

정신이 번쩍 들었다. 그날 이후부턴 주로 면 단위를 돌면서 농민들을 만나고 다녔다. 점차 선거의 윤곽이 드러나기 시작했다. 놀랍게도 이수인의 여유 있는 당선 가능성이 체크되기 시작한 것이다. 영광에 주재하던 박용구 선배의 조언과 취재도 큰 도움이 됐다. 선거전 종반부턴 '이 후보 당선 유력'을 암시하는 해설 기사를 작성, 팩스로 송고했다. 본사에선 반신반의했다. 특히 고 조일근 차장은 영광이 고향으로 조 후보와도 일가였다. 당연히 지역에 나름의 정보망이 있었을 것이다.

김원욱 부국장과 위정철 부장은 "정말 책임질 수 있는 기사냐"라며 확인 전화를 몇 번이나 주곤 했다. 광주권 언론 중 조기상 후보의 고전을 우리 신문만 유일하게 언급한다는 것이다. 개표 결과는 예상대로였다. 무려 75.3%를 획득한 이수인 후보가 당선됐다. 필자는 그 경험 이후 적어도 선거 취재에선 이른바 전문가나 오피니언 리더들의 의견을 맹신하진 않는다.

그 영광 땅에서 34년 만에 전국의 이목을 끄는 선거가 진행 중이다. 조국혁신당과 진보당의 조국, 김재연 대표가 영광 '한달살이'를 한다는 소식에 1990년의 치열했던 선거가 어제 일처럼 떠오른다. 민주당 이재명 대표도 현지에서 최고위원회를 주재하며 "만약 선거 결과가 이상하게 나오면 당 지도체제 전체에 위기가 올 수 있다"고 발언, 판을 키웠다. 이러니 '이번 선거는 군수를 새로 뽑는 행사일 뿐'이라는 선관위 버전의 설명을 문자 그대로 믿는 사람은 아무도 없다.

오는 16일 밤, 민주당 후보가 무난히 당선되면 이재명 체제의 민주당은 현재의 일사불란한 시스템을 대선까지 그대로 유지할 가능성이 높다. 반대로 조국혁신당이나 진보당 후보가 승리하거나, 지더라도 접전을 벌였다면 민주당을 포함한 야권 전체의 유동성은 커질 것이다. 특히 후자의 파장은 크다. 당장 내후년 지방선거와 차기 총선의 호남 전 선거구엔 조국혁신당 등의 문을 두드리는 입지자가 몰려들 것이다. 나아가 야권의 대선 레이스에도 어떤 식으로든 영향을 끼칠 전망이다.

지금 영광 유권자들도 이 같은 간단치 않은 정치 역학을 저마다 저울질하고 있을 것이다. 그들의 선택이 이번엔 과연 어느 쪽일까. 이틀 후면 드러난다.

2024. 10. 14.

영광 재보궐선거, 1990년과 2024년 ⓗ

영광의 제헌의원은 의사 출신 조영규로 3, 4, 5대까지 모두 4선을 지냈다. 한민당 민국당 등 현 민주당 전신 정당들의 맥을 이었다. 일제 강점기 경성제일고보를 졸업하고 베이징 중국대학 경제과를 수료한 인물이다. 2대와 6대 의원은 광복 후 우익 단체인 대한청년단 전남 단장이었던 정헌조였다. 이승만의 자유당과 박정희의 공화당에서 활동했다. 국학대학 법과(고려대 법대의 전신)를 졸업했으며 영광 남중과 영광 남고를 설립하기도 했다.

이후 영광 정가는 2000년까지 무려 반세기 동안 조영규와 정헌조, 두 계보가 자웅을 겨룬 역사였다. 조영규의 아들 조기상도 70년대 선친과 함께 야당 생활을 했다. 1990년 영광·함평 보궐선거에 민자당 후보로 나와 영남 출신 이수인 평민당 후보와 격돌한 바로 그 조기상이다.

영광의 정치 지형은 1980년 들어 요동쳤다. 조기상이 30여 년 이어진 야당 인맥과 함께 민정당에 전격 입당한 충격적 사건이 벌어진 것이다. 그의 정치적 변신은 선친과 야당을 함께 했던 이재형 민정당 대표의 설득과 권유 때문이었던 것으로 알려졌다. 이렇게 영광의 야당 조직이 하루아침에 비게 되자 자유당 공화당의 맥을 잇던 정헌조 계보가 이를 접수해 버렸다. 두 세력의 정치적 포지션이 정반대로 바뀐 셈이다. 한국 정치사에 아마도 전무후무한 사례라 할 수 있다.

1990년 영광·함평 보궐선거 기간 김대중 총재가 숙박했던 법성포 '청수장'도 바로 70년대까지 공화당이었던 정헌조 계보와 연결된 곳이었다.

조영규의 아들 조기상이 1990년 영광·함평 보궐선거에 나와 완패한 이후 14대와 15대 총선에선 DJ(김대중)가 이끈 민주당과 새정치국민회의 후보로 나온 김인곤이 당선됐다. 당연히 정헌조 계보가 주축이었다. 2000년 16대 총선에선 민주당 후보로 유종필이 유력하게 떠올랐다. 어느 술자리에서 김인곤이 농반진반으로 자신의 금배지를 유종필의 옷에 달아 주기까지 할 정도였다. 그러나 DJ의 공천장은 권노갑 고문 등이 밀던 동아일보 국제부장 이낙연 쪽으로 막판 반전됐다.(제왕적 총재 시절이라 가능했다)

8년간 김인곤을 옹위했던 정헌조 계열은 크게 낙심하고 유종필이건 이낙연이건 무조건 냉대했다. 공천장을 들고 온 이낙연을 일주일가량 만나 주지 않을 정도였다. 이때 조영규 계열이 조기상에게 '이낙연을 도와 다시 민주당 조직을 접수하자'고 건의하고 나섰다. 사실상 그의 정계 은퇴를 권유한 것이다. 만약 성사되면 이들이 20년 만에 다시 민주당으로 복귀하는 순간이었다.

그러나 조기상은 이를 일축했고 김종필이 이끄는 자민련 후보로 출마를 감행했다. 결과는 3위 낙선. 이낙연은 당사로 돌아온 정헌조 계보와 손잡고 첫 등원에 성공한다. 이낙연의 부친은 조영규 계열로 영광에서 오랜 야당 생활을 했다. DJ도 기억할 정도의 원로 당원이었다. 이 때문에 가난한 서울대생 이낙연은 70년대 후반, 서울 조기상의 집에 기거하며 고시 공부를 한 적이 있다. 20여 년 후 그 조기상과 총선에서 맞붙을 줄은 상상도 못 했을 것이다.

그리고 또 20여 년이 흘러 오늘에 이르렀다. 두 계보의 '대를 이은' 경쟁은 인적 구성면에선 거의 섞이고 형해화됐으나 영광의 양대 정치세력인 영광병원파와 기독병원파의 신경전 등으로 그 흔적이 남아 있다. 이번 선거에서도 두 그룹은 민주당과 혁신당 지지로 확연히 갈렸다. 지난 여덟 차례 영광 지방선거에서 민주당 후보 대신 무소속 군수가 세 번이나 선출된 이면에도 이들의 유구한 헤게모니 싸움이 개입돼 있다.

또 한 가지. 이낙연은 오리지널 법성면 사람이자 DJ 이후 대권에 가장 근접한 호남 인물이었다. 적지 않은 주민들에게 민주당은 그 꿈을 아쉽게 무산시킨, 아직은 서운한 구석이 남아 있는 대상이다. 이낙연으로부터 영광 지역구를 물려받은 이개호가 지난 총선에서 단수공천을 받자 '반 이개호' 그룹이 강력 반발한 것도 같은 맥락이었다.

야당 중앙당들이 통째로 옮겨 온 것 같던 선거가 민주당과 혁신당 진보당 간, 호남에선 유례없는 3파전 끝에 막을 내렸다. 특히 진보당이 민주당 텃밭이던 농촌 노년층을 상당수 흡수한 것이 눈에 띈다. 민주당이 '이기고도 진 것 같은' 씁쓸한 승리를 얻은 이유는 앞에서 살펴본 것처럼 무려 80년 가까이 이어진 영광 특유의 정치 문화도 작용한 것이다. 물론 '이낙연 변수' 역시 빼놓을 수 없다.

그러나 이번 선거의 공론장에선 영광의 정치 문화와 이낙연 변수가 의아할 정도로 언급되지 않았다. 예민한 주제여서 회피했거나 잘 몰라서 간과됐을 수 있다. 따라서 각 정당이 이번 선거를 차기 지방선거나 총·대선의 호남 전략에 참고할 경우, 득표율만 봐선 부족하다. 민주당의 지역구 관리 부실 탓으로만 몰아 버려도 '평가 보고서' 쓰기는 편할망정 피상적 판단일 수 있다. 바깥으로 드러난 수치에 따른, 지나친 실망과 막연한 기대보다는 역사적 맥락까지 고려한 심층 분석이 필요할 것이다.

2024. 10. 21.